朱建安 谭 岚 主编

新 编
宏观经济学精要

ESSENTIALS OF
MACROECONOMICS

ZHEJIANG UNIVERSITY PRESS
浙江大学出版社

前　言

N. 格里高利·曼昆的《经济学原理》自 1999 年引入中国后,现已发行第七版,内容、体系结构和新闻案例都体现了"经济学学生的入门教科书"的定位,因其趣味性和通俗性,深受学生喜爱,发行量大有赶上萨缪尔森的《经济学》之势。经济学原理是现代经济理论和方法的基础。在教学实践中,我们感受到学生对经济学的重视。对于每一位初学者来说,在有趣的阅读之后,掩书思考,希望能够用经济理论解释和分析真实的经济现象。"学"与"用"之间需要有效的衔接,那就是进行一定程度的抽象升华和习题训练。

虽然目前曼昆的《经济学原理》已经成为国内最为畅销的经济学教科书之一,但缺乏适合国内学生的,与之配套的学习精要与习题集。市面上,与曼昆的《经济学原理》配套的练习册要么为国外学者编著,缺乏中国正处于经济制度转型期的时代背景;要么仅仅为满足经济学形式化的需要为模型而模型,缺乏基于经济现象的经济理论分析,没有突出经济学思想,特别是不能满足学生应用的要求以及了解中国实际经济运行的渴望。本书出版的目的正是在于弥补这一空白。

本书的框架和体例与曼昆的教材一一对应,每一章节都含有内容提要、重要概念和经济理论、习题(包括选择、计算、简答和作图分析、辨析)、新闻链接或者相关基础学术文献,最后一部分是习题参考答案。由朱建安完成本书的奇数章节的编著,谭岚完成偶数章节的编著,最后由朱建安完成统稿。本学习指导主要供高等院校经济与管理大类低年级学生学习宏观经济理论时配套使用,同时也适用于对经济学有兴趣的人士自学时测试和巩固之用。

本书为曼昆《经济学原理》(下册,宏观部分)的配套学习精要和习题集,是浙江大学出版社《宏观经济学精要》的升级版本。新版本更新了大量习题,纠正了错题,改写了概述,选用了新的资料链接,主要的内容来源于编者十年来在教学中使用的宏观经济学练习。经过这么多届学生的反复使用和修订,并吸取了萨缪尔森、大卫·哈克斯、R. 哈伯德、安东尼·奥布赖恩、高鸿业、冯金华、尹伯成等国内外学者编著的学习指南、习题集或教材中的习题,在此表示感谢。本书存在的不当和疏漏之处,均由本书作者承担,并敬请同行和读者批评指正。

在本书编写和出版的过程中,浙江大学出版社的余健波先生给予了中肯的意见和富有成效的编辑工作,使本书增色不少。同时也感谢该社副总编辑张琛女士的有益帮助。

朱建安　谭　岚

2017 年 8 月

目　录

第一章

一国收入的衡量

一、本章概述

经济总是从萧条、复苏、繁荣到衰退周而复始地在波动。人们往往都能够感受到目前的整体经济状况是在改善还是在恶化。生活中，菜篮子是不是越来越难拎，找工作是不是困难，写字楼、住宅租金在涨还是跌，出国学习成本变小还是增大，人们的处境与整个宏观经济息息相关。经济学家把人们生活中的经济感受与一些经济指标、经济变量联系起来。菜篮子问题总是与消费物价指数 CPI 联系起来，就业问题总是用失业率来衡量，写字楼租金总是跟经济萧条还是繁荣有关，经常用国内生产总值 GDP 增长速度来反映经济状况，出国学习或者旅游的成本总是与汇率密切相关。这些变量都是有关宏观经济，描述一国国民经济的运行状况。

本章介绍国内生产总值(GDP)，学习 GDP 是怎么算出来的，为何 GDP 高的国家经济实力强，人民生活水平高，而有的国家则还是处在温饱和贫困线以下。一个国家国民消费之前，必须先生产物品和服务，生产的多少就用 GDP 来衡量，即在某一既定时期内一个国家生产的所有最终产品和劳务的市场价值。价值总和无非需要了解最终产品和劳务的种类有多少，每一类产品市场价格为几何。所以提高 GDP，就是需要增加最终产品的种类和数量。同时发现，如果市场价格上涨了，尽管最终产品数量可能没有增加，同样可能导致 GDP 的上升。但大家知道，这类 GDP 的提高，并不意味着大家可以消费的物品和劳务数量有了丰富和提高。所以有必要了解实际 GDP 和名义 GDP 两个概念。名义 GDP 无非用现期价格直接拿来计算总价值，实际 GDP 则是统一用某一年(基期)的价格来算总价值，这才能真正核算总产出有没有提高。比较名义 GDP 和实际 GDP 就能反映出价格水平的变动，常用 GDP 平减指数来衡量。当然需要注意，GDP 对于研究者、政策制定者以及整个国家国民都是一个非常简洁方便的理解经济状况的指标，但是正因为它简化了经济状况，只考察了产出情况，不能全面衡量社会的总福利状况。

(一)GDP 的概念

所谓国内生产总值(即 GDP)，是指在某一既定时期一个国家内生产的所有最终产品与劳务的市场价值。GDP 是一个"市场价值"的概念，因为价格不同，也因为产品种类和质量不同，这使得不同时期的 GDP 直接比较存在逻辑问题，也使得像家务劳动、自给自足生产等不通过市场的活动很难在其中得到反映；GDP 核算"一定时期内生产的最终产品"的市场价值，因此是一个相对纯净的流量指标；明确 GDP 核算的地域范围是"一国或一地区"，注意其在核算原则上与国民生产总值 GNP 的区别。

（二）GDP 如何核算出来

尽管 GDP 的定义简洁方便，理论上只要知道最终产品种类、单价以及数量，加总能够求出 GDP。但是在统计学界很少这样做，理由是定义法核算操作起来困难，去分清每一种最终物品并不现实，同时这样的核算不能给经济政策的制定提供有益的思考。我们这里讲到核算国民收入的两种方法：支出法和收入法。其中，支出法是在流通环节，通过加总各部门在最终产品上的总支出来得到 GDP 的数值。其基本公式为：

$$GDP = C + I + G + X - M$$

其中：C 为家庭部门的消费支出，I 为企业部门的投资支出，G 为政府部门的政府购买支出，X、M 分别代表出口和进口，X－M 就是国外部门的净支出。在这四类支出中，初学者不易掌握的是 I 即投资支出。首先要明确这里的"投资"与日常生活中的"投资"在含义上有许多不同；其次还要从不同侧面了解投资的构成——从实物形态看，投资包括固定资产投资和存货投资；讲到投资，包括重置投资和净投资，计入 GDP 的是总投资，两者都包括。

与支出法不同，收入法是从分配的环节核算 GDP 的，从图 1-1 循环流向图可见，加总家庭的总支出或加总企业支付的总收入（工资、租金和利润）都是相等的。由于经济中

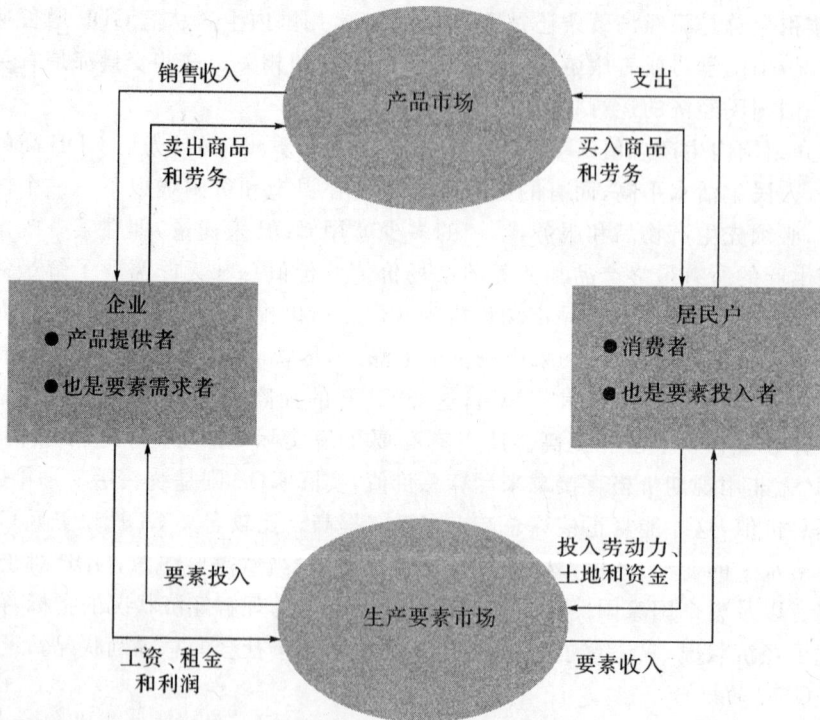

图 1-1　循环流向图

所有的支出最终要成为某人的收入,所以,无论我们如何计算,GDP 是一样的。

(三)与 GDP 相关的其他收入衡量指标

除了国内生产总值之外,相关统计部门还会根据用途统计诸如国内生产净值(NDP)、国民收入(NI)、个人收入(PI)和个人可支配收入(DPI)等指标。这些指标都是计算某些收入范畴的,它们之间的关系可以用图 1-2 来揭示。

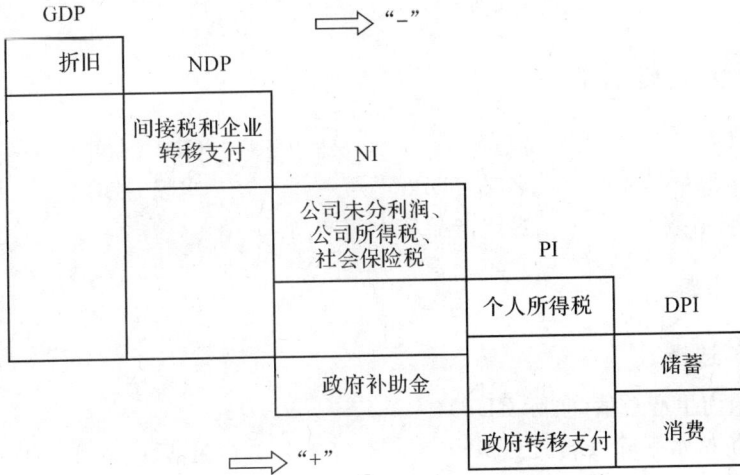

图 1-2 从国内生产总值到个人可支配收入

图 1-2 概括了几个主要宏观收入指标之间的相互关系。在图的上方是"－"的关系。下方是"＋"的关系。

(四)实际 GDP、名义 GDP 和 GDP 平减指数

名义 GDP 是用生产的物品和劳务的当年价格计算的全部最终产品的市场价值。实际 GDP 是用从前某一年作为基期的价格计算出来的全部最终产品的市场价值。GDP 平减指数为名义 GDP 和实际 GDP 的比率。

第 t 年的名义 $GDP_t = \sum_{i=1}^{n} P_{it} Q_{it}$

第 t 年的实际 $GDP_t = \sum_{i=1}^{n} P_{i0} Q_{it}$,其中 P_{i0} 表示第 i 种商品在基准年的价格

$$GDP 平减指数 = \frac{名义 GDP}{实际 GDP} \times 100$$

(五)GDP 与经济福利

"GDP 能够衡量一切,但并不包括使我们的生活有意义的东西。"GDP 是市场价值指标,它不包括市场之外进行的活动的价值,诸如给自己家人做一顿饭,在自己的院子里种水果,一些体现亲情、友情、爱情等使生活有意义的活动因为没有伴随着市场交易,就不计入 GDP。GDP 也是一个总量指标,它不关注产品产出来以后的社会分配问题,也没有考虑贫富差距拉大时人民福利到底是高还是低。GDP 也不能考察诸如安全、环保等问题,但这些直接影响社会福利和人民的幸福感。我国国家统计局也在考虑引入幸福指数、绿色 GDP 等统计指标。联合国开发计划署定期公布人类发展指数(Human Deve-

3

lopment Index),这个指数显然要比 GDP 单一指标全面,包括人均 GDP,还需要衡量健康与寿命,同时还有教育与知识。根据全球排名,如果人均 GDP 高的国家,往往健康和寿命也高,教育也重视,知识的积累和分享也比较突出。GDP 并不是福利的一个完美衡量指标,影响福利的某些东西并没有包括在 GDP 中,如闲暇、环境质量以及市场之外的活动。所以,GDP 增长不是万能的,但是对于发展中国家而言,没有 GDP 增长是万万不能的。

二、本章重要名词

GDP　　　　　　　流量　　　　　　　　GNP
投资　　　　　　　名义 GDP　　　　　　实际 GDP
GDP 平减指数　　　最终产品和中间产品

三、复习题

(一)单项选择

1. 实际国内生产总值(实际 GDP)(　　)。
　　A. 等于价格水平除以名义 GDP　　　　B. 等于名义 GDP 除以价格水平
　　C. 等于名义 GDP 乘以价格水平　　　　D. 除以价格水平等于名义 GDP

2. 一国的国内生产总值小于国民生产总值,说明该国公民从外国取得的收入(　　)外国公民从该国取得的收入。
　　A. 大于　　　　B. 小于　　　　C. 等于　　　　D. 可能大于可能小于

3. 下面(　　)项应该计入国内生产总值。
　　A. 购买一辆二手自行车　　　　B. 买卖股票
　　C. 汽车制造厂买进 10 吨钢板　　D. 银行向某企业收取一笔贷款利息

4. 在统计中,社会保险税增加对(　　)有影响。
　　A. 国内生产总值　　　　B. 国内生产净值
　　C. 国民收入　　　　　　D. 个人收入

5. 当 GDP 平减指数上升,而实际 GDP 下降,则名义 GDP(　　)。
　　A. 一定上升　　B. 一定下降　　C. 不变　　D. 上升、下降或不变

6. 国民收入加上(　　)就成了国内生产净值。
　　A. 原材料支出　　B. 直接税　　C. 折旧费　　D. 间接税

7. 下面选项中,(　　)不列入国内生产总值的核算。
　　A. 出口到国外的一批货物
　　B. 政府给贫困家庭发放的一笔救济金
　　C. 经纪人为一座旧房买卖收取一笔佣金
　　D. 保险公司收到一笔家庭财产保险费

8. 假设一个经济体第 1 年即基期的当期产出为 500 亿元,如果第 8 年的 GDP 价格水平翻了一番,而实际产出增加了 50%,则第 8 年的名义产出等于(　　)亿元。
　　A. 2000　　　　B. 1500　　　　C. 1000　　　　D. 750

9.经济学上的投资是指( )。

    A.企业增加一笔存货   B.建造两座住宅

    C.企业购买一批计算机   D.以上都是

10.今年的名义国内生产总值小于去年的名义国内生产总值,说明( )。

    A.今年的物价水平低于去年

    B.今年生产的物品和劳务总量小于去年

    C.今年的物价水平和产量水平一定都比去年降低了

    D.以上三种说法都不一定正确

11.如果个人收入等于500美元,而个人所得税等于80美元,消费等于380美元,利息支付总额等于10美元,个人储蓄为30美元,则个人可支配收入为( )美元。

    A.500   B.420   C.410   D.400

12.在一个有家庭、企业、政府和国外部门构成的四部门经济中,GDP是指( )。

    A.消费、总投资、政府购买和净出口

    B.消费、净投资、政府购买和净出口

    C.消费、总投资、政府购买和总出口

    D.工资、地租、利息、利润和折旧

13.在以下选项中,( )不属于政府购买。

    A.地方政府出资建造一所学校

    B.政府订购军火

    C.政府为低收入者提供一笔住房补贴

    D.政府给公务员增加薪水

14.在通货膨胀期间,名义GDP的增长率比实际GDP的增长率( )。

    A.快   B.相等   C.慢   D.都有可能

15.GDP平减指数的定义是( )。

    A.名义GDP/实际GDP   B.名义GDP×实际GDP

    C.名义GDP—实际GDP   D.名义GDP+实际GDP

16.在计算国民收入的时候,投资要被划分为三个子类别,包括以下各项,除了( )。

    A.企业购买的新厂房和设备   B.在上海证券交易所购买的股票

    C.家庭购买的新房产   D.企业增加的存货

17.假设你已花费500元人民币买了一双新皮鞋,GDP各部分的变化是( )。

    A.仅增加500元消费,GDP增加500元

    B.仅减少500元的存货投资,GDP减少500元

    C.增加500元消费的同时,减少了500元的存货投资,GDP总额不变

    D.增加500元消费,减少了500元的存货投资,GDP增加500元

18.美国GDP中最大的组成部分通常是( )。

    A.消费   B.投资   C.政府购买   D.净出口

19.你花费380万元购买了一辆保时捷的进口跑车,在我国GDP账户中应该记录

为（   ）。

    A. 投资增加 380 万元,净出口增加 380 万元

    B. 消费增加 380 万元,净出口减少 380 万元

    C. 只有净出口减少 380 万元

    D. 没有影响,因为汽车不是中国生产的

20. GDP 平减指数是用来衡量（   ）。

    A. 一段时间里,收入在贫富之间分配的程度

    B. 一段时间内,购买一定量的商品所需费用的变动程度

    C. 由于更高的物价导致消费模式的变迁

    D. 消费品价格相对于工资增长的程度

21. 如果一个温州商人在意大利经营着他的皮草商行,那么他的收入（   ）。

    A. 是中国 GDP 的一部分,意大利 GNP 的一部分

    B. 是中国 GDP 的一部分,意大利 GDP 的一部分

    C. 是中国 GNP 的一部分,意大利 GNP 的一部分

    D. 是中国 GNP 的一部分,意大利 GDP 的一部分

22. 如果在 2 年间,GDP 平减指数增长率 4%,实际 GDP 增长率 3%,那么名义 GDP 将（   ）。

    A. 大约上升 1%

    B. 大约下降 1%

    C. 大约上升 7%

    D. 上升,但由于期初 GDP 水平不同,上升幅度可能在 1%~7% 之间

23. 如果一个面包师购买了 200 元的面粉和 40 元的其他辅料,用它们生产并向消费者出售了价值 550 元的面包,他对 GDP 的贡献是（   ）元。

    A. 550   B. 790   C. 310   D. 240

24. 下面变量都是流量,除了（   ）。

    A. 投资   B. 消费支出   C. 个人财富   D. 国内生产总值

25. 物价上升时,通货膨胀率（   ）。

    A. 大于 1   B. 小于 1   C. 大于 0   D. 小于 0

26. 国内生产总值是（   ）的市场价值之和。

    A. 最终物品和劳务   B. 低档物品和劳务

    C. 正常物品和劳务   D. 工业制品和劳务

27. GDP 平减指数反映了（   ）。

    A. 相对于当前价格水平的基期价格水平

    B. 相对于基期价格水平的当期价格水平

    C. 相对于当前实际产出水平的基期实际产出水平

    D. 相对于基期实际产出水平的当期实际产出水平

下表包含了一个简单经济,它只生产唱机和唱片。基年是 2017 年。用这些信息回答第 28~33 题。

年份	唱机的价格/元	唱机的数量/台	唱片的价格/元	唱片的数量/张
2017	1000	50	30	100
2018	1200	70	30	120
2019	1400	70	40	120

28. 2018 年的名义 GDP 是( )元。

    A. 1030   B. 53000   C. 1230   D. 87600

29. 2018 年的实际 GDP 是( )元。

    A. 60000   B. 73600   C. 70000   D. 63000

30. 2018 年的 GDP 平减指数值为( )。

    A. 143   B. 121   C. 119   D. 130

31. 从 2017 年到 2018 年,物价上升的百分比是( )。

    A. 0%   B. 14.3%   C. 19%   D. 12.1%

32. 从 2018 年到 2019 年,物价上升的百分比最接近的是( )。

    A. 11.9%   B. 19.2%   C. 17.4%   D. 18.5%

33. 从 2018 到 2019 年,实际 GDP 增加的百分比是( )。

    A. 7%   B. 22%   C. 0   D. 32%

34. 为了计算国民净福利,下列选项中不需调整的是( )。

A. 闲暇价值应被加入到 GDP 中

B. 污染的成本应该从 GDP 中扣除

C. 所有的二手交易的价值应被加总到 GDP 中

D. 那些非市场收入应被加入到 GDP 中

(二)问题与论述

1. 下列每一种交易会影响 GDP 的哪一部分(如果有影响的话)? 试解释。

(1)家庭购买了一台新彩电;

(2)舅舅买了一幢新房子;

(3)皮鞋生产商从其存货中出售了一双皮鞋;

(4)你买了辆二手自行车;

(5)浙江省重新铺设了杭甬高速公路;

(6)你向法国 Chanel 公司购买了一瓶 Chanel 香水;

(7)可口可乐公司扩大了其在我国广西南宁的工厂。

2. GDP 组成部分中的"政府购买"并不包括用于社会保障这类转移支付的支出。想想 GDP 的定义,解释为什么转移支付不包括在政府购买内?

3. 为什么家庭购买新住房包括在 GDP 的"投资"部分中,而不包括在"消费"部分中?

4. 怎样理解"产出等于收入"和"产出等于支出"?

5. 当你改变到附近酒店就餐的打算转而与朋友们举行温馨轻松的家庭宴会的时候,当你决定不去看电影而是在书房看书消磨你的周末的时候,甚至当你只是为了欣赏人行道旁繁茂的花草决定不乘公交车而步行回家的时候——你有没有想到你正使这个国家的 GDP 减少？你可能会惊奇地说：这实在是再普通不过的事啊！我之所以这么做是因为这样让我更舒服、快乐，这与 GDP 又有什么关系？然而统计专家们知道——并且也许会一本正经地告知你：你真的在改变 GDP 并影响经济的增长率啊！

以上事实说明了什么问题？让政治领导人和经济学家们牵肠挂肚的 GDP 值得受到它现在正受到的关注吗？

6. 在衡量 GDP 时，一个富人购买了一条项链和一个穷人买了一瓶啤酒，哪个贡献更大，为什么？

7. 如果你的邻居向你购买了大米而不是自己家自种，GDP 会发生什么变化？产量变动了吗？

(三)计算题

1. 根据下表提供的某国经济数据(单位：亿元)，求该国相应年份的国内生产总值GDP、国内生产净值 NDP、消费 C、投资 I 和净投资 I_n。

指标	第一年	第二年
新产建筑	5	5
新产设备	10	10
新产消费品	110	90
消费掉的消费品	90	110
估计一年现有建筑的折旧	10	10
估计一年现有设备的折旧	10	10
年初消费品的库存量	30	50
年底消费品的库存量	50	30

2. 某年发生了以下活动：(a)一金矿开采了 50 千克黄金，公司支付 750 万元人民币给矿工，产品卖给一黄金珠宝制造商，售价 1000 万元；(b)珠宝商支付 200 万元工资给工人造了一批项链卖给消费者，售价 1900 万元。

(1)用最终产品生产法计算 GDP。

(2)每个生产阶段生产多少价值？用增值法计算 GDP。

(3)在生产活动中赚得的工资和利润各共为多少？用收入法计算 GDP。

3. 在 2017 年，某个经济体生产 200 瓶汽水，每瓶以 3 元的价格售出。2018 年，这个经济体生产 300 瓶汽水，每瓶以 5 元的价格售出。计算每年的名义 GDP、实际 GDP 和GDP 平减指数(用 2017 年作基年)。从一年到下一年这三个统计数字的百分比分别提高了多少？

4. 假定一国有国民收入统计资料如下表所示(单位：亿元人民币)。试计算：(1)国内生产净值；(2)净出口；(3)政府税收减去转移支付后的收入；(4)个人可支配收入；(5)个人储蓄。

国内生产总值	4800
总投资	800
净投资	300
消费	3000
政府购买	960
政府预算盈余	30

5.从下表资料中找出:(1)国民收入;(2)国内生产净值;(3)国内生产总值;(4)个人收入;(5)个人可支配收入;(6)个人储蓄。(单位:亿元人民币)

指　标	数　量	指　标	数　量
资本消耗补偿	356.4	红利	66.4
雇员酬金	1866.6	社会保险税	253.9
企业利息支付	264.9	个人所得税	402.1
间接税	266.3	消费者支付的利息	64.4
个人租金收入	34.1	政府支付的利息	105.1
公司利润	164.8	政府和企业的转移支付	374.5
非公司企业主收入	120.8	个人消费支出	1991.9

6.考虑下表中某国GDP的数据:

年　份	名义GDP	GDP平减指数(以2000年为基年)
2011年	1600	120
2012年	2000	132

(1)2011年到2012年间名义GDP增长率是多少?(注意增长率是一个时期到下一个时期百分比的变动)

(2)2011到2012年间,GDP平减指数的增长率是多少?

(3)按2000年的价格衡量,2011年的实际GDP是多少?

(4)按2000年的价格衡量,2012年的实际GDP是多少?

(5)2011到2012年间实际GDP增长率是多少?

(6)名义GDP增长率高于还是低于实际GDP增长率?试解释之。

(四)辨析题

1.甲、乙两国统一成一个国家,如果两国产出不变,那么净出口变大,其GDP将高于原来两国GDP之和。

2.如果山民将 1 万元的木材卖给木匠,木匠用木材盖了一个以 5 万元出售的木头房子,则对 GDP 的贡献是 6 万元。

3.GDP 高的国家生活水平都高于 GDP 低的国家。

4.工资是转移支付的一种类型,因为是从企业到工人的转移支付。

5.随着经济全球化的进程,我国的进出口总额增加,目前进出口总额在 GDP 四大构成要素中的比重最大。

6.在 2017 年生产的一辆新汽车在 2018 年第一次出售,应该计入 2018 年的 GDP。因为当它第一次出售时才作为一种最终产品。

7.折旧是经济设备和建筑物磨损的价值。

8.今年名义 GDP 超过了去年,那么可以看出经济实现了复苏。

四、文献链接

"吃狗屎"的国民生产总值?[①]

坊间流传甚广的一出嘲笑经济学(家)的笑话是:两位学生在去拜访经济学教授的路上,学生甲看到地上有一坨狗屎,就对学生乙说:"若是你将这堆狗屎吃了,我就给你 50 万元。"学生乙感觉划算,于是马上吃了狗屎,拿到了 50 万元。两人继续前行,学生乙看到地上又有一坨狗屎,于是如法炮制,对学生甲说:"你若是吃了这堆狗屎,我也给你 50 万元。"学生甲也吃了狗屎,拿回了 50 万元。两人到经济学教授家中,将路上吃狗屎之事和盘托出,经济学教授闻之高兴地说:"同学们,你们为国家增加了 100 万元的国民生产总值啊!"

其实,这出蹩脚的笑话反映了许多人对经济学知识的无知加上臆想的曲解。倘若要破除这种无知,纠正此类曲解,就必须首先澄清两个基本的经济理论问题:一是何为国民生产总值?二是为何交换(易)也能够创造国民生产总值?

首先,我们来回答"何为国民生产总值"这一问题。

国民生产总值(GNP)是联合国颁布的国民经济核算体系(SNA)中的一个反映一定时期内社会经济活动所创造的增加值总量的经济指标。具体地说,国民生产总值是一国居民在三次产业部门中所生产的产品和所提供的劳务的增加值的加总。根据经济学的效用理论,第一次产业创造的是物质效用,例如林业生产种植出树木;第二次产业创造的是物质形态效用,例如制造业将木材加工成椅子;第三次产业创造的是空间效用(运输)、时间效用(存贮)和所有权效用(交易)等,例如商店提供销售椅子的服务。举例说,农民用价值 10 元钱的种子种植出价值 50 元的树木,农业部门的增加值即为 40 元;家具厂的工人用这些树木加工制作出价值 100 元的椅子,工业部门的增加值即为 50 元;商店的营业员将 100 元从家具厂批发来的椅子以 110 元卖给顾客后,服务部门的增加值即为 10 元。若将上述三个生产部门各自的生产增加值加总后,即得到 40+50+10=100(元)的

国民生产总值。

接着，我们来回答"为何交换（易）也能够创造国民生产总值"这一问题。

经济学理论中有一个非常著名的"斯密定理"，即：人们的自愿交易有助于增进交易双方的效用及改善人们自身的福利。"斯密定理"其实就是国民经济核算体系中将服务业及交易活动也列入创造国民生产总值的生产性部门的理论依据。举例说，某甲拥有100元钱（假定每一元对每位持有者都代表相同的一个单位效用），同时某乙拥有一只手表，并且对于乙来说，这只手表给他带来的效用是50个单位。那么，此时甲和乙各自拥有100单位和50单位的效用，两人效用之和是150单位。假定甲在某个场合看到了乙拥有的这只手表，并且觉得得到这只手表能给自己带来70单位的效用（这表示甲最多愿意支付给乙70元钱购买手表），于是甲与乙讨价还价，最终甲用60元钱从乙那里购得这只手表。这笔交易完成后，甲现在拥有一只对自己来说具有70单位效用的手表和剩余的40元钱，合计效用是110单位；同时，乙现在拥有60元钱，合计效用是60单位；甲乙两人都比交易前增加了10单位的效用，增加的20单位效用就是所谓的"交换剩余"。简单起见，倘若不进一步考虑交易中所发生的其他有关费用，上述例子中由交易活动所增加的效用增量是完全可以作为服务业的增加值计入国民生产总值的。

当然，服务业部门中不仅提供商品交换可以增加国民生产总值，提供劳务的交换活动同样也能创造国民生产总值。以街头艺人卖艺为例，民间艺人在街头表演头撞青砖、钢叉刺喉和肚皮上砸碎青石板等"惨不忍睹"之"气功技艺"，无非是用自身技艺换取养家糊口的铜钱。艺人自愿卖力气表演，围观市民愿意花铜钱欣赏"独门功夫"，同样是一种自愿交易，同样也是能够创造国民生产总值的。由此类推，某人愿出50万元"欣赏"别人"表演"吃狗屎，同时也有人愿意为得到50万元钱"表演"给人看自己吃狗屎，也是一种自愿交易，也同样能够创造国民生产总值的。但是，值得提醒诸位注意的是，除非"吃狗屎"不会给吃狗屎者带来任何负效用（可以视作为吃狗屎的成本），一般来说，在吃狗屎的交易中，"交换剩余"或者说相应创造的国民生产总值是不会大于50万元的，而应该是某一个大于零同时小于50万元的数值。在前述例子中，如果甲觉得亲眼目睹乙吃狗屎能给自己带来价值50万元的效用（或说"快感"），而同时乙觉得吃一坨狗屎只给自己带来了40万元的负效用（或说"痛苦"），那么这桩吃狗屎的自愿交易就可以产出价值10万元的"交换剩余"，国民生产总值相应就增加了10万元。

可能有读者读到这段经济学分析议论，大有经济学家太"恶心"的感觉，可是，抱歉得很，这是没办法的事。如在科学研究中，一张漂亮的少女脸庞，在显微镜下却可以发现脸部皮肤上有着数不清的蠕动着的微生物，使人大倒胃口。因此，我们想告诉大家的是，科学只唯真，却不一定美。经济学作为一门社会科学也是同样，一些经济学的道理尽管缺乏美感，甚至与人们的直觉相悖，但它却是真理。不懂道理，缺乏常识，只会使人干出一些"无知者无畏"的事。用"吃狗屎"的故事来编排经济学（家）即为一例。

最后，也可能有读者会问，你怎么不接着用经济学理论继续解释"吃狗屎"故事的后半段呢？笔者认为，读者完全可以举一反三，得出各自的结论。但是，请记住，在交易双方对"吃狗屎"一事有着不同的主观评价（效用）条件下，交易本身对国民生产总值的影响是会有不同的哦！

中国历史 GDP 核算及国际比较[①]

古代经济史是理解现代经济问题的重要"参照系",由此可以反映出世界各地区相对经济规模的演变以及大国兴衰背后的经济原因。整体经济规模、发展水平及经济结构的研究是经济史这个"实验室"的基础设施,运用古代经济史检验经济理论离不开对古代经济发展水平和结构这一大背景的把握。准确把握古代整体经济规模、经济发展水平和经济结构,还有助于证实或证伪关于东西方历史分流的各种理论命题。整体经济规模、发展水平及经济结构的研究也是古代经济史这个"参照系"的基础校准参数,通过测算古代整体经济规模和结构,能够比较准确地把握经济发展的轨迹,帮助我们比较深入地探究历史上经济发展或者不发展的原因,乃至朝代的更迭、政治的波荡。此外,中国从世界文明的发源地之一到近代的全面落后,再到改革开放之后的增长奇迹和复兴,这些反差一直吸引着国内外学者的关注,引发了大量有关中国经济衰落和兴盛时间节点的讨论。然而,由于缺乏系统完整的可靠经济数据,不能够描绘出中国历史长期的经济演变图像。回答这些问题依赖于中国古代 GDP 数据的估算,这也使得重构中国历史长时段序列GDP 数据的研究显得非常迫切。另一方面,我国历史流传至今的丰富典籍也为 GDP 重构研究提供了便利和优势,使得研究工作的开展更加可行,研究结果更为可靠。

关于欧洲和亚洲生产率与生活水平的"大分流",经济史学界的争论始终没有停止。一个多世纪以来,经济史学家的研究工作都在工业革命的框架下展开,认为工业革命是中世纪晚期以来持续累积发展的结果,当欧洲开始改革其制度并积累资本时,亚洲却处于停滞阶段,甚至开始衰落,工业革命和 19 世纪的殖民主义加速了这样的分化。以Pomeranz(2000)和 Frank(1998)为代表的加州学派认为,直到 19 世纪初,中国长江三角洲地区和亚洲其他一些地区与诸如英国、荷兰在内的欧洲最发达地区仍然有着同样的经济发展水平,大分流是从工业革命之后开始的。加州学派的修正主义者进行了大量的基础量化分析,以李伯重为代表的中国学者也在新古典经济学和新制度经济学理论框架的影响之下,对我国历史上长江三角洲,以及更具体的华亭、娄县等地区的经济发展进行了深入细致的研究(彭慕兰和史建云,2003;李伯重,2009)。这些局部地区的翔实研究为从宏观视角测算和分析经济发展水平作出了重要贡献。

在现有的 GDP 研究中,影响最为广泛的 Maddison 的估算虽然较以往研究有了一定进步,但是,其在统计技术上的缺陷及估算过于简略的问题使其研究结果存在很大不足。以 Maddison 对中国的研究为例,其研究目的是从长时段出发,探讨中国经济的未来走向,由于时间长、跨度大,难免薄古厚今,对古代经济的研究过于简略。进一步而言,他对中国历史数据的利用也存在不足,例如,他从支出法估算农业产出,却没有直接应用古代中国农业部门的一手数据,而是参考其他学者有关中国农业、土地和人口的研究(Ho,1959;Perkins,1969),再加上其对手工业和服务业占 GDP 四分之一的笼统估计,以及从

① 原文出自《经济学报》2017 年第 2 期,14—36 页,作者为李稻葵、金星晔、管汉晖,李稻葵为清华大学中国与世界经济研究中心主任,金融系教授,引入本书做了删减和修改。

人均 GDP 和人口数据反推 GDP 总量的估算逻辑,使得其估算出的数据存在较大偏差,对经济史研究的促进作用仍然有限。针对上述研究中存在的问题,清华、北大的一些学者对此进行了广泛而深入的探讨。李稻葵、管汉晖及 Broadberry 整理筛选现有历史资料中留存下来的一手数据,并结合中国经济史已有的定量研究成果,基于生产法对北宋、明代和清代进行了较为系统的历史国民收入核算(Broadberry et al.,2014)。他们从农业、工业和服务业三大产业的各个子部门入手,分别统计估算出各个子部门的产出值再加总,最后,结合人口数据计算得到北宋、明代和清代的长时段 GDP 数据。李稻葵、管汉晖等人的研究有如下三点发现:其一,北宋时期是中国古代经济的顶峰,GDP 年增长率北宋、明代和清代分别为 0.88%、0.25% 和 0.36%。人均 GDP 在经过北宋和明代较高水平的波动后,清代显著下降,到 1840 年时,已经下降到 980 年的 70% 左右了。其二,进一步进行国际比较,北宋时中国的生活水平领先于世界,但是在 1300 年之前已经落后于意大利,在 1750 年之前,中国作为整体与欧洲的富裕国家英国和荷兰的差距越来越大,"大分流"实际上在工业革命之前已经发生了。其三,最新研究成果的估算数据发现,Maddison 的研究成果存在较大的偏差。最新数据在反驳了 Maddison 研究的同时,也验证了 Hartwell(1966)等学者的研究结论,这一结果也不支持加州学派的观点。李稻葵、管汉晖、伏霖等学者的努力,使我国北宋、明代和清代的长时段 GDP 数据重建工作取得了长足进步(Broadberry et al.,2014;伏霖,2014),也使得历史 GDP 核算领域的学术成果更为丰富,并引起了中国历史 GDP 核算方法、数据选择和应用的新讨论。

可靠的 GDP 数据能够使我们更好地将经济增长理论和发展经济学结合,更为准确地把握中国古代经济增长的绩效及增长模式。进一步而言,对中国古代经济的系统性、整体性研究,对于横向分析中国当时的经济发展水平及在世界上的相对地位,以及纵向分析中国经济发展或停滞的原因,都具有重要的学术意义。此外,从宏观视角把握中国古代经济的全貌,以及我国古代经济的发展轨迹和经济结构,对于理解我国经济社会制度变迁具有重要的现实意义。国际上,Broadberry 联合多国经济史研究者,对中世纪以来在世界经济史发展进程中占据重要地位,具有一定代表性和重要影响的国家进行了 GDP 数据的重新构建。在 Broadberry 等学者的 GDP 重构研究中,估算方法不同于 Maddison 采用的支出法,转而使用更为可靠的生产法,在对 Maddison 的 GDP 估算数据做出补充和改进的同时,也从时间和空间两个维度为历史国民收入核算方法提供了双重扩展(Broadberry et al.,2011)。这一方法对于李稻葵、管汉晖等(Broadberry et al.,2014)估算中国历史 GDP 的研究也提供了重要的借鉴和参考。Broadberry 等学者的研究,重构了上千年历史时期内主要代表性国家的 GDP 数据,并以此为基础,对欧洲和亚洲生产率和生活水平方面的表现进行比较。这一研究的意义在于,一方面,详细阐释和论述了大国崛起的发展轨迹,另一方面,在努力还原历史真实的基础之上,为"大分流"这一世界经济史的基本问题提供了更为可靠的回答。在这项世界范围内主要历史强国的 GDP 数据重构研究中,各国学者之间注重分工合作,在针对某一特定国家的研究中,在借鉴和沿袭其他国家的已有研究基础之上,结合本国的实际国情和数据来源进行更具体的调整,使得研究结果更加接近研究对象的真实情况。但是,这项国际研究目前仍在进行中,在学术界的影响力仍然有限。基于历史国民收入核算方法,并结合各国自身国情的特殊性,Broadberry 等学者选取中世纪以来在欧洲和亚洲经济发展中占据重要地位的国家作为研究对象,包括英国、荷兰、西班牙、意大利、中国、日本和印度,进行了 GDP 数据的重构工作。学者们以产出法为基础,构建了上述国家在各自特定历史时期内新的人均 GDP 数据,进而对本国经济发展的历史轨迹提出了新的观点。

中国的 GDP 重构研究主要集中在 980 年至 1840 年的北宋、明和清三个朝代,从北宋初期的 980 年到清朝末期的 1840 年,名义 GDP 总量从白银 12860 万两上升到 537960 万两,增加了 41.83 倍。在这一时期,价格水平扩大 5.41 倍,实际 GDP 总量扩大 7.73 倍。尽管从北宋末到明初这一时期,实际 GDP 和人口下降明显,但实际 GDP 的年均增长率在北宋、明代和清代仍然分别达到 0.88%、0.25% 和 0.36%。从北宋至清代的整个历史时期,实际 GDP 和人口的变化趋势相近,因此,人均 GDP 波动并不是很大。然而,在清代,人均 GDP 显著下降,以每年 −0.34% 的速度衰退,1620 年的人均 GDP 水平和 980 年相差无几,但是,到 1840 年时,已经下降到 980 年的 70% 左右了。

具体到各产业部门,在农业方面,自北宋至清朝以来,尽管农副产品的产出增长超越人口增长,但是,由于占据主要份额的粮食作物增速落后于人口增速,使得人均农业产出整体上呈现出下降的态势。在工业方面,从北宋到清朝的历史时期内,制造业、食品加工业和建筑业除了在朝代更替的动荡时期有一定的下降之外,绝大多数时间里都表现出迅速增长的趋势;矿冶业波动幅度较大,经历了北宋中期的快速增长以后,1087 年开始保持平稳,明朝持续低迷,在清朝时期,尤其是 18 世纪又重新繁荣。在服务业方面,北宋、明代和清代的商业和交通运输都呈现出先上升后下降的演变过程,住宅和金融业则相对较为平稳。西蒙·库兹涅茨(1985)认为在不发达国家的经济结构中,农业部门的收入在总收入中占比 70% 是一个临界点,如果不发达国家的农业收入占比低于 70%,该国家也就达到了工业革命前经济结构比例的极限。上述数据显示,北宋以来的时间里,中国的经济结构已经接近或达到了低于 70% 这一极限,但是在这些朝代中,并没有出现工业革命。相反,总经济规模增长,人均水平几乎没有变化的现象表明,中国古代经济是典型的马尔萨斯经济,即经济增长被人口增长所抵消。中国在这一时间段内的人口变化趋势也印证了这种观点。在 3 个朝代当中,北宋时期人口增长速度较快,年平均增长率为 0.87%。虽然在蒙古入侵时,人口急剧衰减,但是,在明代又回升到年均增长率为 0.32% 的水平。在清代政局稳定以后,年均人口增速再次上升到 0.70%(吴松弟,2005;Liu and Hwang,1977)。中国经济发展水平自北宋时期的下降趋势与最近加州学派的颠覆性研究成果发表之前的大部分研究中国经济历史发展水平的文献是一致的。

北宋是经济发展水平的顶峰,这背后的根本原因在于,中国古代以农业立国,在小农经济的历史背景下,农业对于整个国家的经济发展水平有着深远而直接的影响;随着 18 世纪以后中国人口增长,人均耕地面积不断下降,给定农业在经济结构中占 70% 的比例没有发生显著变化,如果粮食亩产量的上升不足以抵消人均耕地面积的下降,生活水平的下降不可避免。在其他国家的研究中,Broadberry et al.(2011)关于英国人均 GDP 数据的重构表明,1270 年至 1690 年之间,人均 GDP 的平均年增长率为 0.17%,1700 年至 1860 年之间,人均 GDP 则以年均 0.48% 的速度增长。在 1700 年前后的两个时间段里,英国人均 GDP 的增长都表现出内部阶段性的差异,例如,1700 年至 1830 年,人均 GDP

增长速度缓慢,1830 年之后则迅速提升。重新构建的人均 GDP 数据表明,英国在 1270 年至 1870 年之间的经济呈现出缓慢但正向增长的趋势,这一发现也反驳了 Brown and Hopkins(1955,1956)基于实际工资的研究,对英国曾经在 15 至 19 世纪经历了长时间经济发展停滞的论点提出了质疑。在研究与英国同样崛起于北海地区的荷兰时,估算结果表明,1347—1807 这 450 年的时间里,荷兰的人均 GDP 以年均 0.19% 的速度增长,这一数据挑战了 Abel(1966)和法国年鉴学派详细论述过的观点,他们认为在前工业革命时期,欧洲经济的增长基本是处于长期停滞的。然而,建立在 GDP 重构基础之上的发现却表明,在这一历史时期内,荷兰经济具有较强的恢复能力,呈现出缓慢但持续增长的态势,尤其在 16 世纪中期至 17 世纪中期,受到技术革新的推动,人均 GDP 得到快速发展。此外,研究者还进一步对荷兰的经济结构进行了深入分析,由于国际贸易和国际航运在荷兰经济结构中扮演着极为重要的角色,在 GDP 中的占比高达 31%,因此,荷兰经济的发展轨迹很大程度上受到国际经济波动的影响,具有高度的不稳定性。

西班牙的人均 GDP 估算显示,在 Maddison(2010)基于 1990 年美元为国际元的换算中,由于受到技术等因素的制约,1990 年的生产品和消费品与历史上的生产品和消费品之间存在极大的差异,因此,在构建指数的时候缺乏必要的代表性。在重构西班牙人均 GDP 数据时,研究者采用 1990 年和 1850 年美元进行转换,均以 1850 年英国人均 GDP 为基准价值 100 来构建人均 GDP 变化指数。换算结果表明,西班牙 GDP 比原来的估计值提高了 10%～15% (Ivaren-Nogal and Dela Escosura,2013)。根据估算结果,可以发现西班牙的发展分为两个阶段,1600 年以前,西班牙仅落后于意大利,属于这一时期欧洲的经济强国,1600 年以后则逐渐衰落。此外,在黑死病以前和 16—18 世纪的历史时期,西班牙的人口和经济状况并没有表现出类似欧洲其他国家的负相关关系,与此相反,在 14 世纪末和 17 世纪初期的人口增长停滞阶段,则表现出人均实际收入下降的态势。

地中海地区另一代表性国家意大利的 GDP 重构结果显示,意大利的人均 GDP 可以划分为 3 个阶段。第一阶段即文艺复兴时期,从 1300 年到 16 世纪中叶,以 1990 年国际元衡量,这一时期大概为 1600 元,处于欧洲的领先位置;第二阶段,从 16 世纪中叶到 1880 年,是意大利的衰落时期,整体水平下降了 10%,按照 1990 年国际元计算大约为 1400 元;第三阶段,从 1880 年开始,意大利进入现代经济增长时期,人均 GDP 从 1880 年的 1400 元上升到 1900 年的 2000 元,二战以后骤增至 3500 元(Malanima,2011)。据此,意大利在 1300 年至 1880 年的时间里,总体呈现出缓慢下降的趋势。这也在一定程度上支持了前现代时期欧洲经济发展状况的悲观主义观点。

在应用类似方法分析亚洲地区的典型国家时,研究者立足于各国自身的发展特点也进行了相应的调整。在日本 GDP 数据的研究中,研究结果表明,725 年到 1874 年之间,日本人均 GDP 以每年 0.04% 的速度缓慢增长,经济增长的转折点发生在明治维新以后。此后日本率先在亚洲完成了近代工业化。印度人均 GDP 的重构结果显示,在 17 世纪到 18 世纪的时间里,印度人均 GDP 虽然有所下降,但是下降速度平稳。1600 年,印度人均 GDP 超过英国人均 GDP 的 60%,然而,在 19 世纪趋于平稳阶段以后,在 1871 年又下降至仅为英国的 14.7%(Broadberry et al.,2015)。尽管重构的人均 GDP 数据同样呈现出下降趋势,但其所反映的印度经济发展状况显著好于 Maddison(2010)所估算的结果,并修正了其印度经济始终处于贫困水平的论点。

长期以来,"大分流"问题是经济史学界热议的焦点,"大分流"的讨论本质上是对亚洲以及欧洲国家经济增长轨迹的争论。中国人均 GDP 在北宋时期达到顶峰,经过明代的波动之后,清代 18 世纪后一直在不断下降。印度同样经历了 1600 年莫卧儿王朝的顶峰以后也走向了人均 GDP 下降的轨迹。与中国和印度相反,日本在公元 1000 年前,人均 GDP 远低于中国,但是,在随后的历史时期里,日本的经济发展经历了一个平稳的增长期,明治维新以后更是迅速发展到一个新的高度。其走势可以发现,日本在 1600 年前,经济发展水平已经超过了印度,17 世纪以后,中国也不可避免地开始落后于日本。

在此前的研究中,关于"大分流"问题的探讨大多集中于将中国和英国进行比较,这种比较能够成立的前提条件,是英国可以代表欧洲长时段的发展水平,类似地,中国也可以代表亚洲长时段的发展水平。基于此,以往的研究普遍得出大分流出现在工业革命以后的论点。但是,在英国打败西班牙无敌舰队,建立"日不落帝国"以前的历史时期内,欧洲的经济中心并不在以英国和荷兰为代表的北海地区,而是在以西班牙和意大利为代表的地中海地区,因此,简单地认为英国可以代表整个欧洲的长时期经济发展状况的假设实际上是存在一定偏差的。从上述整合了欧洲四个国家以及亚洲三个国家的数据来看,在欧洲国家经济发展中心仍然在地中海沿岸的中世纪末期时。1300 年的数据显示,此时中国的人均 GDP 已经落后于意大利。而在 17 世纪早期,欧洲经济发生了从地中海地区到北海地区的逆转之后,作为亚洲发展水平最高的国家,中国的人均 GDP 较之于英国和荷兰也表现出落后的态势。这一时期,中国和荷兰之间总的人均收入水平之间的差异太大,中国内部某些富裕地区不足以弥补这一差距。因此,根据上述数据分析结果来看,"大分流"现象的出现要比以往研究中所认为的工业革命时期更早,在工业革命之前就已经发生了(Broadberry,2013)。进一步结合历史事实分析可以发现,"大分流"的出现主要由两个转折性历史事件导致,即黑死病和新航路的开辟(Broadberry,2013)。

黑死病使得西欧国家人口数量锐减,但是,其在不同地区产生的影响结果不尽相同。意大利、英国和荷兰都经历了人口下降带来的人均工资上涨,但是,当人口数量回升以后,英国和荷兰仍然保持了经济水平的上升态势,意大利则又退回到黑死病以前的状况。与此同时,西班牙甚至没有受益于最初的人口衰减,这使得以西班牙和意大利为代表的地中海地区让位于以荷兰和英国为代表的北海地区。

大分流发生的另一个影响因素是新航路的开辟。1500 年左右,意大利和荷兰的人均收入差不多在 1500 美元左右,但此后在 16—17 世纪荷兰的黄金时代以及英国工业革命时期,北海地区的经济水平远高于地中海地区。这主要得益于英国和荷兰拥有足够的能力对开辟新航路提供财政支持,以及获取新航路带来的商业利益,使得英国和荷兰取代西班牙和葡萄牙两个先驱国家,成为新航路开辟的真正受益者。尽管新航路开辟涉及欧洲与亚洲的国际贸易,这一因素对于亚洲的影响并不显著。一方面,中国和日本在这一时期都采取闭关锁国的政策,并没有受益于国际贸易的扩张。另一方面,这一时期,印度作为亚洲最为开放的经济体,也因为受限于低水平的国家能力同样没能使经济水平有所发展。英国和荷兰在经济发展上超越欧洲的意大利、西班牙及亚洲的中国,原因在于不同国家在产业多样性、制度以及劳动力数量和质量方面存在着显著的差异。Broadberry(2013)认为英国和荷兰之所以能够跳出马尔萨斯陷阱,是因为英国和荷兰在上述三类结构性要素中有着更显著的优势。在产业结构组成方面,前现代化时期的经济发展主要依赖于基本物品的贸易,外部需求的上升导致物价相应上涨,从而增加供给,但是,在一段时间以后,需求会减弱,引发新一轮的负增长。英国和荷兰农业中畜牧业和种植业并举,工业和服务业也包含相当比例的多样化产业结构,使得经济更少地依赖于基本物品,不易陷入经济倒退的危机。在制度方面,Acemoglu et al.(2005)与Epstein(2000)的研究尽管存在一定的分歧,但他们都强调国家需要维持财政集权和政治权力间的制衡。在欧洲国家中,意大利政权较为分散,英国和荷兰则有着强有力的统一政府,具备足够的财政能力维持市场的整合和运转。在人力资本方面,自从韦伯提出新教伦理的概念之后,劳动力数量和质量的差异就被一些学者用来解释欧洲内部的"小分流",他们认为人们更加努力工作以获得长距离贸易和工业创新带来的新物品,随着工作时间的增加,人们获得的年收入也相应提高了,英国和荷兰的劳动者在"勤勉革命"的背景之下,更有意愿延长工作时间。长期来看,更重要的因素是人力资本的积累,在这一点上,北海地区英国和荷兰的婚姻制度具有相应的制度优势,女性晚婚,后代更少,这使得女性在后代人力资本积累方面的投入更高。因而,相比较于意大利,英国和荷兰在结构性要素方面具备更为明显的优势。此外,由于西班牙在黑死病以前就有着极为广阔的土地和极其稀少的人口,黑死病带来的人口下降不但没有带来短时间内的人均工资上涨,反而破坏了原有的商业网络,并进一步加剧了原本就极为稀少的人口数量,这也给劳动力的专业化分工带来了不利影响。以上英国和荷兰所具有的优势也是中国、日本和印度这些亚洲国家所不具备的。

参考文献(略)。

五、参考答案

(一)单项选择

1.B　2.A　3.D　4.D　5.D　6.D　7.B　8.B　9.D　10.D　11.B　12.A　13.C　14.A　15.A　16.B　17.C　18.A　19.B　20.B　21.D　22.C　23.C　24.C　25.C　26.A　27.B　28.D　29.B　30.C　31.C　32.C　33.C　34.C

(二)问题与论述

1.答:

(1)消费,因为它属于家庭用于物品和劳务的支出。

(2)投资,因为新住房投资是划入投资而不划入消费的一种家庭支出形式。

(3)不影响GDP,因为这时皮鞋生产商的存货投资将是负的,它抵消了买者的正支出。

(4)不影响GDP,因为GDP只包括现期生产的物品和劳务,并不包括过去生产的东西的交易。

(5)政府购买,因为它属于地方政府用于物品和劳务的支出。

(6)不影响GDP,因为这个交易在减少了净出口的同时,增加了消费支出。

(7)投资,因为可口可乐公司的在我国的生产属于我国的GDP,并且该支出属于用于未来生产更多可口可乐饮料的建筑物购买的支出,因此属于投资。

2.答:GDP是指在某一既定时期一个国家内生产的所有最终物品和劳务的市场价值。GDP要衡量来自物品和劳务生产的收入和用于这些物品和劳务生产的支出。而转移支付虽然改变家庭收入,但是并没有反映经济的生产,因此转移支付不包括在政府购买内。

3.答:新住宅由于长期的使用年限和每年的折旧,使得住宅的购买看上去更像企业的机器设备厂房一样。

4.答:

(1)产出等于收入。所谓产出,就是当年生产的全部最终产品的总市值,在这个总市值的价值构成中,一部分是要素成本(如利息、工资、租金等),一部分是非要素成本(如间接税、折旧等),它们最后分别成为家庭的收入、企业的收入和政府的收入。因为最终产品的总价格就等于要素成本和非要素成本之和,故产出等于收入。

(2)产出等于支出。所谓支出,是指各部门针对本国最终产品发生的支出。由于把因为无人购买或因购买力不足而积压在仓库里的存货视为企业自己将其"买下"的投资行为,故产出也必等于支出。

(3)产出、收入和支出,分别是从生产、分配和流通三个环节对同一堆最终经济成果的衡量,若不考虑统计误差的因素,三者必然是相等的,用生产法、收入法和支出法核算的GDP也必然是相等的。

5.答:GDP当然是重要的。但GDP不能代表一切。GDP是用当期价格计算的一个经济社会所生产的全部最终产品和劳务的总市场价值,因此,上面提到的"你"的三种举动确实会使GDP有所降低。但是,只要我们意识到每个人都是其个人利益的最好守护者,当他作出某个决定时,这个决定在当时对他总是最适宜的,我们就有理由确信:较低的GDP并不必然地对应较低的福利水平。公允地说,GDP决定着一国居民在一定时期所享有的福利的绝大部分,但作为衡量社会福利的尺度,仍然存在许多缺陷。GDP中包含了许多和个人幸福无关的因素,而许多对人们的福利水平有重大影响的因素又没有在其中得到反映。比如,地下经济的绝大部分、家务劳动、自给自足的生产以及闲暇等促进福利增长的因素没有反映在里面,而另外一些使福利水平下降的因素,如没有得到补偿的污染、自然资源的大量消耗、现代都市生活的不舒适等,却未从中扣除。此外,用以计算GDP的市场价格反映的是产品或劳务的边际效用水平,因此不能够精确地反映一个经济社会的总福利的情况;不同时期、不同国家的GDP具有不同的物质内容,因此等量的GDP带给人的福利也不一定是相同的。所以,GDP不是一个衡量经济福利的完美的尺度,它的数量并不能精确地表示福利的多和少。政治领导人和经济学家们也许应更多地关注一下"经济净福利(NEW)"这个指标,这个指标是由GDP加上或减去前面所列的各种导致福利增多或降低的诸多因素后得到的。

6.答:项链,因为GDP衡量市场价值。

7.答:GDP增加,因为购买大米是市场交易。但实际总产量没有增加。

(三)计算题

1.解：

第一年各指标数值为：

C＝消费掉的消费品＝90(亿元)

I＝新产建筑＋新产设备＋年底消费品的库存量－年初消费品的库存量

　　＝5＋10＋50－30＝35(亿元)

I_n＝I－估计一年现有建筑的折旧－估计一年现有设备的折旧

　　＝35－10－10＝15 亿元

GDP＝C＋I＝90＋35＝125 亿元

NDP＝GDP－(I－I_n)＝125－20＝105 亿元

同理可得第二年各指标的数值为：

C＝110 亿元,I＝－5 亿元,I_n＝－25 亿元

GDP＝105 亿元,NDP＝85 亿元

2.解：

(1)项链为最终产品,其售价 1900 万人民币即为与此两项生产活动有关的 GDP。

(2)开矿阶段创造的增加值为 1000 万元,项链制造阶段创造价值为 1900－1000＝900 万元,合计总增加值,有 GDP＝1000＋900＝1900(万元)。

(3)在开矿阶段,工资 750 万元,利润为 1000－750＝250(万元);在项链制造阶段,工资为 200 万元,利润为 1900－1000－200＝700(万元)。两项工资合计 950 万元,两项利润合计 950 万元,共 1900 万元。此即用收入法计算的 GDP。

3.解：

2017 年的名义 GDP＝每瓶汽水 3 元×200 瓶汽水＝600 元

2018 年的名义 GDP＝每瓶汽水 5 元×300 瓶汽水＝1500 元

2017 年的实际 GDP＝每瓶汽水 3 元×200 瓶汽水＝600 元

2018 年的实际 GDP＝每瓶汽水 3 元×300 瓶汽水＝900 元

2017 年的 GDP 平减指数＝(600 元/600 元)×100＝100

2018 年的 GDP 平减指数＝(1500 元/900 元)×100＝167

从 2017 年到 2018 年：

名义 GDP 提高了(1500 元－600 元)/600 元×100％＝150％

实际 GDP 提高了(900 元－600 元)/600 元×100％＝50％

GDP 平减指数提高了(167－100)/100×100％＝67％

4.解：

(1)国内生产净值＝国内生产总值－(总投资－净投资)

　　＝4800－(800－300)＝4300(亿元)

(2)净出口＝国内生产总值－总投资－消费－政府购买

　　＝4800－800－3000－960＝40(亿元)

(3)政府税收减去转移支付后的收入＝政府购买＋政府预算盈余

　　＝960＋30＝990(亿元)

(4)个人可支配收入＝国内生产净值－政府税收减去转移支付后的收入

$$＝4300－990＝3310（亿元）$$

(5)个人储蓄＝个人可支配收入－消费＝3310－3000＝310（亿元）。

5. 解：

(1)国民收入＝雇员酬金＋企业利息支付＋个人租金收入＋公司利润＋非公司

企业主收入＝1866.6＋264.9＋34.1＋164.8＋120.8＝2451.2（亿元）

(2)国内生产净值＝国民收入＋间接税＝2451.2＋266.3＝2717.5（亿元）

(3)国内生产总值＝国内生产净值＋资本消耗补偿＝2717.5＋356.4＝3073.9（亿元）

(4)个人收入＝国民收入－公司利润＋红利－社会保险税＋政府支付的利息＋政府

和企业的转移支付＝2451.2－164.8＋66.4－253.9＋105.1＋374.5＝2578.5（亿元）

(5)个人可支配收入＝个人收入－个人所得税＝2578.5－402.1＝2176.4（亿元）

(6)个人储蓄＝个人可支配收入－消费者支付的利息－个人消费支出

$$＝2176.4－64.4－1991.9＝120.1（亿元）$$

6. 解：

(1)名义 GDP 增长率＝(2000－1600)/1600×100%＝25%。

(2)GDP 平减指数增长率＝(132－120)/120×100%＝10%。

(3)按 2000 年价格计算,2011 年的实际 GDP＝1600/120%＝1333（亿元）

(4)按 2000 年价格计算,2012 年的实际 GDP＝2000/132%＝1515（亿元）

(5)2011 到 2012 年间实际 GDP 增长率是(1515－1333)/1333×100%＝14%。

(6)名义 GDP 增长率要高于实际 GDP 增长率,这是因为从 2011 年到 2012 年价格的上涨夸大了实际 GDP 的增长率,因此名义 GDP 的增长率就显得较高了。

(四)辨析题

1.答:错。之前两个国家的净出口互相抵消,合并后的 GDP 总量等于两个 GDP 之和。

2.答:错。1 万元的木材是中间产品,5 万元才是计入 GDP 的。

3.答:错。人均 GDP 高的国家生活水平通常高于人均 GDP 低的国家。

4.答:错。转移支付是政府给居民的。

5.答:错。进出口总额是增加了,但是净出口才是计入 GDP 的,比重不是最大。

6.答:错。生产出来就计入了,这辆车已经计入 2017 年,不应该再计入 2018 年,会重复计算。

7.答:对。

8.答:错。实际 GDP 提高时,才表示复苏。

第二章

生活费用的衡量

一、本章概述

通货膨胀是件让人担忧的事情。物价的飞涨让老百姓有如履薄冰之感。每逢物价飞涨,当年最热门的词汇之一就是 CPI(Consumer Price Index,消费者物价指数),这一指标反映了与居民生活有关的产品及劳务价格的变动,是观察通货膨胀水平的重要指标。CPI 上涨时,一般家庭必须支出更多的钱才能维持同样的生活水平。本章介绍了如何编制 CPI 指标、如何运用 CPI 来比较不同时期的变量,在此基础上本章将 CPI 与上一章学过的 GDP 平减指数加以比较,并对 CPI 在衡量生活费用方面的不足之处加以分析。

(一)CPI 指标的编制

消费物价指数(Consumer Price Index,CPI)是普通消费者所购买的物品和劳务的总费用的衡量指标。CPI 指标的编制要遵循以下四个基本步骤。

第一步,固定一篮子,确定哪些物价对普通消费者是重要的。

第二步,寻找价格,找出每个时点上篮子中每种物品与劳务的价格。

第三步,计算一篮子东西的费用,即用找出来的价格数据计算不同时期这一固定的一篮子的物品与劳务的费用。

第四步,选择基年并计算指数。指定一年为基年,将其他各年与之进行比较。CPI 的计算公式如下:

$$CPI = \frac{当年一篮子物品与劳务的费用}{基年一篮子的费用} \times 100\%$$

可以利用 CPI 计算各年的通货膨胀率。通货膨胀率是与前一期相比物价指数变动的百分比。计算连续两年之间的通货膨胀率的方法是:

$$通货膨胀率 = \frac{第二年的 CPI - 第一年的 CPI}{第一年的 CPI} \times 100\%$$

当然,也可以将公式中的 CPI 换成 GDP 平减指数或者 PPI,不论使用哪一种价格指数,通货膨胀率都反映了价格水平逐年变动的百分比。

(二)其他物价指数及与 CPI 的比较

在衡量物价水平时,除了 CPI 以外,常用的物价指数还包括生产物价指数与 GDP 平减指数。

生产物价指数(Product Price Index,PPI)是企业购买的一篮子物品和劳务的费用的衡量指标。PPI 与 CPI 的区别在于,它们衡量的对象是不同的。PPI 衡量的是企业购买的一篮子物品与劳务的费用,而 CPI 衡量的是消费者购买的一篮子物品与劳务的费用。PPI 对预测 CPI 的变动是有用的,原因在于企业总是要将它们的费用以更高的消费价格的形式转嫁给消费者。

GDP 平减指数是用名义 GDP 除以实际 GDP 的比率乘以 100 计算出来的物价水平的衡量指标。GDP 平减指数与 CPI 的区别主要体现在以下两个方面:

第一,两者反映的内涵不同。GDP 平减指数反映了国内生产的所有物品与劳务的价格,而 CPI 反映了消费者购买的物品与劳务的价格。因此有些东西的价格变动反映在 GDP 平减指数上面,而不反映在 CPI 的变动上,如:投资品、涉及政府购买的物品,以及出口的物品。而有些东西的价格变动反映在 CPI 的变动上,而不反映在 GDP 平减指数上,如:进口的消费品价格的变动。

第二,两者的计算方法不同。CPI 比较的是固定的一篮子物品与劳务的价格与基年这一篮子物品与劳务的价格,统计机构只是偶尔才改变这一篮子物品的构成。与此相反,GDP 平减指数比较的是现期生产的物品与劳务的价格与基年同样物品与劳务的价格。因此,用来计算 GDP 平减指数的物品与劳务的组合随着时间推移而自动发生改变。

(三)CPI 在衡量生活费用方面的不足之处

由于三个原因,CPI 并不是生活费用的完美的衡量指标。

第一个问题是替代倾向。随着时间的推移消费者倾向于用变得便宜的物品替代原有的物品。但是统计机构在计算时仍根据固定的一篮子,实际上仍假定消费者购买和原来同样数量的商品,因此 CPI 倾向于高估生活费用的增加。

第二个问题是新产品的引进。CPI 没有考虑由于新物品的引进而使单位货币购买力提高。

第三个问题是质量的变动。CPI 的计算忽略某些商品的质量变化。

(四)根据通货膨胀的影响校正经济变量

CPI 给我们提供了一种调整通货膨胀效应的方法。可以利用 CPI 比较不同年份的货币的购买力。把 t 年的人民币换算成今年的人民币的计算公式如下:

$$今年的人民币的数量 = t 年的人民币的数量 \times \frac{今年的 \text{CPI}}{t 年的 \text{CPI}}$$

如果法律或者合同能够将货币数量按照物价水平自动校正,这就叫做通货膨胀的指数化(indexation)。

也可以根据通货膨胀的影响来考察利率的数据。名义利率是通常公布的,未根据通货膨胀的影响校正的利率。实际利率是根据通货膨胀的影响校正过的利率。它们之间的关系接近于以下公式:

实际利率 = 名义利率 - 通货膨胀率

名义利率告诉你,随着时间的推移,你银行账户中的账面资产增加有多快;实际利率告诉你,随着时间的推移,你银行账户里的购买力提高有多快。影响人们的储蓄和投资决策的,往往是实际利率,而不是名义利率。

二、本章重要名词

消费物价指数	通货膨胀率	生产物价指数
指数化	名义利率	实际利率

三、复习题

(一)单项选择

1.以下定义中,(　　)是正确的。

A.名义利率等于实际利率加上通货膨胀率

B.实际利率等于名义利率加上通货膨胀率

C.名义利率等于通货膨胀率减去实际利率

D.实际利率减去名义利率等于通货膨胀率

2.其他条件不变时,实际利率与储蓄之间的关系为(　　)。

A.实际利率上升,储蓄上升

B.实际利率上升,储蓄下降

C.实际利率上升,储蓄可能上升也可能下降,要视情况而定

D.实际利率的变化与储蓄无关

3.与实际利率相关的表述中,正确的是(　　)。

A.是十分易变的,反映出资本市场的不稳定性

B.实际利率才真实地反映了资金的时间价值

C.几乎没有什么变化

D.与投资决策无关

4.下面选项中,(　　)不在 CPI 的计算范围内。

A.汽车　　　　　B.汽油　　　　　C.手枪　　　　　D.电脑

5.人们常用便宜的商品替代贵的,这种替代效应导致 CPI 衡量的生活费用比实际费用(　　)。

A.高　　　　　B.低　　　　　C.一样　　　　　D.上述三种都有可能

6.债权人和债务人一致同意按名义利率来支付贷款利率。以后的通货膨胀高于他们双方的预期时(　　)。

A.对债权人有利,对债务人不利　　　　B.对债权人不利,对债务人有利

C.对他们都不利　　　　　　　　　　D.对他们都有利

7.计算 CPI 时假定每个月购买同样的产品,那么在计算 CPI 时(　　)可以忽略不计。

A.基年所消费的产品的价格　　　　B.当年所消费的产品的价格

C.基年所消费的产品的数量　　　　D.当年所消费的产品的数量

8.一般用来衡量通货膨胀的物价指数是(　　)。

A.消费者物价指数　　　　　　　　B.生产物价指数

C.GDP 平减指数　　　　　　　　　D.以上均正确

9. 下面的选项中,(　　)包含了中间产品。

A. CPI 指数　　　B. GDP 平减指数　C. 生产价格指数　D. 以上都包括

10. 假如 2017 年 CPI 是 180,2018 年 CPI 是 184,那么从 2017 年到 2018 年的通货膨胀率是(　　)。

A. 4%　　　　　　B. 2.22%　　　　　C. 2.17%　　　　　D. 97.7%

11. 下面的选项中,(　　)可以更好地衡量 GDP 中所含商品和服务的平均价格。

A. 消费价格指数　B. 生产价格指数　C. GDP 平减指数　D. 通货膨胀率

12. 如果 2018 年 CPI 是 190,2017 年 CPI 是 185,那么在 2017 年年收入为 40000 元的人其工资须上涨(　　)才能维持目前的购买力。

A. 10520 元　　　B. 10810 元　　　C. 20000 元　　　D. 以上都不是

13. 如果 2001 年消费价格指数是 80,2017 年消费价格指数是 160,那么 2017 年的平均价格(　　)。

A. 是 2001 年的一半　　　　　　　B. 是 2001 年的两倍

C. 比 2001 年多 80 倍　　　　　　D. 和 2010 年一样

14. 贷款上所示的利率是(　　)。

A. 名义利率　　　　　　　　　　　B. 实际利率

C. 通货膨胀率　　　　　　　　　　D. 信贷利率

15. 通货膨胀率是(　　)。

A. 名义 GDP 逐年变化的比率

B. 实际 GDP 逐年变化的比率

C. 任一指定年份名义 GDP 与实际 GDP 之差除以实际 GDP

D. GDP 平减指数逐年变化的比率

16. CPI 不同于 GDP 平减指数的是 CPI 包含了(　　)。

A. 消费者购买的商品价格　　　　　B. 厂商购买的商品价格

C. 出口商品的价格　　　　　　　　D. 进口商品的价格

(二)问题与论述

1. 张三从朋友李四那里借入了 1 万元购买了价值 1 万元的笔记本电脑,并同意支付给李四 5% 利率以补偿他那年无法使用这 1 万元和对过去 2% 的通货膨胀率进行调整。贷款的实际利率将是 3%。假设那一年实际的通货膨胀率是 3%,而不是张三和李四所预期的 2%,谁得谁失? 如果那年的真实的通货膨胀率是 1%,你的答案将有何不同?

2. 简述消费物价指数不完善的三个原因。

3. "在意大利旅游现在要比 1 年前便宜得多。"一位朋友说,"1 年前,1 欧元换 10 元人民币,现在,1 欧元换 8 元人民币。"这位朋友的话是否正确? 假定这个时候总体通货膨胀率是意大利 100%,而中国 25%,这会使意大利的旅游更贵还是更便宜? 用一个具体的例子——如中国的 1 杯咖啡与意大利的 1 杯咖啡比,写出令你朋友信服的答案。

4. 比较 CPI 和 GDP 平减指数对衡量通货膨胀率的异同。

5. 解释名义利率和实际利率,并解释这两个变量之间的关系。

6. 请查阅历年宏观经济统计资料,以 2000 年为基年,计算 2000 年至今的 CPI 和

PPI,分析这两类物价指数的变动情况。

7. 假设防弹衣的价格上升了,对消费物价指数的影响大还是GDP的平减指数的影响大,为什么?

8. 人们常会说:5毛钱比5块钱还要值钱,这意味着什么? 人们还会说:同样是五毛钱,可背后的实际价值不一样,这又是为什么?

9. 大多数人都认为CPI高估通货膨胀率,可是老年人的社保津贴还是与CPI同比率增加,如果老年人和其他人都消费同样的市场物品与劳务篮子,那社保会使老年人的生活水平每年都提高吗?

10. 苹果和香蕉的价格都上涨10%,你认为哪个对人们生活的影响更大?

(三)计算题

1. 银行一年定期储蓄年利率为2%,利息税税率为20%,假定通货膨胀率为4%,一年定期储蓄的实际利率(年有效利率)为多少?

2. 假设你花了80元钱购买了一张一年期的票面价格为100元的政府债券。请问该政府债券的名义利率是多少? 如果在这一年里,通货膨胀率为5%,那么,你投资债券的实际收益率又是多少?

3. 设一经济社会生产5种产品,它们在2010年和2012年的产量和价格分别如下表所示。

产品	2010年产量	2010年价格/元	2012年产量	2012年价格/元
A	25	1.50	30	1.60
B	50	7.50	60	8.00
C	40	6.00	50	7.00
D	30	5.00	35	5.50
E	60	2.00	70	2.50

(1)试计算2010年和2012年的名义国内生产总值。

(2)如果以2010年作为基年,则2012年的实际国内生产总值为多少?

(3)计算2010年和2012年的GDP平减指数,2012年价格比2010年价格上升了多少?

(4)以2010年为基年计算2010年和2012年的CPI,2012年价格比2010年价格上升了多少?

4. 考虑如下价格指数问题。一个只有3种商品进入CPI(消费价格指数)的简单经济,这三种商品是食品、住房和娱乐。假定居民在基年(2010年)以当时的价格消费如下表所示。

	数量	每单位价格/元	支出额(元)
食物	5	14	70
住房	3	10	30
娱乐	4	5	20
总计	12	29	120

假定定义 CPI 的商品篮子是以表中所给定的数据为依据。如果 2011 年的价格为：食品每单位 30 元,住房每单位 20 元,娱乐每单位 6 元。计算 2011 年的 CPI。

5. 在长期中,青菜的价格从 0.5 元上涨到 1 元,同一时期中消费物价指数从 150 上涨到 300。根据通货膨胀进行调整后,青菜的价格变动了多少?

6. 如果 2017—2020 年的消费价格指数 CPI 分别为 100、110、115.5、115.5,

(1) 计算 2018 年—2020 年的通货膨胀率。

(2) 假设一组工人签了从 2018 年年初开始的为期 3 年的合同,其工资增长率为 $\Delta W/W = 0.1$。在现有 CPI 水平下,其实际工资如何变化?

(3) 假设工资率依据下面公式计算 $\Delta W/W = 0.05 + 0.5 \Delta CPI/CPI$,其实际工资又如何变化?

(4) 如果 $\Delta W/W = \Delta CPI/CPI$,其实际工资又如何变化?

(四)辨析题

1. 其他因素不变的情况下,实际利率越低,投资需求量越大。

2. 用消费物价指数和 GDP 平减指数所计算出的物价指数是相同的。

3. 苹果手机的发明让消费者的选择变多了,所以 CPI 下降。

4. 汽车价格下降使购买量增加,所以 CPI 变大。

5. 政府需要购买的人造卫星价格提高了,所以 CPI 增加了。

四、文献链接

应用"生活物价指数"代替 CPI[①]

尽管意义重大且广受关注,但现行的居民消费价格指标体系(CPI)已经算是"超龄服役",无法反映居民的实际消费情况,致公党中央在两会前就建议对其进行调整,并公开调整情况。

针对这个问题,全国政协委员、民建中央秘书长张皎委员 10 日表示,国家有关部门应着手研究启用一种新的居民生活开支指标——生活物价指数(LPI),来代替 CPI 反映居民消费情况。

---

① 原载于 2010 年 3 月 11 日《法制晚报》。记者曾佑忠、何怡、孙慧丽,网址:www.fawan.com/Article/showArticle.asp? Article IO＝262145。

现行 CPI 不算医疗教育等支出

"现行 CPI 指标体系基本沿用 1992 年确定的地域网点和品类权重,计划经济色彩较浓,无法反映物价变动真实情况。"致公党中央指出。17 年来,我国经济方面和居民消费结构已经产生巨大变化,而 CPI 如果失真幅度较大或者与实际消费偏差过大,对于政府制定宏观经济政策有相当大的负面影响,对于经济健康发展也非常不利。

民建中央秘书长张皎委员告诉记者,目前我国 CPI 指标强调的是生活消费开支,并不计算具有消费与投资双重性的开支,如住房消费。此外,教育开支、医疗保险等也都不纳入统计范围。而这些正是当下中国家庭消费最主要的三项,可能超过家庭消费支出的 60% 以上,如此高的比例却不能在 CPI 中反映出来,这显然不能代表当今中国居民消费开支的真实情况。

猪肉价格的影响力被高估

致公党中央在提案中指出,作为一项统计指标体系,不仅 CPI 样本类项存在致命缺陷,品类权重占比也很不合乎实际。例如,我国目前居住类消费在 CPI 指标体系中占比权重仅为 13%,而食品类却占比过高,依照 2009 年有关部门透露的数据,约为 32.8%。而仅猪肉价格一项就占全国 CPI 的 3.03%,是权重占比最大的单项。

提案认为,食品类在居民消费中占比高达 1/3,可能适用于进入温饱型不久的社会。但实际上,随着城市生活条件的改善,食品类在居民消费中的比重越来越小。

推行"LPI"替代"CPI"

"实事求是、科学合理地确定 CPI 指标体系已迫在眉睫。"致公党中央建议,应研究改进城市房屋价格指数的计算方法,并作为 CPI 居住类的重要指标。

张皎说,现行 CPI 指标已不适宜"留任"经济统计中的"关键指标"。CPI 指数是从欧美直接借鉴过来的一个参数指标,但由于欧美 CPI 的变化幅度很小,一般不超过 3%。而我国的 CPI 数值变化过大,有时甚至可能超过 10%。他建议,国家有关部门应着手研究启用一种新的居民生活开支指标——"生活物价指数"(LPI)。其中除了现有 CPI 指数中所包含的内容外,还将包括住房消费、教育开支、医疗保险等各种支出,但不包括纯粹为投资增值而支出的费用,如非家庭居住性购房支出、股票债券期货等。

在津巴布韦的一无所有的百万富翁[①]

津巴布韦首都哈拉雷,一名妇女手拿数万元纸币买了一块面包。

国际在线消息:巴伦斯-希卡姆巴真正是"鞋儿破、帽儿破、身上的衣服破",他那千疮百孔的裤子也只能用一根绳子拴着权当裤带使。可他却是个货真价实的"百万富翁"。

"百万富翁"希卡姆巴的职业是津巴布韦的一名出租车司机。他成天开着他那破癙的汽车在首都哈拉雷兜揽生意。希卡姆巴每揽到一个生意,起步收费总在 100 万津元以上。或许你会觉得那是一个天文数字,但是事实上津巴布韦官方通货膨胀率已经接近1000%,这打破了非战争状态国家通货膨胀率历史纪录,市场通货膨胀率则更高。

---

① 原载于 2006 年 5 月 8 日的中国新闻网,记者章田、雅龙。

津巴布韦现在无疑是全球百万富翁最多的国家,但它同时也是全球最穷的国家之一。

事实上,每一个来到首都哈拉雷豪华现代、气派十足的机场的海外游客,马上就摇身一变成为了百万富翁。根据津巴布韦目前的官方汇率,每10美元就可以换到10.1万津元,而黑市上则可以换到两至三倍。

"是的,我是一个百万富翁——一个什么也买不起的百万富翁。津巴布韦现在遍地都是百万富翁。我们是一个盛产百万富翁的国家,但是我们也一无所有。"希卡姆巴说。

一顿餐费钞票堆成山

希卡姆巴本人对这样奇怪的逻辑现实感到既无奈又好笑,但是对于成百上千万和他一样的津巴布韦人民来说,恶性通货膨胀绝不仅仅是笑谈。上周,津巴布韦低收入家庭平均最低生活消费已经飞升到4100万津元/月。然而在这个国家,目前有超过60%的劳动力失业,其他部分劳动力每月则只能挣到400万津元。

津巴布韦最小面额的纸币是500津元,而现在一卷厕纸的价格已经达到15万津元;最大面额则为5万津元。然而,如果在津巴布韦乘坐出租汽车,即使全用5万面额的纸币付费,数钞票付给司机所要花费的时间也差不多与路途全程所用时间相当。

然而比起到餐馆吃饭来说,这还算不了什么。当用完餐准备结账时,一沓沓的钞票堆在餐桌中央,给用餐者的感觉就像是坐在拉斯维加斯的赌桌旁一样。一名印度商人介绍说:"每次用完餐,你还得再等半小时结账。前些天我到当地税务部门交税,上交4100万元税款,他们清点了一个多小时。这简直是疯了。"

通货急剧膨胀给津巴布韦带来的另一个直接后果就是,目前这里最为紧俏的日用品之一竟然是点钞机。津巴布韦国营报纸上每天充斥着日本和新加坡生产的高质量点钞机广告,而每台的价格在3.45亿至12亿津元之间。

就医费用同样在飞涨。公立医院的普通门诊费上个月涨了三倍,从一个月前的30万津元暴涨到100万津元。私立医院也涨了两倍。上周,将为一对准父母接生的诊所向他们要求,提前付清生产费,他们不得不提了满满一皮箱钞票来生孩子。

生不起孩子,连"死"都变得昂贵起来——因为丧葬费太贵了,穷人们只好半夜偷偷摸摸把死去的亲友葬在田里。

随着钞票一天比一天更不值钱,原始的物物交换又重新为人们青睐。农场工人更愿意雇主用实物作酬劳,因为更保值,也更容易携带。城市中物物交换也大行其道,从食品到CD,品种多样。

"人们只要手里有现金,就得马上花掉,因为同样一笔钱,等到第二天就买不到同等的商品了。""我们正在迅速接近崩溃临界点。"津巴布韦的一名独立经济学家约翰·罗伯森说,"这个趋势决不能继续。"

五、参考答案

(一)单项选择

1. A 2. A 3. B 4. C 5. A 6. B 7. D 8. D 9. C 10. B 11. C 12. B 13. B 14. A 15. D 16. D

(二)问题与论述

1.答:在实际通货膨胀率为3%的情况下,实际利率是2%,此时李四的实际收益就会低于他所预期的收益;另一方面,张三所支付的成本就为2%而不是3%,张三从高通货膨胀中获得了收益。但是如果实际通货膨胀率为1%,那么情况就刚好相反。

2.答:

(1)替代倾向:随着时间的推移消费者用变得便宜的物品替代原有的物品的能力。

(2)新产品的引进:没有考虑由于新物品的引进而使单位货币购买力提高。

(3)质量的变动:忽略某些商品的质量变化。

3.答:假设1年前,1杯意大利咖啡为1欧元,一杯中国咖啡为10元人民币。由于1年前1欧元可以换10元人民币,那么在两个国家的咖啡是等价的。由于意大利的通货膨胀率是100%,那么意大利咖啡现在的价格为2欧元。而中国的通货膨胀率是25%,那么中国现在咖啡的价格是12.5元人民币。现在1欧元可以换8元人民币,所以一杯意大利咖啡的价格换算为人民币是2×8=16元人民币。也就是说在意大利每一杯咖啡比在中国贵。

因此,你朋友的想法是错误的,虽然人民币可以换到更多的欧元,但是相对意大利的通货膨胀速度来说,只能买到比以前更少的商品,所以现在去更贵了。

4.答:

(1)篮子中的商品范围的不同。有些物品包含在CPI中,却不包含在GDP平减指数当中,如:进口的消费品。有些物品包含在GDP平减指数当中,却不包含在CPI当中,如投资品、政府购买的物品和用于出口的物品。

(2)CPI篮子中的商品相对固定,而GDP平减指数总是用当前所生产的所有商品,即随GDP构成的变动而自动地改变物品与劳务的组合。如果商品的数量与价格变化不一致,这会带来衡量的差别性更大。

5.答:名义利率指的是通常公布的、没有经过通货膨胀指数调整的利率。实际利率指的是经过通胀调整的利率。实际利率=名义利率-通货膨胀率。

6.答:具体数据可以查阅国家统计局网站,网址:http://www.stats.gov.cntjsjndsj/。中国统计年鉴中CPI和PPI均以1978年为基年,题目要求以2000年为基年,则可以将2000年的CPI定为100,并将其他各年的CPI与2000年的CPI相除,换算成以2000年为基年的CPI。例如,统计年鉴中2000年的CPI为434.0,2001年的CPI为437.0,如果换算成以2000年为基年的话,那么2000年的CPI为100,2001年的CPI为437/434×100=100.69。其他各年份的计算依此类推,此处略。

7.答:对GDP的平减指数影响大,因为防弹衣并不属于普通消费者的消费范围内,也就是说并不影响CPI,但它却影响了GDP平减指数,所以说对GDP的平减指数影响大。

8.答:因为两个货币量不处在一个年份,所以5毛钱可能比5块钱还要值钱。同样是5毛钱,可背后的实际价值不一样,这是因为物价水平随时间的变化而变化。

9.答:是的,CPI高估了通货膨胀,而老年人的社保是和CPI同比率增加的,所以提高了老年人的生活水平。

10.答:不一定,这个要看哪项在物价指数中占得权重比较大。

(三)计算题

1.解:$2\% \times (1-20\%) = 1.6\%$

　　$1.6\% - 4\% = -2.4\%$

2.解:$(100-80)/80 \times 100\% = 25\%$

　　$25\% - 5\% = 20\%$

3.解:

(1)2010年名义国内生产总值 $= 1.5 \times 25 + 7.5 \times 50 + 6 \times 40 + 5 \times 30 + 2 \times 60$
$$= 922.5(元)$$

　　2012年名义国内生产总值 $= 1.6 \times 30 + 8 \times 60 + 7 \times 50 + 5.5 \times 35 + 2.5 \times 70$
$$= 1245.5(元)。$$

(2)2012年的实际国内生产总值 $= 1.5 \times 30 + 7.5 \times 60 + 6 \times 50 + 5 \times 35 + 2 \times 70$
$$= 1110(元)。$$

(3)2010年的GDP平减指数 $= 100$

　　2012年的GDP平减指数 $= (1245.5/1110) \times 100 = 112.21$

　　可见2012年价格比2010年价格上升了12.21%。

(4)一篮子物品和劳务在2010年的总费用 $= 1.5 \times 25 + 7.5 \times 50 + 6 \times 40 + 5 \times 30 + 2 \times 60$
$$= 922.5(元)$$

　　一篮子物品和劳务在2012年的总费用 $= 1.6 \times 25 + 8 \times 50 + 7 \times 40 + 5.5 \times 30 +$
$$2.5 \times 60$$
$$= 1035(元)$$

　　2010年的CPI $= 100$

　　2012年的CPI $= (1035/922.5) \times 100 = 112.20$

　　2012年价格比2010年价格上升了12.20%。

4.解:2011年的支出 $= 5 \times 30 + 3 \times 20 + 4 \times 6 = 234(元)$

　　2010年的支出 $= 120(元)$

因此,2011年的CPI $= (2011年的支出/2010年的支出) \times 100 = (234/120) \times 100 = 195(元)。$

5.解:$1 - 0.5 \times 300/150 = 0(元)。$

6.解:

(1)2018年的通货膨胀率 $= [(110-100)/100] \times 100\% = 10\%$

2019年的通货膨胀率 $= [(115.5-110)/110] \times 100\% = 5\%$

2020年的通货膨胀率 $= [(115.5-115.5)/115.5] \times 100\% = 0$

(2)如果 $\Delta W/W = 0.1$,那么名义工资将以10%的速度增加,由于2018年通货膨胀率也为10%,因此2018年的名义工资的增长完全为通货膨胀所抵消,实际工资不变;由于2019年通货膨胀率为5%,实际工资可能上升 $10\% - 5\% = 5\%$;由于2020年通货膨胀为0%,实际工资可能上涨10%,与名义工资同比例增长。

(3)根据所给条件:$\Delta W/W = 0.05 + 0.5\Delta CPI/CPI$

2018 年名义工资将上涨 $0.05+0.5\times10\%=10\%$，与通货膨胀率刚好抵消，实际工资水平不变。

2019 年名义工资将上涨 $0.05+0.5\times5\%=7.5\%$，扣除掉 5％的通货膨胀率后，实际工资上涨 2.5％。

2020 年实际工资将上涨 $0.05+0.5\times0\%=5\%$，扣除掉 0％的通货膨胀率后，实际工资上涨 5％。

(4)如果 $\Delta W/W=\Delta CPI/CPI$，即名义工资和通货膨胀同步增长，那么实际工资就维持原水平。

(四)辨析题

1.答：对。

2.答：错。一篮子商品的内容不同，计算的物价指数就不同了。

3.答：错。CPI 被高估了。

4.答：错。CPI 计算依据的是固定的一篮子商品。汽车价格下降了，CPI 也应该下降。

5.答：错。人造卫星不包括在消费物价指数的计算中。

第三章

生产与增长

一、本章概述

改革开放 30 多年来,我国经济实力和抵御风险的能力急剧提升,人民生活水平发生翻天覆地的变化,非常重要的原因是我国 GDP 能够以年均 9.7% 的速度高速增长。但是与此同时,有不少国家仍然徘徊在 30 年前的经济水平,增长速度微不足道,生活水平的改善更是无从谈起。为什么中国能够在过去数十年保持长期的经济增长?有什么制度和政策措施能够改善和保证生产能力的持续快速提高?本章就是要解决这个问题,即分析物质资本、人力资本、自然资源和技术知识如何能够提高一个工人单位时间内可以生产的物品和劳务量,分析一国国民是如何提高 GDP 的。如果一个政府希望提高公民的生产率和生活水平,它将采取的政策包括鼓励储蓄和投资、鼓励国外的投资、保护产权并确保政治稳定,因为这样做会提高一国物质资本装备水平;一国还应该鼓励自由贸易,一方面确保能够获得他国的自然资源,同时更重要的是能够以更多的产品和更大的市场来推动社会分工和专业化,提高规模经济效率;一国还应该注重教育,鼓励研究和开发,解决资源不足的瓶颈,保护知识产权,保证研发能够获取足额回报。

(一) 生产率:作用和决定因素

按照经济学十大原理第八条所阐述的:一国的生活水平取决于它生产物品和劳务的能力,即 GDP 水平。GDP 规定了一定时期内生产物品和劳务的能力,是一个总量指标。但就劳动者个人而言,生产物品和劳务量的数量与能力,就是生产率。生产率是生活水平提高的关键决定因素。那么生产率是由什么决定的呢?

生产率由物质资本、人力资本、技术知识和自然资源四大因素决定。所谓的物质资本是用于生产物品和劳务的设备与建筑物存量,其本质是一种迂回生产方式。人力资本是工人通过教育、培训和经验而获得的知识与技能。技术知识是对生产物品和劳务的最好方法的了解。自然资源是自然界提供的投入,例如土地、河流和矿藏。对于一些自然资源贫乏的国家并不意味着提高生产率是一种海市蜃楼。自然资源虽然重要,但并不是一个经济高生产率的必要条件,贸易与技术提升能够弥补资源短缺。

(二) 经济增长与公共政策

为何应该鼓励储蓄和投资?一个社会消费少而储蓄多,或者说放弃现期消费,就有更多可投资于资本生产的资源。增加的物质资本提高了生产率和生活水平。当然资本投资要服从于收益递减：随着资本存量的增加，增加的资本使生产的额外产量会下降。因此，对穷国来说可能是一好消息：因为资本存量低，所以穷国资本增加量所增加的增长快于富裕国家等量的资本增加。这就是追赶效应。不过，随着高储蓄和投资增加，物质资本装备水平提高后，经济中积累了越来越多的资本存量，增长率又会放缓。

为了提高物质资本存量，除了国内要鼓励储蓄和投资之外，不够的部分还可以吸引外资来投资，形成物质资本。吸引外资，除回报高作为吸引力之外，还要保护产权和确保政治稳定，让外资没有后顾之忧。这对于国内资金形成资本同样重要。

教育是人力资本投资。教育不仅提高了受教育者的生产率，还能够增加这个社会和民族的福利，具有正外部性。为了鼓励研究和开发，要用税收减免以及产权保护等方面来鼓励研发。

自由贸易与技术进步一样，它使得一国从生产一种产品专为生产另一种生产效率更高的产品。鼓励自由贸易，一方面确保能够获得他国的自然资源，同时更重要的是能够有更多的产品和更大的市场来推动社会分工与专业化，提高规模经济效率。

人口增长是提高还是降低了生产率？一方面，人口过快增长，使得人均获得的物质资本装备水平下降。但是，人口增多也会促进技术进步。从历史上看，技术进步往往是发生在那些人口多的中心地区，这些地区有更多能创新和技术溢出的人和机会。

二、本章重要名词

物质资本　　　　　　　人力资本　　　　　　　技术进步
资本收益递减　　　　　追赶效应　　　　　　　外国直接投资
外国有价证券投资　　　幼稚产业理论　　　　　内向型政策
外向型政策

三、复习题

(一)单项选择

1.经济的增长率(　　)。
A.取决于失业工人的数量，以及如果他们被雇用所能生产的产量
B.取决于就业工人的数量，以及他们的平均量
C.只取决于工作时数的增长率
D.取决于每个工作小时产量的增长率及工作时数的增长率
2.下列选项中，对生产率的增长没有帮助的是(　　)。
A.储蓄及投资　　　　　　　B.教育及劳动力素质
C.扩大劳动队伍的规模　　　D.研究与开发
3.工人人均资本量的增加称(　　)。
A.生产率　　　B.资本深化　　　C.收益递减　　　D.资本广化
4.经济增长在图形上表示为(　　)。
A.生产可能性曲线内的某一点向曲线上移动
B.生产可能性曲线向外移动

C.生产可能性曲线外的某一点向曲线上移动

D.生产可能性曲线上的某一点在曲线上移动

5.长期内,为提高经济增长率,可采取的措施为(　　)。

A.加强政府的宏观调控　　　　　　B.刺激消费水平

C.减少工作时间　　　　　　　　　D.推广基础科学及应用科学的研究成果

6.以下选项中能提高劳动生产率的是(　　)。

A.利率的提高　　　　　　　　　　B.投资率的下降

C.预算赤字的增加　　　　　　　　D.资本存量的增加

7.许多东亚国家增长速度较高,是因为(　　)。

A.它们的储蓄和投资在GDP中有较高的百分比

B.它们有大量自然资源

C.它们是帝国主义者,并作为以前的战争胜利者得到了财富

D.它们一直富有,而且将继续富有,这就是所谓的"雪球效应"

8.经济增长的标志是(　　)。

A.失业率的下降　　　　　　　　　B.先进技术的广泛应用

C.社会生产能力的不断提高　　　　D.城市化速度的加快

9.较低的储蓄率会导致(　　)。

A.较低的利率,从而造成较低的投资

B.较低的利率,从而造成较高的投资

C.较高的利率,从而造成较高的投资

D.较高的利率,从而造成较低的投资

10.一个国家生活水平合理的衡量指标是(　　)。

A.实际人均GDP　　　　　　　　　B.实际GDP

C.名义GDP　　　　　　　　　　　D.名义人均GDP增长率

11.下列各项中,(　　)属于生产要素供给的增长。

A.劳动者教育年限的增长　　　　　B.实行劳动专业化

C.规模经济　　　　　　　　　　　D.电子计算机技术的迅速运用

12.在经济增长中起着最大作用的因素是(　　)。

A.资本　　　　　　B.劳动　　　　　　C.技术　　　　　　D.制度

13.下列各项中(　　)不属于生产要素供给的增长。

A.投资的增加　　　　　　　　　　B.就业人口的增加

C.人才的合理流动　　　　　　　　D.发展教育事业

14.增长的机会成本是(　　)。

A.现期消费较少　　　　　　　　　B.现期储蓄减少

C.税收减少　　　　　　　　　　　D.现期投资减少

15.假设资本边际报酬递减,现有两国除了其中一个资本较少而人均实际GDP较低外,其他条件均相同。当储蓄率从5%上升到6%时,可以预期(　　)。

A.任何一国的经济增长率都不会改变

B. 具有较少资本的国家经济增长较快

C. 具有较多资本的国家经济增长较快

D. 两个国家经济增长速度相同

16. 在理论和实证研究的基础上,经济学家推断出关于增长的一些因素,以下不属于这些推断的是( )。

A. 永久提高经济增长率的一个简单办法是提高一国的储蓄率

B. 经济政策一般会抑制而不会提高经济增长

C. 公平有效执行的财产权法对经济增长是非常有效的

D. 即使具有较少的自然资源的国家也有经济增长的机会

17. 以下几项中,( )是正确的。

A. 各国的人均 GDP 水平不同,但它们都以同样的比率增长

B. 各国可能有不同的增长率,但它们都有相同的人均 GDP 水平

C. 各国的人均 GDP 水平和增长率都有极大差别,穷国在某一时期内可以变富

D. 各国都有相同的增长率和产量水平,因为每个国家都可以得到相同的生产率

18. 以下几项中,描述了技术知识增加的是( )。

A. 农民买了拖拉机

B. 农民雇用了一个打短工的人

C. 农民把子女送到农学院,而且子女回来在农场工作

D. 农民发现春天种植比秋天种植更好

19. 以下几项政府政策中,提高非洲经济增长的可能性最小的是( )。

A. 增加对公共教育的支出   B. 消除内战

C. 减少对外国资本投资的限制   D. 提高对进口中国家电产品的限制

20. 以下几项提高生产率的支出中,最可能具有正外部性的是( )。

A. 银行更新了电脑

B. 中国石油公司收购 BP 公司下属的油田

C. 小王支付了上大学的学费

D. 上海汽车公司新购一条生产线

(二)问题与论述

1. 人力资本和物质资本有什么不同?

2. 请简述决定生产率的四个因素。

3. 一些经济学家支持延长专利保护,而另一些则是反对。请结合教材,分析他们各自的理由。

4. 从哪个角度说多储蓄少消费对经济有帮助?这和中国持续进行的扩大内需的政策有矛盾吗?

5. 为什么储蓄和投资的增加能够提高经济增长率?如果持续增加,经济增长率还能够保持吗?

6. 列出政府为了促进其公民生产率可以采取的政策。

7. 人口增长提高还是抑制了生产率的提高?

（三）计算和应用题

根据以下数据回答问题：

国别	2010 年实际人均 GDP/千美元	增长率/%
美国	46	3.0
卢森堡	100	2.1
中国	3.8	9.0
印度	1.5	7.9

1.哪个国家最富有？为什么？

2.哪个国家进步最大？为什么？

3.哪个国家的资本投资增加有最大收益？为什么？

4.根据问题 3，这个国家能从无限的资本投资中一直得到同样的利益吗？为什么？

5.根据问题 4，为什么人力资本和研究与开发的投资没有表现出和物质资本投资同样的收益递减？

6.哪个国家有潜在最快的增长？

7.如果五年后中国的实际人均 GDP 要实现倍增，请问中国每年的平均增长率是多少？

（四）辨析题

1.如果生产函数表现出规模报酬递增，若所有投入翻一番，则经济增长超一倍。（   ）

2.储蓄率和投资的增加可以一直和稳定地提高一国的经济增长率。（   ）

3.一国只能通过增加其储蓄来增加其投资水平。（   ）

4.资本增加所引起的穷国经济增长率的提高要高于富国。（   ）

5.大多数经济学者认为，保护幼稚产业的政策有助于提高穷国的增长率。（   ）

6.经济证据支持马尔萨斯关于人口增长和食物供给对生活水平影响的预言。（   ）

四、文献链接

中国高速经济增长的由来[①]

在自 1978 年开始改革开放以来的 30 年间，中国年均国民生产总值的增长率达到 9.8%。在人类历史上，只有七个国家（地区）曾经以 7% 以上的年增长率持续增长超过 30 年，中国是其中之一，而且是其中最大的经济体。不仅如此，中国还完成了从计划经济到市场经济的平稳转型，没有出现其他转型国家那样的剧烈的经济和政治波动。可以

---

① 该文于 2008 年 10 月 23 日发表于《南方周末》。作者姚洋，北京大学国家发展研究院教授。全文分四部分，这里只转载第一部分，有兴趣的同学可以继续追踪阅读。

说，中国在过去30年成就了经济增长和体制转型的双奇迹。然而，回首过去的30年，我们会发现，我们所走过的道路泥泞曲折，充满了艰辛，中国奇迹不是理所当然的事情。

几种流行解释

对中国高速经济增长的最简单的解释是，中国人比其他国家的人民更吃苦耐劳，因此更能在经济全球化过程中发展起来。这种解释显然不够全面。中国人从来就是勤劳的，历史上如此，现在如此，计划经济时代也如此，但计划经济时代的经济增长无论如何也不能称为奇迹，而日本和亚洲四小龙的经济奇迹却都是在那时发生的。

对中国高速经济增长的另一个流传广泛的解释是，中国在计划经济时代的表现太差了，用秦晖的话来说，就是发生了有人受损、无人得益的负帕累托改进，因此改革开放之后的增长就显得快了。和这个解释相关联的一个看法是，"文革"对中国造成的破坏太大了，以至于任何改进都是好的。但是，上述两个说法都经不起数据的检验。按照哈佛大学中国经济问题专家德怀特·帕金斯的最保守计算，中国在计划经济时代的GDP年均增长率也超过了4％，而2007年全球的增长率也不过如此；如果对比非洲多数国家在同时期的负增长，中国的增长成绩就更突出了。

当然，计划经济时代的增长多数发生在重工业领域，人民生活水平的确没有什么提高。但是，计划经济时代所积累的重工业基础对改革开放时代的高速经济增长发挥了重要作用；如果不是短视的话，由此带来的好处应该计入国民在计划经济时代的效用。

对中国30年高速增长的第三个解释，是中国的增长是靠低人权、低福利维持的。这个观点被许多人接受，但是，问题很多。首先，人权这个概念没有清晰的外延，很难找到一个量化的指标来衡量，因此，所谓的"低人权"也就变成一个很模糊的定义。虽然人权并不仅仅是基本生活保障，但是，基本生活保障却肯定是人权的一部分——少数精英可能可以饥寒交迫地为自由民主摇旗呐喊，但满足基本的物质需求还是普通百姓最首先的要求。以此观之，中国在过去30年做得非常好，因为我们的增长是包容性的。

这表现在两个方面。

第一是我们让近三亿人脱离了绝对贫困。有人会说，这些人在过去之所以贫困，是因为计划经济体制压制了他们收入的增长，他们的脱贫是一个自然的恢复过程。但是，即使这个说法是正确的，我们也不能由此得出结论说，中国的经济增长是压低人权的结果，因为经济增长是伴随着人权状况的改善发生的，不管这种改善本身是如何发生的。

第二是中国的经济增长让绝大多数人从中得益，尽管有些人得益多一些，有些人得益少一些，收入差距在拉大。最显著的例子是，中国的经济增长把1.4亿农村居民带入工业化的进程当中，改善了他们的收入水平。这种改善是实实在在的，否则的话，这些农村居民就不会到城里打工。尽管一定的歧视还存在，有些地方甚至还非常严重，但总体而言，对农村居民自由流动的限制在过去三到五年大大降低。

这里有必要提及，对外开放、特别是出口导向的经济政策，是农村居民从经济增长中获益的主要推动力，没有出口的大规模增长，就没有农村居民向城市的移民潮。我们知道，入世是促成中国出口井喷式增长的重要原因。在2001年加入世贸组织的时候，中国当年的出口量是2662亿美元；此后，出口保持了28.9％的年平均增长率，到2007年，总量达到1.218万亿美元。而农村移民的数量在2000年是7000多万，到2004年就增长到 1.2 亿。

在当今世界，经济开放不仅是我们必须接受的事实，而且还是中国经济持续增长的必由之路。在过去的 30 年，我们基本赶上了世界整体技术水平的提高，没有被世界落下。中国是当今世界经济秩序的受益者，而自由贸易是这个秩序中的重要一环，因而，中国应该是自由贸易的支持者，而不是反对者。

但是，工人的低保障和环境的低质量一定帮助了中国的经济增长吗？要回答这个问题，只看中国是不行的；我们需要比较中国和其他发展中国家才能得到正确的答案。一个可比的例子是印度。印度享受医疗保险或免费医疗的人数不超过总人口的 5％，而且享受者主要是政府雇员；相比之下，按最保守的估计，中国也有 30％的城市人口，或总人口的 12％享受医疗保险。但是，中国的经济表现却比印度要好，这说明低社会保障并不促进经济增长。同样，比中国环境标准执行更不力的国家大有人在，但它们的经济增长却赶不上中国的经济增长，因此，低环保标准也不是中国经济增长的原因。

事实上，在微观层面上，我们可以举出很多较高的福利保障和较好的环保执行力度提高企业盈利能力的理由。比如，较高的福利保障可以提高员工的忠诚度，给予他们更多的激励；较严格的环境标准可以促使企业加快技术和设备的更新等等。

那种认为低福利、低环保标准帮助了中国经济增长的观点犯了两个方面的错误。第一，他们在相伴发生的两个事件当中按照他们已有的逻辑建立起因果关系，然而，两件事情同时发生并不意味着其中一件一定是另一件的原因，就好比街上流行红裙子和股票价格上涨同时发生，并不意味着女性选择裙子颜色和股市之间有必然的联系。第二，他们忽视了福利问题的阶段性。能够成为北欧那样的健康的福利国家当然好，但如果我们现在就要成为那个样子，无疑是揠苗助长。

以上所讨论的几个对中国经济增长的解释，多少都带有"漫画"的性质，即把一个复杂的事情进行大而化之的处理，仅仅通过一些类比建立某种因果联系。这种倾向有两方面的坏处。一是误导民众，在中国，知识分子还是一个受尊重的群体，民众往往倾向于相信，知识分子的结论是认真分析之后得出的；漫画式的解释给民众传递模糊不清的信息。二是妨碍认真的学术研究和公共讨论，漫画式分析所使用的概念没有清晰的定义，逻辑似是而非，因此可以让分析者躲避别人的批评——当被人批评时，他们总是可以说，你理解错了，我不是这个意思。这当然和我们比较低水平的大学教育和学术研究有关，但正因为这样，知识分子才更应该时刻保持对自己的警惕，不要沿着败坏的斜坡滑下去。

中国奇迹与华盛顿共识

比较符合实际的解释是，改革是中国经济高速增长的关键原因。把改革的 30 年和计划经济的 30 年进行比较，最大的差别是前者是不断向着市场经济迈进的 30 年，而后者是拒绝市场的 30 年。同时，把中国放在世界范围内进行比较，我们也发现，走上持续发展之路的国家也是那些像中国一样对原有经济体制——其中多数是以带有计划经济色彩的政府管制为特征——进行了改革的国家，如印度和越南。因此，用改革来解释中国经济高速增长，成功的可能性很大。

国内外一个流行的观点是，中国的高速经济增长构成对主流经济学及其衍生政策、特别是华盛顿共识的挑战，美国记者约什华·库伯·拉莫（Joshua Cooper Ramo）甚至提出了北京共识的概念。但是,如果对照一下华盛顿共识的始作俑者约翰·威廉姆森给出的内容,我们会发现,中国的改革历程就是向着华盛顿共识靠拢的过程。

威廉姆森给出了华盛顿共识的十条内容,它们是:有纪律的财政、减少纯粹收入再分配、增加公共品(如教育和健康)的支出、拓展税基和适当降低边际税率、利率自由化、有竞争力的汇率、贸易自由化和外资投资自由化、私有化、减少对企业进入和退出的规制、保护产权。可以看到,除了利率自由化,中国的经济改革或基本上已经实现了其他九条内容,或正朝着它们所指示的方向前行。

在宏观经济管理方面,我们一直保持了非常谨慎的财政政策,国债余额占一年 GDP 的比例从来没有超过税收占 GDP 的比例;同时,我们也比较好地控制了通货膨胀,即使是通胀最高的 1994 年,年通胀率也只有 24.1%——尽管对中国人来说已经是很高了,但是,其他转型国家在转型初期的月通胀率动辄就达到这个数字。

值得注意的是,计划经济体制造成了严重的短缺,一次性地放开价格势必引起恶性通货膨胀。在改革的早期,中国经济学家和政策制定者倾向于认为,通胀是改革不可避免的副产品,因此必须忍受,是 1985 年秋天召开的"巴山轮"会议扭转了这个观念。在这次著名的会议上,国外知名学者如科尔奈和托宾强烈警告中国不能放任通胀的蔓延,国内经济学家和政策制定者才开始重视对通胀的控制。目前我们正处在第三轮通胀的过程中,我们看到,年通胀率没有超过 5%,远低于前两轮的水平,说明政府对通胀的控制能力在提高。

在财政支出方面,中国从来没有被民粹主义的诉求所左右。在 1994 年税改之前,中央政府的财政能力很弱,根本没有能力进行大规模的收入再分配;税改之后,各级政府的收入加速增长,但除了必要的工资性支出之外,多数政府收入被用于对基础设施的投资;在过去五年,政府对教育和卫生的投资明显增加。事实上,中国省际的收入转移不是太多,而是太少了。

在税收方面,从 1978 年到 1994 年,中央和地方实行"分灶吃饭"的财政体制,地方自主权很大,由此导致的一个后果是政府税收收入占 GDP 比重由 1978 年的 31% 下降到 1994 年的 12%,即使加上预算外收入,也不会超过 17%,也就是说,税改之前中国的宏观税负是很低的。税改之后的十多年里,增值税成为最主要的税种,但所得税的分量在最近几年不断提高。随着国家税收的增加,个人所得税起征点一再提高,企业所得税在内外资并轨之后也由 33% 降为 25%;目前,新一轮的减税计划正在酝酿之中。

在对外开放方面,改革开放时期的政策完全符合华盛顿共识的建议。中国对外资的开放力度是发展中经济体所少有的,时至今日,中国 60% 的出口是由"三资"企业贡献的。我们在 1980 年代中期就确立了出口导向的发展模式,与之相适应,人民币对美元汇率在 1978 年至汇率并轨的 1994 年间贬值了 200%,大大刺激了出口。目前,出口已经达到 GDP 的 30% 以上,是大国中最高的。正如一位国外学者所说的,当发达国家纷纷抵制自由贸易扩大的时候,中国成为自由贸易的积极倡导者。

在产权改革方面,20 世纪 90 年代和 21 世纪的头几年见证的最大变化是国有企业的大规模改制。改制即民营化。而且,对产权的保护也在加强,通过宪法修正案和物权法等法律的出台,产权保护进一步法律化、制度化。

最后,在企业规制方面,经过20世纪90年代末的政府改革,企业的注册程序大大简化,注册门槛和注册成本降低;另一方面,破产法的实施为企业的破产创造了条件,并保证了改制中企业职工的妥善安置。

由此可见,中国经济的成功在很大程度上可以看做是主流经济学及其衍生经济政策的胜利;从这个意义上说,制造中国奇迹的原因不是奇迹。

但是,我们不能就此止步,而是要接着问:既然华盛顿共识的建议如此之好,为什么只有像中国这样的少数国家坚持采纳了这些建议,而多数发展中国家没有采纳,或者即使采纳,也因为各种原因而半途而废?

华盛顿共识本身不应该是一个问题,因为它在中国这样的转型国家都起作用,在其他市场经济国家就更应该起作用。信息也不应该是一个问题,即使是在最贫穷的国家,经济学的本科和研究生教材也和美国的大同小异,一个硕士研究生至少掌握了中级水平的经济学知识。那么,问题只能出在掌握政策制定权力的政府身上;我们的问题因此变成:为什么中国政府采纳了正确的经济政策以及合适的改革路径以达到这些政策?这是我们下一部分要讨论的问题。

日本真的"失去二十年"吗?[①]

"失去二十年"似乎是日本的一个特有标签。谈论日本社会和经济的学者,往往喜欢用"失去二十年"来佐证日本的衰退与没落,并把它作为一个典型案例来描述房地产和股市泡沫破裂后的灾难性后果。大家所说的日本"失去二十年"是指1991—2010年这个阶段。在20世纪80年代后半期房地产和股市泡沫破裂后,日本经济增长出现了断崖式的下跌。1990年日本的GDP是464万亿日元(按照1995年价格计算),十年之后的2000年日本的GDP仅仅达到534万亿日元的水平。这十年期间GDP的平均实际年增长率是1.4%,低于所有发达国家。这是泡沫经济崩盘后第一个"失去的十年"。此后,在2001年到2010年之间,日本GDP平均实际年增长率进一步下滑到1%以下。在此期间,日本出现了长期的通货紧缩。这是第二个"失去的十年"。

一、"失去二十年"夸大了经济衰退

"失去了二十年"的谬误根源在于找错了参照物。我们在观察现在的日本经济时一直存在一个误区,即总是自觉不自觉地以中国经济、美国经济或者日本高速增长时期和泡沫经济时期为参照物。中国正处于工业化的初、中级阶段,也是城市化进程最快的阶段,经济高速增长有其必然性。日本早已完成追赶任务,与中国不在同一个水平线上,不能这样对比。日本与美国也不可比。虽然美国也进入后工业化的成熟阶段,但美国可利用政治霸权、军事霸权在全球呼风唤雨,能够利用所谓"能为全球提供公共产品"的借口,调动全球资源,为其经济发展服务,还可利用美元作为基轴货币的优势维持印钞权和定

---

① 本文来源于邢予青与张季风两位学者的各自研究。邢予青是日本国立政策研究大学院大学经济学教授,在《财经》杂志2017年第4期发表《日本真的"失去了二十年"吗?》一文。张季风是中国社科院日本研究所所长助理、研究员,在《世界知识》2017年第13期发表了《日本经济真的"失去了二十年"吗?》一文。

价权,借此在世界经济中实现本国利益最大化,即便自身经济出了问题也可以让全世界为其买单。而日本绝没有这种经济以外的能力,以支撑、维持其较高的增长速度。

从纵向比,日本在 1955 年至 1973 年间实现了高速增长,完成了追赶欧美发达国家的任务。昔日日本的高速增长与中国现在的情况比较相似,甚至是在比中国更为有利的条件下实现的。现在的日本经济状况若与尚未发生泡沫经济之前的 1984 年相比,还是比较客观的。若以 1984 年为 100,股市(除泡沫期外)有升有降,变化不大,地价也未发生太大变化,劳动者个人收入略有上升,而法人收入有升有降。特别值得一提的是,个人金融资产上升幅度较大,2010 年大概是 1984 年的三倍。储蓄率下降是人们认为日本经济"失去 20 年"的主要论据之一。但实际上,在这期间,虽然家庭的储蓄率有所下降,但企业的储蓄率却在上升,民间储蓄总体仍维持较高水平。日本人均 GDP 从 20 世纪 80 年代中期以来总体呈快速上升趋势,从 1985 年的 11369 美元上升到 2011 年的 46618 美元,增长 3.1 倍。由此可以看出,与日本经济正常状态的 1985 年相比,日本的主要经济指标并没有"失去"。而且,标志国民富裕程度的人均 GDP 仍处于上升状态,显示民间财富的个人金融资产和民间储蓄仍居于高位,日本的经济实力和国民生活水平绝不逊色于欧美主要发达国家。

二、客观认识所谓"失去二十年"的日本经济

综观过去 20 多年中,日本真正出现经济危机或金融危机的时期只有 1997—1998 年,其间金融机构纷纷倒闭,并出现轻微的信用危机,但很快就得到控制。在总体低迷的 20 年中,也曾出现过低水平的恢复。如阪神大地震后的 1995—1996 年的"小阳春",1999—2000 年出现的"IT 景气",2002 年 1 月—2008 年 3 月还出现了长达 73 个月的战后最长、年均经济增长率为 2% 的低水平景气。特别值得一提的是,截至 2005 年,日本解决了不良债权问题。正因为如此,当 2008 年出现国际金融危机时,日本金融机构遭受的直接损失有限,金融系统始终保持稳定状态。但是,由于美国、欧洲等外部市场急剧恶化,日本的实体经济遭受重创。在 2008 年第四季度,几乎所有主要经济指标都出现了自由落体式的下跌,2008 年度实际 GDP 增长率出现了 -3.7% 的战后最大幅度滑坡。但是,在外需扩大和超宽松货币政策、积极财政政策等因素的强力推动下,2009 年第二季度以后日本经济形势逐渐好转,2009 年度实际 GDP 增长率为 -2.0%,降幅明显收窄,2010 年度实现 3.4% 的正增长。

2011 年 3 月,日本遭受了百年一遇的大地震和千年一遇的大海啸,以及致命的核泄漏,当年下半年还受到欧洲主权债务危机导致的世界经济环境恶化的影响。但即便如此,2011 年度的日本经济仍保持了 0.3% 的增长。2012 年 5 月,占日本发电总量 29% 的 55 个核电机组全部停机,但日本经济、企业生产与国民生活并没有受到约束性影响,2012 年度 GDP 增长率为 1.2%。2010 年至 2012 年的三年,日本年均实际经济增长率为 1.6%,与 1991 年至 2009 年间的年均增长率相比,高出一倍。2013 年,在"安倍经济学"的刺激下,日本第一季度实际 GDP 增长率高达 4.1%,第二季度也是 3.8% 的高增长。

2012 年,日本 GDP 总量达到 5.96 万亿美元,仍居世界第三位,人均 GDP 高达 46736 美元,仍居世界前茅。海外净资产高达 296.1 万亿日元,为世界第一;个人金融资产为 1547 万亿日元,居世界之首。在"失去二十年"期间,日本企业不断通过海外投资和并购打造了一个"海外日本"。例如全球最大汽车制造商丰田每年生产的 1000 万辆车中,大约三分之二是在海外生产的。日元可自由兑换的国际货币地位,也给日本企业创造了在日元升值时进行海外并购的有利条件。2001 年日本持有的海外净资产是 179 万亿日元,2015 年日本海外资产达到 339 万亿日元,比 2001 年增长了 90%。海外资产为日本带来了巨大的收益。2001 年日本海外净资产的收益是 8.2 万亿日元,相当于日本 GDP 的 1.6%;2015 年日本海外资产的收益达到了 20.7 万亿日元,大约为日本 GDP 的 4%。海外资产的收益也改变了日本经常账户收入的结构。日本过去十几年经常账户盈余的来源,已经不是传统的货物和服务贸易盈余,而是海外资产的收入。日本的海外资产是这个国家埋藏在全世界各地的财富,是日本国民收入的一个重要来源。从外汇储备看,到 2006 年为止,日本一直居世界第一位,2006 年以后被中国超越,居世界第二位。另外,日本还拥有可供半年消费的石油储备,以及大量的镍、铬、钨、钴、钼、钒、锰、铟、铂及稀土金属等战略物资储备,实际上这是一种物化的外汇储备,而且更具战略意义。

另外,自 2008 年国际金融危机以来,特别是东日本大地震以来,日元曾持续走高。一国货币的升值与否主要取决于其经济发展的基本层面和未来前景,日本经济状况不算好,但至少不比美国和欧洲经济状况更坏,所以投资家才大量购入日元。也正是因为日元升值,尽管日本在 2011 年名义 GDP 增长率为 -0.7%,但如果换算为美元则为 5.87 万亿美元,与上年相比增长 7.5%。

三、GDP 增长率与劳动生产率的细微差别

外国人在日本走马观花之后,无论如何也无法把亲眼见到的富裕、整洁、充满现代化气息的日本,与一个经历了 20 年停滞的国家联系在一起。经历了"失去二十年"之后的日本,依然是平均寿命最长的国家,是使用 iPhone 手机比率最高的国家,甚至把 iPhone 的发明国——美国远远甩在后面;日本的网速虽不是世界上最快的,但也是最快的之一,远远超过许多发达国家;日本电视台早已经进入到数字时代,不再播放模拟信号的电视节目了;以高速公路、铁路、新干线和航空运输构成的交通网络,几乎覆盖了日本的每一个角落,不同交通工具之间实现无缝连接,没有任何一个国家可以与其相比。代表日本高效率和现代化的基础设施,毫无"失去二十年"后破败的痕迹。

目前,日本的失业率为 4% 左右,最高年份的 2002 年也只有 5.4%,而欧洲国家大多都在 8% 以上。日本国民生活水平甚至高于欧美发达国家,自然环境和空气质量仍然是世界最好的。日本在世界产业链条中仍居高端,企业技术创新能力仍属一流。从某种意义上讲,过去的 20 年更是日本改革调整的 20 年,经受历练的 20 年,制度创新的 20 年。

经过不间断的改革,在这 20 年当中,形成了支撑日本经济未来发展的三个重要条件:第一,是空前的成本下降与效率提高;第二,是日本企业的国际化和世界市民化;第三,是持续且高强度的技术积累。在应对美国要求的日元升值过程中,不仅工资水平下降了,而且流通成本和公共费用都大大降低,日本从一个世界物价最高的国家变成了世界上少数几个低成本国家之一。另外,由于生产大量转移到海外,日本正从出口基地向全球商务的总部功能和总部经济转变。企业的研发高投入,促使日本的潜在技术实力上升。而且,在过去的 20 年当中,日本在物理、化学、生命科学等基础领域涌现出十余名诺

贝尔奖获得者。

　　简单来讲，日本"失去二十年"的现象是以GDP增长率来定义的。而要理解"失去二十年"的经济停滞与日本现在依然展示的富裕和发达之间的不一致，需要跳出以GDP增长为唯一标准的单线思维。国际清算银行的经济学家指出，仅仅用GDP来衡量日本经济的表现，而不考虑日本人口结构变化，是片面的。日本过去几十年面临的一个重要问题是劳动人口的大幅减少。1995—2015年，日本劳动人口减少了1000万。劳动力是生产活动最重要的投入要素之一。劳动人口的大幅下降，自然会抑制GDP的增加。

　　但日本的劳动生产率在"失去二十年"期间却出现了大幅提高。根据国际清算银行的估算，日本劳动力人均GDP在2000—2015年间累计增长了20%，远远超过美国的11%；即使剔除2008年金融危机对美国经济的负面影响，2000—2007年间，日本劳动力人均GDP依然增加了11%，超过美国同期8%的水平。劳动生产率的提高，弥补了劳动力下降对经济的副作用。根据索洛的增长理论，劳动生产率的进步是收入增长的永动机。在"失去二十年"期间，日本人平均工作时间也出现了大幅下降。1990年日本人平均每月工作171小时。随着法定节日的增加和带薪假期的普及，日本人均工作时间不断减少。2013年平均每个月的工作时间是149小时，比1990年减少了13%。工作时间的减少意味着闲暇时间增多、生活品质提高，以及劳动生产力的提高。

　　从日本家庭的微观层面来看，日本依然是一个富裕和藏富于民的社会。日本的家庭依然拥有非常健康的资产负债表。20世纪80年代股市泡沫的破裂，让日本许多家庭失去了一大笔纸上财富。目前日经指数依然不到泡沫期间的一半。但是，日本家庭不包括房产在内金融资产的积累并没有停滞，而是出现了显著的增长。1990年日本家庭平均金融资产是1350万日元，2015年是1810万日元，比1990年增加了34%。平均值也许会掩盖收入分配不均的问题。不过，即使从中间值来看，日本家庭也依然拥有非常健康的资产负债表。日本家庭2015年金融资产的中值是1050万日元，这一数据意味着日本一半以上的家庭拥有1050万日元的金融财产。更为重要的是，日本家庭60%的金融资产是以银行存款的形式存在，说明日本家庭有充足的流动性，可以抵御任何突发的经济危机。经济的长期停滞并没有导致日本家庭的负债增加。日本家庭目前平均负债为500万日元，其中90%是房地产贷款。日本仅有38%的家庭拥有债务，这一比例比2008年下降了3个百分点。

　　忘掉GDP增长率，聚焦于劳动生产率、生活品质的改变、海外资产的积累和家庭财富增长这些变量，我们就不难理解，为何"失去二十年"的日本依然是一个富裕的社会。

五、参考答案

（一）单项选择

1.D　2.C　3.B　4.B　5.D　6.D　7.A　8.C　9.D　10.A　11.A　12.C　13.C　14.A　15.B　16.A　17.C　18.D　19.D　20.C

（二）问题与论述

1.答：人力资本是一个工人的知识和技能。物质资本是设备和建筑物的存量。

2.答：物质资本、人力资本、自然资源和技术知识。

3.答:专利提供了思想的产权,对研发更有利,人们将更多地将资金和人力投入研发。反对者的理由是:知识和技术有外部性,如果专利早一点解除,将使信息扩散,成为公共产品。

4.答:储蓄更多,将通过金融体系,转变为投资,成为物质资本,相对较长时间后的生产率将有所提高;但是在相对较短的时期内,如果存在产能过剩和库存压力,生产过剩的经济危机需要扩大消费来解决。

5.答:储蓄更多,形成更多物质资本,生产率将有所提高。但由于物质资本的收益递减,增长率未必能够保持较高水平。

6.答:政策包括:鼓励储蓄和投资,来自国外的投资、教育、自由贸易、研发、保护产权,以及确保政治和产权稳定。

7.答:不确定。迅速增加的人口将使资源分摊到更多人身上以及在更多人中淡化物质资本而降低生产率;另一方面,人口多的地区,知识的分享和技术溢出,会有更多的技术进步。

(三)计算和应用题

1.答:卢森堡,因为该国人均 GDP 最大。

2.答:中国,因为该国增长率最大。

3.答:印度,四个国家中是最穷的,资本可能也是最小的。由于资本表现出收益递减,当资本较为缺乏时,它的生产率是最高的。

4.答:不能,因为资本收益递减,所以随着物质资本的增加,增加的资本引起的增长变化量会递减。

5.答:人力资本往往表现出正外部性,研发如果成为公共物品,将溢出到生产中的每个人。

6.答:印度,目前它是最穷的国家,易于从增加的资本中收益。

7.答:14.9%。

(四)辨析题

1.答:对。

2.答:错。资本的边际收益递减。

3.答:错。比如吸引国外投资。

4.答:对。

5.答:错。大多数学者肯定开放政策有助于增长。

6.答:错。马尔萨斯低估了技术进步。

第四章

储蓄、投资和金融体系

一、本章概述

在上一章中,我们了解到社会的生活水平取决于它生产物品和劳务的能力,以及其生产率取决于物质资本、人力资本、自然资源和技术知识,在此基础上我们还考察了哪些政府政策可以提高生产率和生活水平。其中鼓励储蓄和投资是政府促进增长和提高人们生活水平的重要方法。

本章是上一章内容的深入,在上一章的基础上重点关注了投资与储蓄的关系,分析了金融市场如何协调储蓄和投资的关系,并考察了政府政策如何影响所进行的储蓄和投资量。本章所涉及的核心问题包括以下三个:第一,储蓄者出于为未来考虑等动机而把部分收入留存起来,形成了储蓄,投资者出于为企业的投资筹资等动机而借钱,那是什么保证了这两部分人的资金需求达成平衡呢?第二,GDP、储蓄、投资等关键的宏观经济变量之间存在怎样的关系?第三,政府如何鼓励储蓄?如何促进投资?由于储蓄和投资是一国经济长期增长的关键因素,因此本章的内容显得尤为重要。

(一)经济中的金融机构

金融体系由帮助将一个人的储蓄与另一个人的投资相匹配的机构组成。凡是具有协调储蓄者和投资者之间的关系的职能的机构都可以称为金融机构。生活中的金融机构包括银行、股票市场、债券市场、共同基金、信用社、保险公司、地方高利贷者等。根据协调方式的不同,金融体系可以分成两种类型:金融市场和金融中介机构。其中金融市场提供的是一种直接的融资方式,通过这类金融机构,储蓄者可以直接向借款者提供资金,如股票市场和债券市场都是属于这种类型。金融中介机构提供的则是一种间接的融资方式,通过这类金融机构,储蓄者间接地向借款者提供资金,金融中介机构包括了银行和共同基金等。

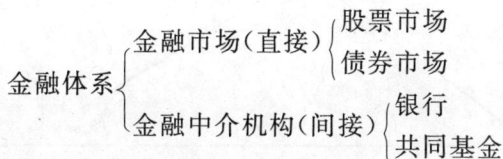

$$
\text{金融体系} \begin{cases} \text{金融市场(直接)} \begin{cases} \text{股票市场} \\ \text{债券市场} \end{cases} \\ \text{金融中介机构(间接)} \begin{cases} \text{银行} \\ \text{共同基金} \end{cases} \end{cases}
$$

(二)储蓄与投资的关系

储蓄和投资是两个很容易混淆的术语,使用上必须非常谨慎。用宏观经济学的术语来说,储蓄(saving),又称国民储蓄(national saving),指的是一个经济中的总收入在支付消费和政府购买之后剩下的差额。投资(investment)指的是设备或建筑物这类新资本的购买。例如,张三把收入中没有消费掉的 1 万元人民币用于购买股票,由于张三的收入大于他的消费,因此宏观经济学家把张三的行为称为储蓄,又由于张三购买股票的行为并没有为社会形成新的物质资本,因此张三的行为在宏观经济学的观点中不属于投资。

从整体经济的角度来看,储蓄恒等于投资,即 S=I。这个恒等式可以由 GDP(用 Y 表示)的构成等式推导得出。由于封闭经济中,Y=C+I+G,即 Y−C−G=I。根据 S 的定义,S=Y−C−G,因此可以得出 S=I。

定义 T 为政府以税收的形式从家庭得到的数量减去以转移支付的形式返还给家庭的数量,国民储蓄可以分解为:

$$S=Y-C-G=(Y-C-T)+(T-G)$$

其中,Y−C−T 代表了私人储蓄,即家庭在支付了税收和消费后剩下的收入量,T−G 代表了公共储蓄,即政府在支付其支出后剩下的税收收入量。如果 T 大于 G,政府的收入大于其支出,此时政府有预算盈余;如果 T 小于 G,政府的收入小于其支出,此时政府有预算赤字。如果 T 等于 G,政府的收入等于其支出,此时政府预算平衡。国民储蓄、私人储蓄、公共储蓄之间的关系可以表示为:

国民储蓄=私人储蓄+公共储蓄

(三)可贷资金市场

对整体经济而言,储蓄必定等于投资。金融机构可以帮助协调储蓄与投资之间的关系。可贷资金市场模型描述了储蓄与投资之间协调机制(见图 4-1)。所谓可贷资金市场,指的是想储蓄的人借以提供资金、想借钱投资的人借以借贷资金的市场。储蓄是可贷资金供给的来源,投资是可贷资金需求的来源。利率是贷款的价格。随着利率的提高,可贷资金需求量下降,可贷资金供给量上升。因此可贷资金需求曲线向右下方倾斜,而可贷资金供给曲线向右上方倾斜。利率的调整能帮助可贷资金供求实现平衡。这一

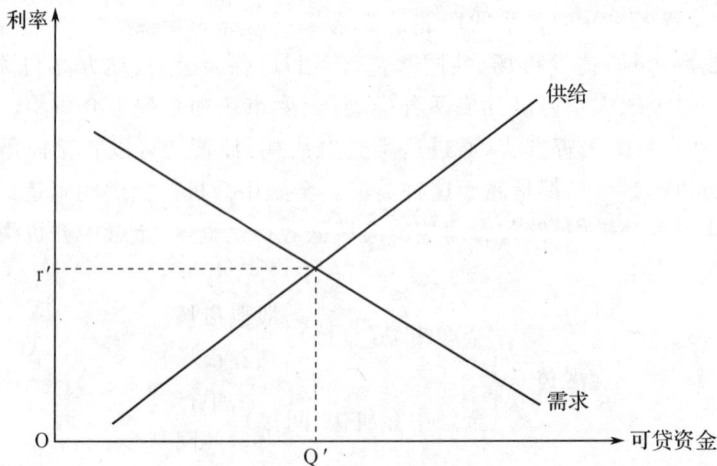

图 4-1　可贷资金市场均衡

模型可以帮助分析政府政策在影响储蓄和投资量方面的作用。分析过程包括以下三个步骤:第一步,分析政策影响的是供给曲线还是需求曲线;第二步,确定影响的方向,回答曲线应该向着哪个方向发生移动;第三步,说明均衡点如何变动。

当税法鼓励人们更多地储蓄时,这一政策将影响可贷资金供给曲线,可贷资金供给曲线将发生右移,此时均衡利率将会下降,较低的利率将会刺激投资。

当投资的税收减免使得投资变得更有吸引力时,这一政策将影响可贷资金需求曲线,可贷资金需求曲线将发生右移,此时均衡利率将会上升,较高的利率将会鼓励储蓄。

公共储蓄是国民储蓄的一部分。当政府财政盈余增加时,公共储蓄,进而国民储蓄将会增加,这影响的是可贷资金供给曲线,可贷资金供给曲线将发生右移,此时均衡利率将会下降,较低的利率将会刺激投资增加。反过来,当政府预算赤字增加时,公共储蓄和国民储蓄都将下降,可贷资金供给曲线左移,利率上升,进而抑制投资需求。政府投资所引起的投资减少被称为挤出。

更多的储蓄和更多的投资意味着更多的资本积累和更快的经济增长。因此,以上分析为政府提供了三种刺激经济长期增长的可行思路:鼓励储蓄的税收激励、鼓励投资的税收激励,以及改善财政收支盈余状况。

二、本章重要名词

金融体系	金融机构	金融市场	金融中介机构	国民储蓄
投资	私人储蓄	公共储蓄	预算盈余	预算赤字
预算平衡	可贷资金市场	挤出		

三、复习题

(一)单项选择

1. 企业可以利用间接的而不是直接的财务手段如( )来获得资金。

A. 通过发行股票或债券　　　　　B. 向居民借入

C. 从银行借入　　　　　　　　　D. 以上都是

2. 以下几种金融证券的形式中,承诺支付固定数额的资金是( )。

A. 股票　　　　B. 债券　　　　C. 股票和债券　　　D. 股票和债券都不是

3. 所谓净出口是指( )。

A. 出口减进口　　B. 进口减出口　　C. 出口加进口　　D. GNP 减出口

4. 经济学上的消费是指( )。

A. 家庭购买冰箱　　　　　　　　B. 购买家用汽车

C. 支付午餐　　　　　　　　　　D. 以上都是

5. 按国民收入核算体系,在一个只有家庭、企业和政府构成的三部门经济中,一定有( )。

A. 家庭储蓄等于净投资

B. 家庭储蓄加折旧等于总投资加政府购买

C. 家庭储蓄等于总投资

D. 家庭储蓄加税收等于总投资加政府支出

6. 当政府支出超出其税收时,(　　)。

A. 意味着公共储蓄是负的

B. 政府所能动用的储蓄减少,国债增加

C. 政府在清偿已发债券后将发行更多的新债券

D. 以上都是

7. 下列(　　)项会导致一国投资的增加。

A. 政府下调储蓄税　　　　　　　B. 政府购买增加

C. 政府增加企业所得税　　　　　D. 老百姓消费信心增强

8. 利率越(　　),企业就会开发更少的投资项目,它们就需要更(　　)数量的可贷资金。

A. 低;多　　　　B. 低;少　　　　C. 高;多　　　　D. 高;少

9. 以下几项中,(　　)决定了可贷资金的供给。

A. 居民储蓄的愿望和政府储蓄

B. 可用的金融中介数量

C. 利率变化决定企业开发更多或者更少的投资项目

D. 企业发行的股票和债券的数量

10. 在简单的可贷资金市场模型中,投资增加使储蓄(　　)。

A. 减少　　　　B. 不变　　　　C. 增加　　　　D. 不确定

11. 假如一个社会的消费支出为 4000 亿元,投资支出为 700 亿元,政府购买支出为 500 亿元,进口为 250 亿元,则社会的国民生产总值为(　　)。

A. 5450 亿元　　　　　　　　　　B. 5200 亿元

C. 4950 亿元　　　　　　　　　　D. 无法确定该社会的国民生产总值

12. 如果投资环境改善使企业开发更多的投资项目,那么(　　)。

A. 可贷资金的需求增加　　　　　B. 可贷资金的供给增加

C. 可贷资金的需求减少　　　　　D. 可贷资金的供给减少

13. 政府出现预算盈余时,将会对可贷资金市场产生的影响是(　　)。

A. 可贷资金的需求增加　　　　　B. 可贷资金的供给增加

C. 可贷资金的需求减少　　　　　D. 可贷资金的供给减少

14. 人们消费观念发生了改变,变得更不愿意消费而更愿意储蓄了,那么(　　)。

A. 可贷资金的需求增加　　　　　B. 可贷资金的供给增加

C. 可贷资金的需求减少　　　　　D. 可贷资金的供给减少

15. 提高利息税对可贷资金市场的影响是(　　)。

A. 可贷资金的需求增加　　　　　B. 可贷资金的供给增加

C. 可贷资金的需求减少　　　　　D. 可贷资金的供给减少

(二)问题与论述

1. 简述股票市场存在的意义。

2. 如果美国拖欠国债,其他国家发行债券的利率会怎么变化,为什么?

3.简述金融市场的作用,举出两个例子。

4.下面哪种情况代表投资,哪一种代表储蓄?试解释:

(1)你去银行贷款买了一辆汽车来运货;

(2)花钱买了中国石油的股票;

(3)去银行存了100块;

(4)花了500万在杭州买了套房子。

5.股票价格下降有时被看作未来实际GDP下降的先兆。你为什么会认为这可能是正确的?

6.假设现行的利率没有改变,居民仍决定将收入的很大一部分用于储蓄。用可贷资金市场模型预测均衡的实际利率将会如何变化。

7.什么是政府预算赤字?它如何影响利率、投资以及经济增长呢?

8.假设消费者信心提高增加了消费者未来收入预期,从而他们想消费的数量增加。这种移动如何影响投资和利率?(画图说明)

9.你正在看经济学家的访谈节目。当一个经济学家被问及其对经济增长的态度时,这位经济学家说:"我们需要使这个国家增长,我们需要用税收激励来刺激储蓄和投资,而且我们需要减少预算赤字,以使政府不再吸收我们国家的储蓄。"

(1)如果政府支出保持不变,这位经济学家的表述隐含着什么不一致性?

(2)如果这位经济学家真心希望减少税收并减少预算赤字,则他关于政府支出的计划隐含着什么?

(3)如果政策制定者想促进增长,而且政府制订者必须在刺激储蓄的税收激励和刺激投资的税收激励之间做出选择,他们在做出决策之前,需要了解可贷资金市场供求的什么情况?试解释之。

10.金融市场与金融中介机构之间的差别是什么?

11.当政府用投资税扣除这类政策补贴投资时,这种补贴通常只适用于某种类型投资。本题请你考虑这种变动的影响。假设经济有两种类型投资:企业投资和居民投资,而且假设政府只对企业投资实施投资税扣除。

(1)这种政策如何影响企业的投资需求曲线?如何影响居民的投资需求曲线?

(2)画出这个经济可贷资金的供给和需求曲线。该政策如何影响可贷资金的供求?均衡利率会发生什么变动?

(3)比较原来的均衡与新均衡。这种政策如何影响总投资量?如何影响企业投资量?如何影响居民投资量?

(三)计算题

1.在某封闭经济体中GDP为40万亿元,税收为4万亿元,私人储蓄为2万亿元,公共储蓄为2万亿元,请计算消费、政府购买、国民储蓄和投资。

2.已知某一经济社会的如下数据:消费支出90亿元,投资支出60亿元,出口额60亿元,进口额70亿元,所得税30亿元,政府用于商品的支出30亿元,

(1)计算GDP;

(2)计算政府预算赤字;

（3）计算储蓄额；

（4）计算净出口。

3.假设由于地震灾害,政府明年将增加政府购买 100 亿元。

(1)用供求图分析这种政策。利率会上升还是会下降？

(2)投资会发生什么变动？私人储蓄呢？公共储蓄呢？国民储蓄呢？将这些变动的大小与政府 100 亿元的额外借款进行比较。

(3)可贷资金供给弹性如何影响这些变动的大小？

(4)可贷资金需求弹性如何影响这些变动的大小？

(5)假设家庭相信,政府现在借款越多意味着未来为了偿还政府债务而必须征收的税收越高。这种信念对私人储蓄和现在可贷资金的供给有什么影响？

4.在一个封闭的经济环境下：

$$Y=5000, G=1000, T=1000, C=1000+0.5(Y-T)$$

(1)在这种经济中,计算私人储蓄、公共储蓄和国民储蓄。

(2)现在假设 G 增加到 1250。若 Y 保持不变,计算私人储蓄、公共储蓄,以及国民储蓄。

5.下面是一个经济中的有关资料,根据这些资料计算该国的 GDP：

(1)购买汽车、彩电等耐用消费品支出 1000 亿元；

(2)购买食品、服装等非耐用消费品支出 2000 亿元；

(3)雇用保姆和家庭教师支出 200 亿元；

(4)企业投资支出(包括厂房和设备)2000 亿元；

(5)企业支付给工人的工资 3000 亿元；

(6)企业支付的银行利息和向政府交纳的税收共 500 亿元；

(7)今年初存货为 1500 亿元,年底存货为 1000 亿元；

(8)各级政府为教育和社会治安支出 2000 亿元；

(9)中央政府国防与外交支出 500 亿元；

(10)中央与地方政府税收收入 2500 亿元；

(11)出口产品收入 1500 亿元；

(12)进口产品支出 1000 亿元。

(四)辨析题

1.如果你在这个月存了 200 元,并借给你的朋友买了一双球鞋,你的个人储蓄行为增加了国民储蓄。（　　）

2.公共储蓄总是正的。（　　）

3.无论是从政府公债得到的利息还是从公司债券得到的利息都应该计入国内生产总值。（　　）

4.从经济学上看,人们购买债券和股票是属于投资行为。（　　）

5.可贷资金需求的增加使需求曲线向外移动,使实际利率上升。（　　）

6.总需求的三个项目,消费、投资、政府开支,其中任何一个项目发生变化,由此引致的国民收入增量是一样的。（　　）

7.对一个封闭经济来说,国民储蓄一定等于投资。(　　)

8.可贷资金供给的减少将使实际利率上升,使可贷资金需求减少,并使需求曲线向左移动。(　　)

9.储蓄和投资同时增加,将导致均衡可贷资金数量的增加。(　　)

10.如果政府想提高增长率,它就应该降低对利息和红利的税收,以使可贷资金供给向右移动。(　　)

四、文献链接

中国储蓄率世界第一背后真相①

中国最近几年储蓄率高达50%左右,居世界第一,但居民储蓄率只是20%左右。政府和企业储蓄率10年翻了一番,居民储蓄占比却原地踏步走。

最近,一项"中国储蓄率世界第一"的数据再次引发社会关注。国务院发展研究中心研究员吴敬琏日前表示,中国最近几年储蓄率在50%左右,居世界第一,但居民储蓄率只是20%左右。储蓄高主要表现在政府和企业,而非居民。造成这个局面的根本原因在于市场体制存在缺陷。另有专家指出,企业高储蓄率暴露出在一次收入分配中,企业回报多、劳动者回报少的痼疾,致使消费不振,加剧了经济结构失衡。将更多政府和企业收入转化为普通居民的"收入"成为当务之急。

一、居民储蓄率仅为20%

中国的高储蓄率世界闻名。2013年9月,我国居民储蓄连续3个月突破43万亿元,人均储蓄超过3万元,为全球储蓄金额最多的国家。

长期以来,舆论普遍认为高储蓄率源于中国百姓爱存钱的习惯。然而,事实证明这种认识有很大偏差。实际上,中国国民的高储蓄率中,有很大一部分是政府和企业储蓄率高导致的。

吴敬琏指出,国民储蓄分三部分,一般国家都以居民储蓄为首,然后是企业储蓄、政府储蓄,而中国的储蓄结构却相反。

统计显示,从1992年到2012年,中国国民储蓄率从35%升到了59%,其中,政府储蓄率和企业储蓄率翻了一番,但居民储蓄率却没有变,1992年为20%,2012年依然是20%。

二、根子在投资分配体制

高储蓄率曾支撑了中国独特的经济增长模式——高投资、高进出口规模,为中国经济发展作出了应有贡献。但在加大消费比重,调整投资和出口为导向的经济结构的今天,高储蓄率的弊端愈来愈明显。

"高储蓄率致使经济结构失衡。总储蓄大于总投资,多的部分只能靠出口消化,导致了出口导向型的经济模式;同时,高储蓄也抑制了消费,不利于扩大内需。"中国国际经济

---

① 原文出自《人民文摘》2014年第6期第30页,编辑赵秀瑞。

交流中心信息部部长徐洪才说。

造成中国高储蓄率的原因很多。专家指出,普通劳动者家庭收入增长缓慢,内需不足,社会保障不充分和预期不稳定等,都使居民非常看重储蓄。

此外,投资渠道少也是居民高储蓄的原因之一。"从结构和数据来看,市场投资主体主要是政府和企业,民间的投资渠道则很窄。"吴敬琏指出。

吴敬琏说:"2009年4万亿元投资主要给了国企,而且主要是央企,10万亿元贷款主要给了谁呢? 还是国企,是央企,以至于有些央企感觉负担很重,拿到这么多钱怎么办呢? 结果纷纷成立房地产公司,就出现这个情况。"

"所以,根本的问题还是在体制上。不同的所有制企业获取要素的能力是不一样的,要素最重要的就是资本要素。另外一个问题,就是我们的资本市场很不正常,不是一个建立在规则上的真正市场,因此才出现这样的问题,根本的出路是改革。"吴敬琏强调。

三、提高国企分红比例

要解决中国储蓄率高的问题,除拓宽投资渠道,加大对居民的社保、医疗卫生和教育领域的投入外,更重要的是提高居民收入。其中,扩大国企对全民的分红比例,能起到降低储蓄率和调整经济结构的双重作用。

徐洪才说,当前,在一次收入分配中,存在企业利润厚、劳动者收入薄的问题。有些国企旱涝保收,利润丰厚,成为特殊利益集团,集团内部福利丰厚。这"一厚一薄"抑制了居民消费,使内需不足,造成产能过剩,导致经济结构以投资和出口为主,消费不振。

现在,要调整经济结构,提高消费比重,就要提高百姓收入。"要提高百姓收入就要降低国企储蓄率,把更多的钱从银行拿出来给大家分红。"徐洪才认为,要改革国有资产管理体制,保障国有资产出资人——全体公民的利益。

当"中式节俭"遭遇"美式浪费"[①]

中国人自古以来就崇尚勤以修身,俭以养德。直至今日,我们还以勤劳节俭的民族自诩。而美国呢,则可能是最能花钱、最敢花钱,也不怕借钱的主儿了,由此带来的高福利、高消费,委实让很多人羡慕嫉妒恨。按照我的观察,两个国家各有各的"浪费",各有各的"节俭"。

一、美国"大线条"式的生活和中国人的"细方块"不同

在一定程度上,普通美国人的日常生活完全可用"大包大捆、大吃大喝、大房大车、大手大脚、当下享乐"来概括。人家确实有超级大国的气魄,什么都是多、大、实、牢。到超市购物,土豆、洋葱、水果、肉蛋、米、面、等吃的大多已经一袋袋、一捆捆包装好了,牛奶、果汁是大壶大瓶的,内衣袜子是成包成打的,面包点心等也常常是买一送一。出去一次,买的就是一周的食品日用,因此购物推车常常被堆得像小山似的。塑料袋是免费的,超市服务员会帮你把所购物品分类装袋,如果怕不结实尽可以多套两层。食品运家,放开

---

① 原文出自《经济学茶座》2013年第2期,第159—163页,作者王宏森,系中国社会科学院经济研究所副研究员。引入本书时作了删减和修改。

肚皮尽情享用，甚至几天足不出户，坐在客厅沙发上，边吃着爆米花边看电视，成为典型的"沙发土豆"(Couch Potato)。但食物确实单调，烹饪方式不外乎煎、烤和凉拌，配上酸、甜、辣等酱料，似乎什么都是"老三样"。"大胃王"收纳这些虽"不好吃"但富含高蛋白、高热量的食物，加上多开车不运动，不胖才怪呢。在街头常见到身形已经极其硕大者，却还手持冰激凌吃得津津有味。

从人居环境来说，美国的城乡差别不大，某些方面乡村可能更优，因此不少富人住在乡下。大多数工薪阶层都住在大城市近郊或周边的市镇里，房屋两三层，建筑面积200～300平方米，绿地则视所处地段多寡不均，全部占地面积1～3亩不等。这样大的house，在中国是绝对的豪宅了(而且位置偏远)。美国发明了汽车，当仁不让是"汽车上的国家"。据著名汽车杂志 Ward's Auto 的数据，2011年美国以2.85亿辆机动车居全球第一。按3.14亿人口计，每千人拥有439辆私人汽车。一般的中产家庭都有2～3辆车，或者是"小轿车＋皮卡"组合，或者"小轿车＋七座越野车"组合，以服务不同用途。美国人不仅好开宽大舒适、动力十足的汽车，而且喜欢开快车，汽车启动时轰然作响，行进中呼啸而过。大包大捆、大房大车，自然需要硕大的冰箱、烤炉、电视、洗衣机、洗碗机、吸尘器及空调等设施来配套，其尺寸几乎是中国同类家居品的1.5～2倍。由于强调安全、洁净和舒适，工作场所和居家房间很少开窗，基本靠空调，而且一天24小时，常年少有间断，冬天热得仅穿衬衫，夏天冷得需加外套(我在图书馆里看书，几次都差点感冒)，不少美国家庭反而在夏天用被子。为安全起见，许多办公室、商店、室外停车场24小时亮着灯。由于一些州、市实行"晾衣绳禁令"，居民不得在户外拉绳晾晒衣被，所以洗衣后必须用烘干机。这些都造成美国的电力消耗惊人。煤气使用量也很大。据说一家美国人消耗的过冬燃油足可让中国100户家庭取暖。11月至4月的供暖季，有人甚至为了加热家里的游泳池，每月要烧掉上千美元的天然气。因此，宽大、舒适、豪华的美式物质生活，完全是以大量土地(但这与美国广袤的土地相比算不了什么)、资源的大进口和消耗为代价的。

二、清教徒为何转向了福特主义

其实，美国社会并非一直如此高消费和浪费。回溯历史可发现，最早漂洋过海到新大陆拓荒的清教徒也曾勤俭，从美国早期的建国者到工业革命时代的实业家，几乎无一例外地崇尚生产、鄙视享乐，强调禁欲主义和社会责任。在以新教伦理为信仰，以重商主义为国家战略的时代，人们内心渴求的是真金白银，热衷的是海外贸易，国内消费在美国社会中当然只能长期处于被抑制的地位。从经济学角度看，新教教义强调禁欲、节俭，其实也是前工业革命时期的"短缺经济"使然，因而随着商品大潮来临，禁欲主义也遭遇了最强劲的挑战。1860—1920年美国人口增加两倍多，而生产率提高惊人，制成品增加了12～14倍，成为第一大工业国。自1880年生产过剩危机开始出现，多个工业部门价格下降、产品滞销和工厂倒闭。收入不断提高的人们，被越来越多的商品包围，开始有机会享受价格下跌和产品创新带来的福利。曾经作为美国人精神支柱的清教禁欲主义，终究与经济现实和世俗欲望发生了激烈冲突。

不可不提微观和宏观制度创新。如果说20世纪初"泰勒制"使大量物美价廉的商品涌向市场，催发了大众消费，那么此后的"福特制"则更进一步，通过推广精益化批量生产,使得成本极小化,保证了美国民众有可能购买得起小汽车和其他耐用消费品,使得美国真正迈向现代大众消费社会。伴随一战后"福特主义"的流行,小汽车、电冰箱、洗衣机、吸尘器等作为必需品进入了千家万户。

消费成为生产目的,已不再是有闲阶级的特权,既要赚钱又要消费成了大众生活的基本信条,每个人似乎都可实现平等消费,即使一时拮据也可用分期付款或抵押的办法来消费。20 世纪的新美国,渐渐显现出一种受大众消费经济秩序支配的全新生活方式,以更满足"人类本性"和"效率原则"的新价值观取代了传统价值观,成为不断刺激美国经济发展的主要动力之一(近一个世纪来消费占美国 GDP 的比重一直在 70% 以上)。此后美国几乎所有重大的商业创新和制度变革,皆与这种生活方式与效率原则密切相关。无论是福特主义下实行劳资集体谈判、长期雇用合同和最低工资累进制度,还是 1930 年代大萧条之后凯恩斯主义政策与福利国家制度的流行,抑或 80 年代以来的新技术革命和制度变迁(金融自由化、经济全球化和信息化等),莫不如此。不管其目的是稳定员工收入,或者维持有效需求,或者提高生命质量,还是降低交易成本,都促进了大规模消费的稳定增长。而消费的扩展和创新,又反过来刺激和满足了人的需求,带来了巨大的商机,同时也促进经济发展和人类进步。在大众消费文化驱赶下,美国人似乎越来越脱离宗教的说教。正如哈佛大学神学院教授考克斯(Harvey Cox)1965 年出版的《世俗之城》(The Secular City)所写的,基督教在进入现代化和都市化之后,在美国中产阶级之间起了革命性的变化,尤其在世俗思想和消费欲求冲击下,美国人神圣的宗教观念已经历了彻底的转换。由此我们不禁要问,在宗教本身都被世俗化为一种特殊的精神商品和大众消费品的时代,无节制的消费和浪费到底会走向何方呢?

三、美国过度消费能否持续

美国式高消费在带来繁荣与满足的同时,也带来了太多负面影响。首先是消耗巨大。环境智库"全球足迹网络"计算了各国生态足迹(维持单位人口生存所需要的地域和水域面积)。2010 年数据显示,美国人均消费足迹为 9.5 公顷,而世界为 2.7 公顷(中国为 2.2 公顷)。以美国标准计算,需要 5 个地球才能让所有人都过上美国式生活。现在每生养一个美国孩子所消费的足迹是中国孩子的 7 倍,是印度的 55 倍,更是尼日利亚的 86 倍,可见美国人的命价之高,生养成本之巨。其次是浪费惊人。美国人每年扔弃食物总值至少有 1650 亿美元。再次,污染严重。美国对产品和资源的大规模进口和消费,受益了自己,却把污染留给原产国。从其国内看,二战后消费品的更新换代越来越快,使得美国开始走向抛弃型或快餐型社会。但不少一次性产品因使用不能生物降解的塑料或泡沫,对生态环境造成了极其恶劣的破坏。最后,最关键的是很多美国人借债消费,不留余地,储蓄率很低甚至是负数,最后只能靠政府。但政府也是债台高筑,公共债务滚雪球般增长。面对经济危机,联邦政府除了花钱还是花钱,而这些钱都是从子孙后代和外国借来的啊!

由于上述原因,自 2007 年危机以来,美国人高负债、高消费、高消耗的生活方式被世人广为诟病,忧心忡忡者亦不少。依我理解,人们目前或无需为美国过多担心。不是吗?

第一,美国人均资源丰富,承载能力巨大。由于幅员辽阔,大多数城市和乡村的容积率和建筑密度都极低,所以美国人基本上属于"散养"模式,土地利用"很浪费";地大物博但地下资源多未开采,将来就是新生 3 亿人,并从中国再移民 2 亿人,也装得下、养得活。

其二,维持美国人高消费的核心机制还在于低价格——农产品价格及基本生活需求的价格极低。这一低价格优势,除了来自美国农业部门优势,以及低制度成本外,也源于美元优势和全球化红利。这使美国得以在全球配置资源,并且即使大发货币也能输出通胀。按照美国经济分析局最新数据,2011 年美国人的衣、食、住、行占家庭总支出的比重分别为 3.5%、7.8%、22.8%、10.3%。即使加上外出用餐及服务费用 6.4%,食物总支出的比重也仅为 16.2%。根据年度变动百分比可计算出美国家庭恩格尔系数只有 12.5%,是全球最低的。另以油价为例,目前平均在 4~5 美元/加仑,折合人民币外汇时价也仅为 6.6 元/升,而"911"之前低于 1 美元/加仑(约 2 元/升),真是比水还便宜。

由于义务教育普及,家庭教育支出仅占总支出的 2.5%。总体上以美国人的高收入应对低廉的基本生活成本确实绰绰有余,所以在健康、健身等方面才敢于大把花钱(约占支出的 30%)。只要这种低价格机制尚能维持,美国消费也就能够运转。

其三,个人自觉、民间监督、政府引导以及宗教教化,都在促使调整。受危机影响,美国人近年也开始节约、储蓄,抛弃大排量汽车,重新发展铁路等。民间也在努力。据公民反对政府浪费协会(CAGW)报告称,该组织通过细审、批评和反对政府的浪费性支出,自 1986 年以来已经为纳税人省去了 1 万亿美元的税收支付。类似于哈佛这样的大学,近年也施行了"绿色计划",以节约开支、倡导低碳生活。可预期在绿色理念下,美国生活模式或有一定的调整。而据很多学者研究,崇尚自我奋斗、拼命工作、挣大钱又大把捐钱等现象,其实表明清教精神并未消失,宗教的影响一直还存在于美国世俗之城的方方面面。

其四,面对债务危机,美国政府有很多牌可打,就看它用不用,怎么用。诸如:对富人征税、提高税率、消减政府支出等。甚至出售、出租国有资产如国有土地、矿山和水资源等(美国公用土地占全国面积 42%,其中联邦政府占有的土地占 32%)。

四、中国启动消费需要改进什么

在艰苦奋斗作为一个革命传统和"口号"在官方文件中闪现之时,启动消费却一直困扰着中国经济。借鉴并反思美国经验,需要改进之处或有:

1. 转变经济发展模式。中国人辛苦赚来的钱,被中国政府转而借给美国政府使用,美国政府又通过福利政策等管道,让全体美国人获益。这在一定程度上无异于以"中国人的节俭"补贴"美式消费",实在不划算。但不借,又没有更好出路。根源在于重生产、轻消费,强调政府干预的重商主义政策及高投资、高消耗、高污染的经济发展模式必须转型。

2. 基础条件不同,中国不能跟风"美式消费"。中美国土面积貌似相近,但中国西部大片高原沙漠等都无法住人,宜居处只有不到 2/3,人口却整整比美国多了将近 11 亿!无限多的人,追逐有限度的资源,必然很局促、紧张。因此,在城市化建设、发展私家车等方面,中国绝对不能克隆美国消费模式。

3. 中国需要增加收入以促进消费,但更需要降低恩格尔系数。中国近年的恩格尔系数约在 36%左右,并出现了不降反升的趋势,使得居民不敢消费。

4. 应继续贯彻人本主义的发展观,促进机会平等、分配公平。搬去百姓头上高额的医疗费用、子女教育费以及直线上升的住房费用等"三座大山",大规模降低居民负担,提高居民的实际购买力,稳定居民预期,解决后顾之忧。

5. 从文化和制度层面重建中国的消费观。中国的浪费,在某些方面比美国更惊人。如《瞭望周刊》曾保守推算,中国2007—2008年仅餐饮浪费的食物蛋白质就达800万吨,相当于2.6亿人一年所需;浪费脂肪300万吨,相当于1.3亿人一年所需。不仅如此,中国的过度人情消费、政府浪费和腐败都极其严重,在全世界都数一数二。2011年中国政府机构的公款吃喝费用达到3000亿元,正好够我国贫困人口生活一年,还不包括灯光工程、摆花工程等华而不实的浪费。

五、参考答案

(一)单项选择

1. C 2. B 3. A 4. D 5. D 6. D 7. A 8. D 9. A 10. C 11. D 12. A 13. B 14. B 15. D

(二)问题与论述

1. 答:股票本身没有生产过程,它不会创造财富,不过它把资本从空闲的人手中转移到较需要资金的人手中,得到资本的人就有了资本用于投资,这就提高了生产率,进而提高了人们的生活水平。

2. 答:其他国家的债券利率将会上升,因为像美国这样世界第一强国都失去信用的话,那其他国家将更不可信,所以必须提高利率来吸引他人购买债券。

3. 答:是想储蓄的人直接向借款的人提供资金的机构,有债券市场和股票市场。

4. 答:

(1)投资。对建筑、设备这类资本的购买是投资。

(2)储蓄。买股票和债券,存钱是储蓄。

(3)储蓄。买股票和债券,存钱是储蓄。

(4)投资。对建筑、设备这类资本的购买是投资。

5. 答:因为股票价格反映了公司预期的赢利性,当人们预期一个公司赢利很少,甚至亏损时,其股票价格下降。股票价格下降会减少社会对股票的需求,从而社会的总体储蓄来源会减少,相应地,社会的投资规模下降,结果是GDP下降。

6. 答:可贷资金供给曲线将右移,从而使均衡利率下降。(图略)

7. 答:当政府的支出大于其税收收入时,短缺的部分被称为政府预算赤字。预算赤字的弥补渠道基本上是通过发行政府债券的形式,因此预算赤字的积累又称为政府债务增长。下面我们运用可贷资金市场来分析政府预算赤字如何影响利率、投资以及经济增长。首先,当预算赤字增加时,国民储蓄——可贷资金供给的来源(由私人储蓄和公共储蓄组成)减少。政府预算赤字的变动代表公共储蓄的变动,从而代表可贷资金供给的变动。由于预算赤字并不影响家庭和企业在任何一种既定利率时想要为投资筹资借款的数量,所以它没有改变可贷资金的需求。其次,当政府有预算赤字时,公共储蓄是负的,而且减少了国民储蓄。因此,预算赤字使可贷资金供给曲线左移。最后,我们比较新旧均衡。当预算赤字减少了可贷资金供给时,利率上升。这种高利率改变了参与贷款市场的家庭和企业的行为。特别是许多可贷资金需求者受到高利率的抑制,买新房子的家庭少了,选择建立新工厂的企业也少了。这种由于政府借款而引起的投资减少被称为挤出。因此,政府预算赤字减少了国民储蓄时,利率上升,而投资减少。由于投资对长期经济增长是重要的,所以政府预算赤字降低了经济的增长率。

8.答:如果消费者增加现期的消费数量,那么私人储蓄和国民储蓄都将下降。国民储蓄＝私人储蓄＋公共储蓄＝(Y−T−C)＋(T−G)。消费的增加降了私人储蓄,因此国民储蓄也下降。可贷资金供给曲线左移,因此实际利率水平将上升,投资将随着利率的上升而下降。

9.答:

(1)刺激储蓄和投资的税收激励要求减税。这就会增加赤字,赤字减少了国民储蓄和投资。

(2)这位总统候选人计划减少政府支出。

(3)政策制定者想知道供求曲线的弹性。如果可贷资金需求缺乏弹性,可贷资金供给变动对储蓄和投资的影响就小,因此在每种利率时增加储蓄的税收激励对增长的作用就微乎其微。如果可贷资金供给缺乏弹性,可贷资金需求变动对储蓄和投资的影响就小,因此在每种利率时增加投资的税收激励对增长的作用就微乎其微。

10.答:在金融市场上,储蓄者直接借钱给借款人;通过金融中介机构,储蓄者先将钱借给中介机构,再由中介机构将钱借给最终借款人。

11.答:

(1)企业的投资需求曲线向右移动,因为补贴投资的增加使各种给定利率下的投资收益增加。而居民投资需求曲线不变。

(2)总投资包括企业投资和居民投资,企业投资增加,而居民投资不变,所以总投资需求增加,可贷资金需求曲线右移,均衡利率上升。

(3)利率的上升会部分抵消投资补贴对投资的刺激作用,不过总投资量仍然在扩大。其中企业投资量增加,居民投资量减少。

(三)计算题

1.解:$Y＝C＋I＋G$

$S＝(Y−C−T)＋(T−G)$

$Y−T−C＝2$(万亿元)

$Y＝40,T＝4$(万亿元)

得 $C＝34$(万亿元)

$T−G＝2$(万亿元)

$G＝2$(万亿元)

$I＝S＝2＋2＝4$(万亿元)

2.解:

(1)GDP＝消费＋投资＋政府支出＋(出口−进口)

　　　＝90＋60＋30＋(60−70)＝170(亿元)

(2)政府收入＝所得税＝30(亿元)

　　所以政府预算赤字＝政府支出−政府收入＝30−30＝0(亿元)

(3)家庭将收入分配为消费、储蓄或税收,因此收入＝消费＋储蓄＋税收

所以储蓄＝收入－消费－税收＝170－90－30＝50(亿元)

(4)净出口＝出口－进口＝60－70＝－10(亿元)

3.解:

(1)当政府明年借款增加100亿元时,公共储蓄进而国民储蓄减少,可贷资金供给曲线从S_1向左移动到S_2,与此同时,政府借款并不影响在任何一种既定利率时企业的投资量,所以可贷资金需求曲线不变。因此,可贷资金市场的均衡利率从i_1增加到i_2(如图4-2所示)。

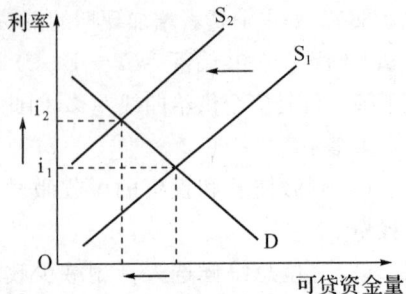

图4-2 可贷资金市场均衡

(2)可贷资金市场上的利率上升改变了参与贷款市场的家庭和企业行为。特别是许多可贷资金需求者受到高利率的抑制,买新房子的家庭少了,选择建立新工厂的企业也少了,因此,投资会减少。利率上升后,家庭会增加他们的储蓄量,所以私人储蓄增加,由于公共储蓄不受利率的影响,所以公共储蓄仍下降100亿元,由于公共储蓄的下降幅度大于私人储蓄的上升幅度,因此,最后国民储蓄会下降。

(3)由于可贷资金的供给弹性衡量可贷资金供给量对利率变化的反应程度,所以它反映在可贷资金供给曲线的形状上。当可贷资金供给弹性大时,即可贷资金供给曲线平缓,在这种情况下,当市场利率上升时,可贷资金供给量会大量增加,尤其是私人储蓄,因为公共储蓄由政府收入和政府支出决定,所以公共储蓄仍下降100亿,因此,国民储蓄下降幅度不会太大(见图4-3(a))。当可贷资金供给弹性小时,即可贷资金供给曲线陡峭,在这种情况下,当市场利率大幅度上升时,可贷资金供给没有增加多少,尤其是私人储蓄没有大量增加,因为公共储蓄不受利率的影响,因此,国民储蓄将会大幅度下降(见图4-3(b))。

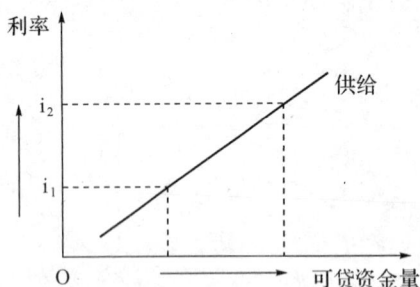

(a)可贷资金供给弹性大

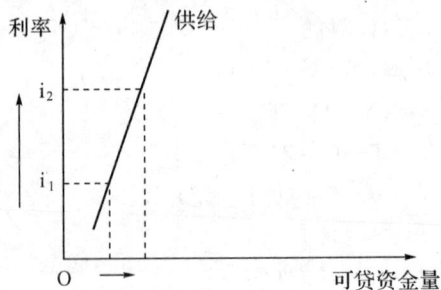

(b)可贷资金供给弹性小

图4-3 基于可贷资金供给弹性的分析

(4)当可贷资金的需求弹性大时,政府借款增加100亿美元引起的利率上升会挤出大量的投资(见图4-4(a))。当可贷资金的需求弹性小时,政府借款的增加只会减少小部分私人投资(见图4-4所示)。

(5)为了偿还现在积累的债务,政府将要在未来增加税收,这种信念会使私人储蓄大

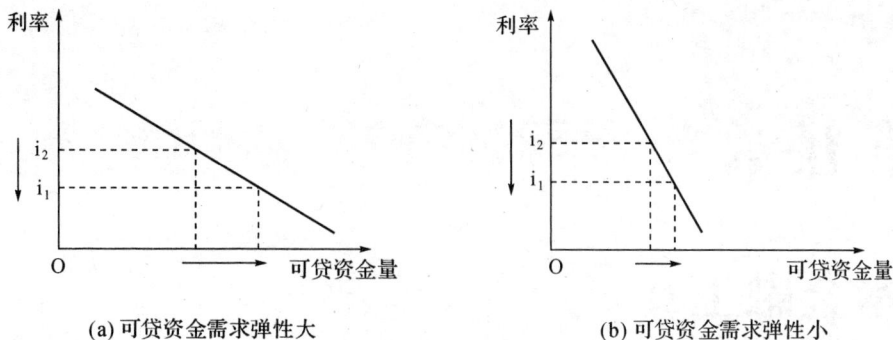

(a) 可贷资金需求弹性大　　　　　　　(b) 可贷资金需求弹性小

图 4-4　基于可贷资金需求弹性的分析

幅度增加。这种信念减弱了(1)与(2)中所讨论的影响。

4.解：

(1)易得 C＝3000

　　S＝(Y－C－T)＋(T－G)

　　私人储蓄＝5000－3000－1000＝1000

　　公共储蓄＝1000－1000＝0

　　国民储蓄＝私人储蓄＋公共储蓄＝1000

(2)G 增加到 1250,私人储蓄＝1000 没有变化

　　公共储蓄＝1000－1250＝－250 出现财政赤字

　　国民储蓄＝私人储蓄＋公共储蓄＝750

5.解：消费支出 C＝1000＋2000＋200＝3200(亿元)

　　投资支出 I＝2000＋(1000－1500)＝1500(亿元)

　　政府支出 G＝2000＋500＝2500(亿元)

　　净出口 NX＝1500－1000＝500(亿元)

　　所以,该国的 GDP＝C＋I＋G＋NX＝3200＋1500＋2500＋500＝7700(亿元)

(四)辨析题

1.答:错。多储蓄与多消费抵销,国民储蓄不变。

2.答:错。财政赤字就表示的是公共储蓄为负的情况。

3.答:错。公债利息不计入国内生产总值。

4.答:错。宏观经济学上的投资行为是企业增加或更新,资本品的支出。

5.答:对。

6.答:对。

7.答:对。

8.答:错。要区分需求的变动还是需求量的变动。实际利率上升引起需求量的减少,是需求曲线上点的移动,而不是曲线平移。

9.答:对。

10.答:错。降低利息税是引起可贷资金供给曲线右移,但是降低红利税是引起可贷资金需求曲线右移。

第五章

基本金融工具

一、本章概述

在之前的章节中，金融体系协调经济中的储蓄和投资。每个人都会参与金融体系和做出金融决策，如是否存款、是否贷款、是否投身股市、是否买卖国债。金融学是研究人们如何在某一时期内配置资源和应对风险时做出决策的科学。人们做出金融决策应该或者已经使用了一些金融工具。比如，如何比较不同时点上不同货币总量，需要了解现值的概念；高收益高风险，往往是孪生兄弟，大多数人是风险厌恶者，如何谨慎地防止这种不确定性呢，如何管理风险是风险管理理论要告诉我们的。资产评价研究告诉我们，任何一个公司的股票价格应该反映了其预期的未来获利性。每一家股票交易所上市的公司都处于许多货币管理者的跟踪下，有关资产价值的所有可获得的信息都体现在股票的价格上。股票价格的变动是不能预期的，这就是有效市场假说。当然有不少学者和投资者都不这么认为，股市投资者很多时候是不理性的，凯恩斯相信资产价格是由投资者的本能冲动——乐观主义与悲观主义非理性的波动——驱动的。

（一）现值：衡量货币的时间价值

任何一种未来价值的现值是在现行利率下为了得到未来一定量所需要的现在量。未来值或者称为终值，是在现行利率为既定时，今天的货币量在未来的价值。假定每年支付利息，并将利息又存入账户，复利计算公式为：

$$PV(1+r)^n = FV$$

$$PV = \frac{FV}{(1+r)^n}$$

其中，年利率为 r，现值以 PV 表示，终值以 FV 表示。这个公式一方面表现了对于同样一笔货币量，对现在得到的偏好大于未来得到，而且利率越高，结论越明显；如果未来收益的现值大于成本，企业就进行项目投资。利率越高，折算后的现值越小，进行项目的可能性就越小。因此，宏观经济学上一个非常重要的结论：利率上升，投资减少。

（二）风险管理理论

失去 100 元钱的效用损失要超过赢得 100 元钱得到的效用，这是因为边际效用递减的缘故。所以，经济学分析中往往就把人假设为风险厌恶型。风险和不确定又确实存在，人们就会(1)购买保险来管理风险，(2)使风险多元化。

保险并不是消除生活中固有的风险,只是更有效地分摊风险。尽管发生损失的概率不大,但是一旦发生就是确定的损失。保险市场有两个问题无法回避:高风险的人比低风险的人更倾向去申请保险,这样会加大保险公司赔付的概率和支出,称为逆向选择。第二个问题是人们购买保险后,谨慎行事以规避风险的激励小了,同样也加大保险公司赔付的概率和支出,这类称为道德危险。

风险多元化通俗来说就是鸡蛋不要放在一个篮子里,通过大量无关的小风险替代一种风险来实现风险的减少。从股票投资来看,购买少量的多家公司股票而不是购买大量的一种股票,这样能消除特定风险——与某一个公司相关的不确定性,但是不能消除总风险——与整个经济相关的不确定性。

（三）资产评价

人们通常希望购买到被低估的股票——股票价格小于价值。如果价格和价值相等,股票得到公正评价。如果价格高于价值,股票被高估了。但是股票的价值由什么决定呢？它是未来红利流量的现值,是未来不确定的变量折现值。每一家股票交易所上市的公司都处于许多货币管理者的跟踪下,有关资产价值的所有可获得的信息都体现在股票的价格上。股票价格的变动是不能预期的,这就是有效市场假说。指数基金的业绩超过积极管理的、号称专业人士独到分析后进行投资的共同基金,就证明了这一点。当然有不少学者和投资者都不这么认为,股市投资者很多时候是不理性的,凯恩斯相信资产价格是由投资者的本能冲动——乐观主义与悲观主义非理性的波动——驱动的。

二、本章重要名词

现值	终值	复利	多元化
有效市场假说	随机行走	道德风险	逆向选择

三、复习题

（一）单项选择

1.运用 70 规则,如果我国 GDP 要实现 2020 年比 2010 年翻一番,那么年均增长率要至少等于（　　）。

A.6％　　　　　B.7％　　　　　C.8％　　　　　D.9％

2.如果年收入每年增长 10％,那么收入翻一番的时间是（　　）年。

A.7　　　　　B.10　　　　　C.15　　　　　D.70

3.利率上升,对经济的影响是（　　）。

A.减少了投资将来可能取得收益的现值,因此减少投资

B.减少了投资将来可能取得收益的现值,因此增加投资

C.减少了投资的终值,因此减少投资

D.减少了投资的终值,因此增加投资

4.年利率为 7％,用现值的概念比较 10 年后得到的 20 万元和 20 年后得到的 35 万元,（　　）。

A.前者更大　　　B.后者更大　　　C.一样大　　　D.无法判断

5.如果某人是风险厌恶型,那么( )。

A.他的效用函数是边际效用递减型　　B.他的效用函数是边际效用递增型

C.他的效用函数是边际效用不变型　　D.以上三种都有可能

6.如果某人是风险偏好型,那么( )。

A.他的效用函数是边际效用递减型

B.他的效用函数是递减的

C.他得到100元收入的效用要小于失去100元损失的效用

D.以上三种都不对

7.购买保险后,( )。

A.风险消除了　　　　　　　　　　B.因为道德风险,风险反而增加了

C.风险减少了　　　　　　　　　　D.风险被完全转嫁给保险公司了

8.有价证券组合的多元化可以实现( )。

A.减少总风险　　　　　　　　　　B.减少特定风险

C.消除所有风险　　　　　　　　　D.提高证券组合收益的标准差

9.以下几项有价证券组合中,降低风险最多的是( )。

A.在有价证券组合中,把股票品种从1增加到10

B.把股票品种从10增加到20

C.把股票品种从20增加到30

D.以上各项都提供了等量风险减少

10.如果有效市场假说是正确的,那么有( )。

A.股票通常会被高估

B.股票市场是信息有效的,因此股票价格将遵循随机行走

C.基本财务分析对增加一种股票的收益是一种有价值工具

D.指数基金的收益明显偏低

11.基金公司旗下的基金业绩难以超过指数基金是因为( )。

A.指数基金通常可以进行更好的基本分析

B.股票市场是无效率的

C.基金公司管理的基金更经常地交易,并收取所谓的专家管理费

D.指数基金可以购买低估的股票

12.为了确定公司的价值而研究公司的财务报表和未来前景,被称为( )。

A.多元化　　　　B.风险管理　　　　C.基本分析　　　　D.信息分析

13.在以下选项中,( )不属于道德风险。

A.购买了汽车保险后,更放肆地开车

B.购买了财产险后,不太注意防火和防盗

C.感到将来退休后可能变穷,现在购买商业性质的养老保险

D.博尔特在参加世锦赛之前,先对自己的腿进行保险

14.当保险公司上调保费费率后,那些风险( )的人更积极地投保了。

A.更大　　　　　　B.更小　　　　　　C.变化不大　　　　D.变化很小

15.1 万元人民币存入银行,年利率是 5%,那么 10 年后的简单复利是(　　)元,10 年后的连续复利是(　　)元。

A. 16289;16487　　　　　　　　B. 15000;16289

C. 16487;15000　　　　　　　　D. 16289;15000

(二)问题与论述

1. 对于风险厌恶型的个人而言,其效用函数具有什么性质?

2. 当人们购买股票时,面临哪两种风险? 哪一种风险可以通过多元化降低,而哪一种不行?

3. 什么是证券投资中的基本分析? 进行基本分析有哪些方法?

4. 请结合课后的文献链接,给出支持有效市场假说的理由和反对有效市场假说的理由。

5. 保险市场被哪两类问题所困扰? 请分别举例说明。

6. 如果有效市场假说正确,哪一种方法在长期中能带来更多收益:你随意抽选的若干只股票投资组合,还是购买号称积极管理的基金公司基金。为什么?

(三)计算题

1. 根据以下数据回答问题:

国别	2010 年实际人均 GDP/千美元	增长率/%
美国	46	3.0
中国	3.8	9.0

(1)中国实际人均 GDP 翻一番需要多少年?

(2)美国实际人均 GDP 翻一番需要多少年?

(3)假设两个国家按照这个增长率持续增长到 2050 年,实际人均 GDP 将分别达到多少?

(4)假设两个国家按照这个增长率持续增长,多少年后中国和美国实际人均 GDP 相等?

2. 假定一笔资产明年收益为 50 万元,利率为 12%,该资产现值为多少?

3. 若一项美资跨国公司在华项目投资的收入流量如下表所示,试问:

(1)若利率为 5%,企业会不会进行投资?

(2)若利率为 10%,企业会不会进行投资?

单位:万美元

第一年	第二年	第三年
−200	100	120

4. 某风景名胜区正在考虑是否投资安装观光旅游索道,现期投入为 1100 万元,每年的维护和使用费是 100 万元,门票收入是 380 万元,索道使用期限是 5 年。请回答:

(1)如果年利率是 12%,该景区预期的每年净收益的现值分别是多少?

(2)如果年利率是 12%,该景区是否应该投资索道项目?

(3)如果利率变为 7%,该景区是否应该投资索道项目?

(4)比较(2)和(3)的答案,说明投资和利率的关系。

5.如果给你一张彩票,30%的概率是亏 100 元,70%的概率是赚 200 元,请问预期收益是多少?另一种情况是,直接给你一笔钱,110 元。请问你选择是要彩票还是要确定的 110 元?

(四)辨析题

1.未来数量的现值是在现行利率时为了产生未来总量在今天需要的货币量。(　　)

2.如果人们是风险厌恶者,那么他们从赌注赢得 1 万元获得的效用比失去 1 万元赌注所失去的效用是更小的。(　　)

3.有效市场假说暗示,由于市场有效,进行基本分析以购买低估的股票,然后赚得比平均市场收益多是容易实现的。(　　)

4.当那些新手或者更加粗心和麻痹大意的司机更愿意购买汽车安全保险时,保险市场就出现了道德风险。(　　)

5.70 规则表明,人们的收入将每 70 年翻一番。(　　)

6.中国从 1978 年到 2008 年的 30 年里,年均 GDP 增长率是 7%。(　　)

四、文 献 链 接

我们理解风险吗?[①]

人们在日常生活当中总会遇到各种各样的事情,有些事情可以预判,有些事情则出乎意料。要是每件事情都能够掌控,生活应该非常有序,但也会缺乏诸多趣味。记得刚开始工作那会,每个月工资 64 元,拿到手后就开始精心算计着如何花费:柴米油盐酱醋茶需要支出多少,菜和肉需要支出多少,和三两好友出去街头吃一盘毛豆腐需要花费多少。把这些日常支出刨去,再来考虑该存多少钱,可以置办衣服、皮鞋、自行车等等。不过往往一个月下来,人算不如天算,微薄的工资瞬间就花完了,哪还有积蓄?一年上班下来,所有存的钱也就刚够过年给长辈买点礼物。等后来学习和研究经济学,发现经济学的教科书也忒无聊:一个代表性当事人根据预算约束和偏好求出最优消费组合和最优储蓄水平,人生就如同一个精确无比的最优化模型,细致地有序地运行。这不是天方夜谭么?

俗话说,计划不如变化快。不确定的因素太多,自然也就没办法去最优化。或者准确地说,人们总是抱着最优化的愿望,却没办法在行动上真的最优化了。理性经济人毕竟是经济学的一种理论假定而已。对经济学家来说,身处不确定的社会和自然环境大概

---

① 原文出自《经济学茶座》2014 年第 1 期,第 84—86 页,作者周业安,系中国人民大学经济学院教授。引入本书时作了删减和修改。

是最令人烦恼的了,现在的经济学已经充分认识到,不确定性会对个体和社会产生决定性的影响。不过经济学家的这种认识并不是一开始就有。在凯恩斯之前,还没有经济学家能够对不确定性与经济现象之间的内在关系进行系统论述,这点即便是罗宾逊夫人在对比马克思和凯恩斯的思想时,也不得不对凯恩斯表示推崇。凯恩斯给经济学引入不确定性,但不确定性是个难以定义的概念,后来奈特干脆就用不确定性和风险两个词来区分未知环境对人和社会的影响,把无法推知的事件称作不确定性;把可以通过概率推知的事件称作风险。由于不确定性是无法推知的,就单个人来说,可推知的风险就更为关键。因为既然风险可推知,那么就可以进行管理。后来同为芝加哥大学的晚辈马克维茨就发明了一种组合理论,通过金融产品设计和不同金融产品的组合来管理风险。

自从有了风险,经济学终于摆脱了过去的呆板形象,可以用来分析各种未知的情境。经济学家非常聪明地把风险变化成概率的权衡,譬如通常用彩票来作为权衡对象,不同类型的彩票代表着不同概率下的各自收入水平,人们在选择彩票的时候自然就会显示内在的对这种包含概率的收入的判断。由此,经济学家可以构建出一个关于概率下的收入的收益函数,也就是期望效用函数,并基于这个函数分析各种所谓的不确定性问题。注意,在这个函数当中,概率是已知的,人们只需根据已知的概率分布进行计算而已。最终,未知领域的决策也可以向确定下的决策一样,进行优美的最优化。这就是经济学家狡黠的地方。用一个完美的数学模型来掩饰其背后粗糙的想法。让我们回到凯恩斯。假如凯恩斯还活着,他看到这种经济学理论一定会惊呆了!如果概率分布都是已知的,还称得上不确定性么?然而,现在的主流经济学家恰恰津津乐道于此。

令人困惑的问题是:影响人们决策的究竟是已知概率分布下的风险偏好还是对概率的认识本身?假如说天气预报给出了一个关于明天天气的概率分布——20%下雨,30%阴天,50%晴天,那么你出门是带伞还是不带伞?如果不带,万一下雨呢?如果带了,晴天是大概率事件,带了浪费。对个体来说,面对这样一个概率分布,其实仍然会很纠结。但真正纠结的不在于此。真正的问题在于,这个概率分布是正确的吗?假如到第二天,天真的下雨了,不带伞可就后悔了。为了防患于未然,保险起见还是带伞。这个被经济学家看作是风险厌恶型的。在有概率分布的选择和确定的选择之间,人们宁可选择确定的事件。这就是所谓两鸟在林,不如一鸟在手。风险厌恶告诉我们,人们会给风险一个溢价,因为人们不喜欢风险,假如非得要让不喜欢风险的人承担多一份风险,那么就必须给这个人额外的补偿。也就是说,对风险厌恶者来说,风险是一种厌恶品。主流经济学正是基于这个风险偏好来完成个体决策模型的构建的。

然而我要说,这其实不是个风险偏好问题,而是一个风险认知问题。这句话怎么讲?回到刚才的例子。出门带伞,可能不是厌恶下雨的风险,而是厌恶下雨本身。由于不喜欢淋雨,以防万一,带一把伞。这决策的背后实际上是决策者在人为高估下雨的概率,低估晴天的概率。也就是说,在这个决策者看来,概率分布可能是相反的——下雨50%,阴天30%,晴天20%。正是对这种概率的主观认知不同,导致了决策结果的差异。在主流经济学家看来,这种情况是不可能发生的,因为理性的当事人能够准确认识到客观的概率分布。但在行为和实验经济学家看来,这完全是有可能的。当人们面临不确定性的情境时,所作出的不是给定已知概率分布的权衡,而是首先需要对不确定性的情境作出评估,这个评估过程就是风险认知。比如,你第一次乘坐飞机。在此之前你肯定看见过飞机失事的报道。假如你去查阅相关的技术参数,你会查到有关飞机失事的技术层面的概率分布,显然,从技术的角度讲,飞机失事是一个极小概率的事件,小到完全不会发生。但现实中飞机的确有失事的。这说明技术上几乎不会发生的小概率事件还是有可能触发的,触发的原因就在于不确定性。比如飞行环境没有充分预见到,飞行员的状态没有估计到,飞机检修可能存在漏洞,甚至可能出现偶然的一只飞鸟撞击,如此等等,都可能导致飞机失事。人们乘坐飞机,不可能去参照这些技术上的概率判断,而是会根据对飞机飞行过程中所发生的各种被报道的事件进行评估,那么有些人就会过高估计飞机失事的概率,这就是恐机症。害怕坐飞机的人有,害怕坐火车的人也有,这些人其实都是从风险认知的角度看问题的。我们可以设想下,假如某个人在乘坐飞机时出现了一点点事故,比如紧急迫降,从技术角度讲紧急迫降的安全性是大概率,但有了这种经历的人一定会高估今后飞机失事的概率,从而降低乘坐飞机的需求。

卡尼曼和特维斯基通过实验方法研究了一系列风险决策问题,其中一个重要发现便是,影响人们决策的关键因素不是客观的概率分布,而是主观的概率判断,他们用概率函数来定义这个概率判断。概率函数实际上就是风险认知函数,反映了人们对于未知情境的一种评估。这种评估显然是主观的、有偏差的。比如我们总是高估小概率事件发生的可能性,低估大概率事件发生的可能性。这种风险认知导致的概率判断偏差会影响到我们的决策结果。为什么我们总是容易犯各种错误?甚至在同样的地方跌倒多次?这都是因为我们根本无法像主流经济学家所设想的那样理性决策,我们是活生生的人,只能进行各种有偏的决策,犯错误才是正常的。所以,当我们在今后的生活当中经常摔跤时,也不必过于懊恼。这不是聪明和愚蠢的问题,而是本性使然。

有效市场假说概述[①]

有效市场理论始于 1965 年美国芝加哥大学著名教授尤金·法玛在《商业学刊》(*Journal of Business*)上发表的一篇题为《证券市场价格行为》的论文。"有效市场理论"起源于 20 世纪初,这个假说的奠基人是一位名叫路易斯·巴舍利耶的法国数学家,他把统计分析的方法应用于股票收益率的分析,发现其波动的数学期望值总是为零。

1964 年奥斯本提出了"随机漫步理论",他认为股票价格的变化类似于化学中的分子"布朗运动"(悬浮在液体或气体中的微粒所做的永不休止的、无秩序的运动),具有"随机漫步"的特点,也就是说,它变动的路径是不可预期的。1970 年法玛也认为,股票价格收益率序列在统计上不具有"记忆性",所以投资者无法根据历史的价格来预测其未来的走势。

这个结论不免使许多在做股价分析的人有点沮丧,他们全力研究各家公司的会计报表与未来前景以决定其价值,并试图在此基础上做出正确的金融决策。难道股价真的是如此随机,金融市场就没有经济学的规律可循吗?

---

① 原文载于维基百科。

　　萨缪尔森的看法是,金融市场并非不按经济规律运作,恰恰相反,这正是符合经济规律的作用而形成的一个有效率的市场。

　　根据法玛的论述,在资本市场上,如果证券价格能够充分而准确地反映全部相关信息,便称其为有效率。也就是说,如果证券价格不会因为向所有的证券市场参加者公开了有关信息而受到影响,那么,就说市场对信息的反映是有效率的。对信息反映有效率意味着以该信息为基础的证券交易不可能获取超常利润。有效市场理论实际上涉及两个关键问题:一是关于信息和证券价格之间的关系,即信息的变化会如何影响价格的变动;二是不同的信息(种类)会对证券价格产生怎样的不同影响。

一、有效市场的假设前提

　　有效市场理论有四个假设前提:

　　1.市场信息是被充分披露的,每个市场参与者在同一时间内得到等量等质的信息,信息的发布在时间上不存在前后相关性。

　　2.信息的获取是没有成本或几乎是没有成本的。

　　3.存在大量的理性投资者,他们为了追逐最大的利润,积极参与到市场中来,理性地对证券进行分析、定价和交易。这其中又包括了三点:第一,假设投资者是理性的,因此投资者可以理性评估资产价值;第二,即使有些投资者不是理性的,但由于他们的交易随机产生,交易相互抵消,不至于影响资产的价格;第三,即使投资者的非理性行为并非随机而是具有相关性,他们在市场中将遇到理性的套期保值者,后者将消除前者对价格的影响。

　　4.投资者对新信息会做出全面的、迅速的反应,从而导致股价发生相应变化。

二、有效市场理论的内容

　　在上述的前提条件下,有效市场理论的主要内容包括:

　　1.在证券市场上,信息以随机的、独立的方式进入市场,面对刚公布的新信息,价格调整通常是独立进行的。证券价格的变动是市场对各种信息做出的反映,因此价格的每次变动也是独立的,与前一次价格变化没有联系。

　　2.市场存在着众多投资者基于利润最大化的目的,他们能各自独立地对证券价格进行理性的分析和评价。

　　3.投资者面对新信息,能够迅速、准确地调整价格反映新信息对价格产生的影响。由于投资者能够迅速、准确地调整价格,市场对新信息的反应速度足够快,因此投资者不能获得非正常报酬,而只能赚取风险调整的平均市场报酬率。

　　这样,如果在一个证券市场中,证券价格完全反映了所有可能获得或利用的信息,每一种证券的价格永远等于其投资价值,那么就称这样的市场为有效市场。

三、有效市场理论的意义

　　1.理论意义

　　提高证券市场的有效性,根本问题就是要解决证券价格形成过程中在信息披露、信息传输、信息解读以及信息反馈各个环节所出现的问题,其中最关键的一个问题就是建立上市公司强制性信息披露制度。从这个角度来看,公开信息披露制度是建立有效资本市场的基础,也是资本市场有效性得以不断提高的起点。

2.实践意义

(1)有效市场和技术分析

如果市场未达到弱式下的有效,则当前的价格未完全反映历史价格信息,那么未来的价格变化将进一步对过去的价格信息作出反应。在这种情况下,人们可以利用技术分析和图表从过去的价格信息中分析出未来价格的某种变化倾向,从而在交易中获利。如果市场是弱式有效的,则过去的历史价格信息已完全反映在当前的价格中,未来的价格变化将与当前及历史价格无关,这时使用技术分析和图表分析当前及历史价格对未来作出预测将是徒劳的。如果不运用进一步的价格序列以外的信息,明天价格最好的预测值将是今天的价格。因此在弱式有效市场中,技术分析将失效。

(2)有效市场和基本分析

如果市场未达到半强式有效,公开信息未被当前价格完全反映,分析公开资料寻找误定价格将能增加收益。但如果市场半强式有效,那么仅仅以公开资料为基础的分析将不能提供任何帮助,因为针对当前已公开的资料信息,目前的价格是合适的,未来的价格变化与当前已知的公开信息毫无关系,其变化纯粹依赖于明天新的公开信息。对于那些只依赖于已公开信息的人来说,明天才公开的信息,他今天是一无所知的,所以不用未公开的资料,对于明天的价格,他的最好的预测值也就是今天的价格。所以在这样的一个市场中,已公布的基本面信息无助于分析家挑选价格被高估或低估的证券,基于公开资料的基础分析毫无用处。

(3)有效市场和证券组合管理

如果市场是强式有效的,人们获取内部资料并按照它行动,这时任何新信息(包括公开的和内部的)将迅速在市场中得到反映。所以在这种市场中,任何企图寻找内部资料信息来打击市场的做法都是不明智的。这种强式有效市场假设下,任何专业投资者的边际市场价值为零,因为没有任何资料来源和加工方式能够稳定地增加收益。对于证券组合理论来说,其组合构建的条件之一即是假设证券市场是充分有效的,所有市场参与者都能同等地得到充分的投资信息,如各种证券收益和风险的变动及其影响因素,同时不考虑交易费用。但对于证券组合的管理来说,如果市场是强式有效的,组合管理者会选择消极保守型的态度,只求获得市场平均的收益率水平,因为区别将来某段时期的有利和无利的投资不可能以现阶段已知的这些投资的任何特征为依据,进而进行组合调整。因此在这样一个市场中,管理者一般模拟某一种主要的市场指数进行投资。而在市场仅达到弱式有效状态时,组织管理者则是积极进取的,会在选择资产和买卖时机方面上下功夫,努力寻找价格偏离价值的资产。

四、与有效市场理论相悖的异象

1.整体市场中的异象

(1)股权溢价之谜:是指股票市场的总体历史收益率水平高出无风险收益率(同期国债收益率)的部分很难由基于消费者的资产定价模型来解释。经验证据有:Mehra and Prescott(1985)的研究结果显示,从美国股票市场的历史数据来看,股票回报率比长期国债回报率平均高7%左右。Campell and Cochrane(1999)在另一项研究中也得出了类似的结果,使用 1871 年至 1993 年的年度数据,他们发现标准普尔 500 指数的收益率比短期商业票据的收益率高 3.9%。

(2)波动率之谜：是指证券价格(包括股票价格和债券价格)的波动明显过大,远远大于由有效市场理论所预测的内在价值(未来收益的现值)的波动。经验证据有:统计数据显示,美国股票的实际年收益率的标准差是 15.5%,而红利的实际增长率的标准差只有6%。美国股票市场中股票的市盈率常常会达到很高的水平。例如,1998 年标准普尔500 指数的平均市盈率达到 32 倍,而过去几十年中股票的平均市盈率只有 15 倍左右。对这种现象的一个标准解释是,投资者预期未来会有较高的现金收入或资本利得。然而,历史数据显示,平均来讲较高的市盈率并不伴随着较高的收益。

(3)预测能力之谜：指股票的未来收益率可以用基本面或技术面信息预测的现象不能由有效市场理论所解释。有效市场假说认为在有效市场中,股票价格变动没有任何规律,股票的未来收益是不能用已经公开的信息预测,投资者承担高风险是获取高收益的唯一来源。经验证据有:大量的经验结果显示,股票价格的波动存在一定的规律性,股票的未来收益率至少可以部分地被预测。已经被证实可以作为股票未来收益率的预测指标或变量包括:市盈率、市净率、公司盈利公告、红利政策变化和股票回购等。

2.市场交易中的异象

(1)交易动机与过度交易

传统金融理论认为:在理性交易者假设和市场预期均衡状态下,交易者都会持有一个由市场组合和无风险证券构成的投资组合,其持有的证券比例取决于交易者的风险承受能力。现代经典金融理论认为:Tirole(1982),Milgrom and Stockey(1982)证明了理性预期均衡状态下不会有交易发生。具有理性预期的交易者会认为交易对方愿意交易的原因在于他拥有比自己有优势的信息,自己处于不利的交易地位,所以不会与之发生交易。经验证据有:现实经验告诉我们,交易者之所以能够达成交易,其原因在于交易者对证券的未来收益和风险有不同的预期。统计数据显示,美国纽约证券交易所市场中一天成交 7 亿股,投资者的交易行为呈现出"非理性"的过度交易倾向。

(2)交易策略与交易倾向

买入决策：一些经验研究结果发现,投资者在买入证券时表现出一种交易极端行为,也就是说,投资者倾向于购买过去表现最好或最差的证券。卖出决策:奥丁(Odean,1998)的研究结果显示,一方面,投资者对亏损股票存在较强的惜售心理,不愿意承认损失;另一方面,投资者在盈利面前趋向回避风险,愿意过早地卖掉处于盈利状态的股票以锁定利润。投资者表现出售盈持亏的行为趋向,即处置效应(disposition effect)。这种行为动机不能用组合重组,减少交易成本和反转预期等理性的原因来解释。但是,奥丁发现出于避税考虑,美国股票投资者在 12 月卖出的亏损股票较多,处置效应在 12 月表现不明显。

(3)分散不足与随机分散

分散不足(insufficient diversification):是指投资者持有的证券数量很少,显著少于标准的投资组合理论所推荐的构成分散化投资组合的证券数量。经验证据显示,投资者有一种熟悉偏好(home bias),即投资者投资于自己熟悉的证券。随机分散(random diversification):又称为天真分散(naive diversification),是指投资者在构建投资组合时采用随机方式选择证券。马柯威茨分散是指根据证券之间的相关性,尽量选择相关性较低、不相关、甚至是负相关的证券构造组合。Benartzi and Thaler(2001)的实验研究发现,许多投资者采用平均化投资策略将自己的储蓄平均分散在每一个投资选择上,而不管这些选择是什么。贝纳茨和赛勒将投资选择分成三种情况:第一情况,在股票基金和债券基金之间作出选择;第二情况,在股票基金和平衡基金之间作出选择,其中平衡基金投资于股票和债券的投资比例各占50%;第三情况,在平衡基金和债券基金作出选择。统计结果发现,在每一种情况下,投资者都是几乎以50:50比例在两种基金中做出选择,说明投资者在做出投资选择时并没有特别的偏好。如果确实没有选择偏好,那么这将导致一个非常不同的有效选择。实际统计显示,三种情况下平均投资于股票的比例分别是54%,73%和35%。

3. 市场定价中的异象

(1)小公司效应(small firm effect):小公司效应也称规模效应(size effect)或规模溢价(size premium),是指投资于小市值公司股票所获得的收益远远大于投资于大市值公司股票的收益。Banz(1981)将在纽约证券交易所上市的股票按公司总市值的大小分成五组,发现市值最小的一组公司其股票的平均收益率要高出市值最大的一组公司的19.8%。Keim(1983)发现小公司效应主要集中在元月份,几乎50%的小公司效应都存在发生在元月。因此,将这种现象称为小公司元月效应(small firm-January effect),或规模元月效应(size-January effect)。对于"小公司元月效应"这种现象有许多种解释,其中主要有:忽略效果,β系数的误估计,纳税效果。然而,有意思的是持续了70年的小公司元月效应似乎在最近15年中消失了。

(2)市盈率效应:是指具有低市盈率的股票或投资组合的未来收益率往往能超过具有高市盈率的股票或投资组合的收益率,其表现要好于市场平均水平。经验证据:Basu(1983)为了单独考察市盈率效应,采用如下去掉小公司效应的方法:按公司市场价值的大小将25个公司分成五组,在每组中按市盈率的大小对公司进行排列,构造了五个投资组合。经过统计检验,结果发现具有最低市盈率的投资组合获得了最高的风险收益率,显示市盈率指标对未来收益率具有预测能力,与中强态有效性假设相矛盾。

(3)市净率效应:市净率是具有预测公司股票未来收益率的价值。经验证据有:市净率较高的公司与市净率较低的公司比较,其股票的收益率相对要低得多,而且前者的市场风险也要比后者高(Fama and French,1992)。这一现象在市场低迷、经济衰退的时候表现得尤为突出(Lakonishok, et al. ,1994)。Fama 和 French 的三因素模型:市场收益(MKT)、市值规模(SMB)和净值与市价比(HML)。

(4)意外盈余:标准化的意外盈余 SUE(standardized unexpected earnings),等于实际盈余减去预期盈余除以盈余估计的标准差。经验证据有:Rendleman, Jones and Latane(1982)研究了公司股票价格对公司每股季度盈余公告的反应,发现意外盈余对股票的未来收益具有预测能力。Bernard(1992)的研究发现,那些公司意外盈余为正值的股票在消息宣布之前也有相对较高的盈余,这与中强有效市场假设是相符的。意外的发现是,公司意外盈余高的股票在消息宣布之后的一段时间内给股票投资者的收益也相对较高。

有效市场理论是现代金融学的重要基石,理论与实证检验结合得也比较完美,已形成一套完整的体系,在20世纪80年代以前一直占据了金融学研究的中心地位。随着实证检验中上述一些金融市场的"异常现象"的出现,对有效市场理论的争论一直不断。主要的争论集中在理性人的假设上。因此,针对有效市场假设前提的不切实际,出现了行为金融学,解释了金融市场的"异常现象"。但一个理论或假说正确与否不在于其假设是不是符合实际,而在于它是不是经受住实证的检验,能不能正确地作出预测。金融市场的"异常现象"的出现还不能完全否定其正确性,而且在金融市场的"异常现象"发现之后,很多"异常现象"也随之消失了。因此,虽然不能把有效市场理论当作真理并以此来解释金融市场上的所有现象,但是,有效市场理论仍是金融理论研究进一步深化的出发点。

参考文献(略)。

金融危机颠覆"有效市场假说"[①]

一场金融海啸加上其余波引发的欧洲主权债务危机,除了为金融市场及实体经济带来了重大伤害外,不少传统经济学的殿堂级理论均受到冲击挑战。近期《华尔街日报》就金融危机引发经济学大反思这一题目,访问了几位著名的金融及经济学学者,当中"有效市场假说"(Efficient Market Hypothesis,EMH)的问题值得投资者关注。

人们曾经颇为肯定地相信"市场"会始终以高效、理智的方式健康地发挥作用,然而近年金融市场引发的危机,却大大粉碎了人们对"市场"的信心。

伦敦经济学院教授曼宁(Alan Manning)说,一直以来,经济学中一个非常有影响力的学派,坚信市场不会出错,即"有效市场假说",这一观点在全球经济长期繁荣的阶段获得了巨大的影响力。现在,钟摆又摆了回来。因为市场永远不会把事情弄得一团糟的观点显然看起来不那么可信。他说,现在人们研究的重心转向市场将会以何种方式出错,以及如何以最佳方式规范市场。

根据"有效市场假说",市场是有效的,有关资产信息都会反映到资产价格上,因此,其价格与其基本价值相符,任何投资者都不可能在市场上获得超额利润。"有效市场假说"认为,当金融市场的资产价格充分反映所有信息,市场必定是有效率的,而当有新的信息出现时,金融产品的价格是会快速高效调整的。

该假说还认为,理性的交易者能够正确评估证券的价值,如果还存在很多非理性交易者,那么一方面如果非理性交易者的非理性行为相互抵消,则对市场的有效性没有影响。另一方面,如果非理性交易者的非理性方向是相同的,这时候由于套利的存在,短期内的价格偏离很快也会得到纠正,从而使市场能够恢复效率。

然而,金融海啸之后,市场对"有效市场假说"的质疑铺天盖地。明显地,金融海啸前的价格偏离无法获得纠正。市场对此的解说颇多,而笔者以为,金融产品的过度创新乃假说失效的关键原因之一。原本随着信息科技的发展,信息的流通应更具效率,"有效市

---

① 原文刊登于2010年7月10日的《中国证券报》,作者梁家明。

场假设"理论应该更加获得肯定。然而,金融产品过度创新导致信息传递效率大降,金融产品被一层一层地打包出售,对投资者而言,这明显地影响了产品信息的传递,再加上人类行为中"贪婪"与"自私",各种以创新为名的会计及账目操作,各种不计后果的杠杆模式,最终导致这场百年一遇的金融灾难发生,并打破"有效市场假说"这一经济学上的殿堂级理论。

不过,正如英国剑桥大学 Judge 商学院宏观经济学讲师基特森(Michael Kitson)所说,经济学思想的最大转变通常发生于危机之后。看来,一如金融市场改革,经济学理论亦面临着翻天巨变的关键时刻。

五、参 考 答 案

(一)单项选择

1.B　2.A　3.A　4.A　5.A　6.D　7.B　8.B　9.A　10.B　11.C　12.C 13.C 14.A　15.A

(二)问题与论述

1.答:财富的边际效用递减。从得到 100 元中效用的增加小于失去 100 元中效用的减少。

2.答:两种风险:特定风险和系统风险。特定风险可以通过多元化降低。系统风险与整个经济环境和股市运行相关,不能被多元化降低。

3.答:通过分析财务报表及未来前景来决定公司价值。基本分析可以由自己完成,也可以由专业金融机构的分析师完成,也可以通过基金来管理间接完成。

4.答:文献中已有论述,从略。

5.答:道德风险和逆向选择。道德风险是那些投了保之后不再谨慎从事了。逆向选择是那些年老多病的人更愿意投保。

6.答:如果有效市场假说是正确的,随机行走将获得更大收益,因为基金管理者反而频繁交易和收取管理咨询费而降低净收益。

(三)计算题

1.解:

(1)中国需要 7～8 年翻一番。

(2)美国需要 23.3 年翻一番。

(3)美国届时的数据是 $46(1+3\%)^{40}=150.1$(千美元)

中国届时的数据是 $3.8(1+9\%)^{40}=119.4$(千美元)。

(4) $46(1+3\%)^{n}=3.8(1+9\%)^{n}$,$n=44$。

2.解:该资产现值$=50/(1+12\%)≈44.64$(万美元)。

3.解:提示:－200 表示第一年要投入 200 万,第二年末,可得收益 100 万,第三年末,可得收益 120 万,解答时要根据利率把未来收益折算成现值,看第二、第三年的现值总和是大于还是小于 200 万。

(1)现值的净收益 $=\dfrac{100}{(1+0.5)}+\dfrac{120}{(1+0.05)^{2}}-200=4.08$(万美元)

其值大于零,该项投资是可行的。

(2)净收益折现值＝未来收益折现值－投资成本

$$\frac{100}{(1+0.1)}+\frac{120}{(1+0.1)^2}-200=-9.92(万美元)$$

其值小于零,该项投资不可行。

4.解:

(1)第一年末净收益的现值是$\frac{280}{1+12\%}=250$(万元),第二年是$\frac{280}{(1+12\%)^2}=223.2$(万元),第三年是$30\%\times(1-100)+70\%\times(200)=110=199.3$(万元),第四年是$\frac{280}{(1+12\%)^4}=177.9$(万元),第五年是$\frac{280}{(1+12\%)^5}=158.9$(万元)。

(2)五年净收益折算的现值总和是1009.3万元,小于1100万元,不值得投资。

(3)五年净收益的折算的现值总和是:$\frac{280}{(1+7\%)^1}+\frac{280}{(1+7\%)^2}+\frac{280}{(1+7\%)^3}+\frac{280}{(1+7\%)^4}+\frac{280}{(1+7\%)^5}=1148$(万元),值得投资。

(4)利率下降,投资更多。

5.答:预期收益是$30\%\times(-100)+70\%\times(200)=110$(元)。如果是风险偏好者是选择要彩票,如果是风险厌恶者则是要确定的110元。

(四)辨析题

1.答:对。

2.答:对。

3.答:错。因为市场有效,股票被公正的评价,没有低估也不会有高估,购买低估的股票是不可能的。

4.答:错。这是逆向选择问题。

5.答:错。当收入增长率是1％的时候,才是70年翻一番。

6.答:错。年均GDP增长率是9.5％以上。

第六章

失业率与自然失业率

一、本 章 概 述

在第三章中,我们了解了生产要素是决定一国生产率和生产水平的重要影响因素。第四章中我们对资本这一要素的形成加以详细的介绍,储蓄和投资影响一国的资本存量,进而影响一国的长期经济增长。本章中我们对劳动力加以阐述,劳动力资源的充分利用也是提高一国人们生活水平的重要方法。

本章将详细介绍经济学家用来衡量劳动力市场状况的两个重要的经济指标:失业率和劳动力参工率。劳动力市场上长期中存在着失业现象。本章对失业产生的原因加以分析,以此说明为什么失业现象难以完全避免,并论述了政府政策在影响失业方面所起到的作用。

(一)劳动力市场的相关统计指标

成年人口(16 岁及以上)根据其就业状况可以分为三种类型。第一种为就业者,即从事有酬工作的人;第二种为失业者,即目前没有工作,但是正在寻找工作,或者等待开始新工作的人;第三种为非劳动力,指的是不属于以上两个范畴的人,包括所有的目前既没有工作又没有就业倾向的人。

根据以上分类,可以计算下列劳动力市场的重要衡量指标。

劳动力＝就业者＋失业者

失业率＝(失业者人数/劳动力)×100%

劳动力参工率＝(劳动力/成年人口)×100%

统计机构在实际操作中往往发现失业率难以统计和衡量。其原因主要包括以下三个:

第一,人们频繁地进入和退出劳动力市场。

第二,一些报告自己失业的人事实上并没有努力地寻找工作,目的是为了获取政府的经济帮助;另外还有一些事实上有工作的人也谎称自己失业,目的除了获取政府经济帮助之外,有时也是出于避税的动机。这两类人的行为导致失业率的统计数据偏高。

第三,一些报告为非劳动力的人实际上想工作,但在求职失败之后已放弃努力,这些人被称为丧失信心的工人,这部分人在统计中没有被计入劳动力的范畴,他们的行为导致失业率的统计数据偏低。

由于以上原因,失业率是衡量失业的一个有用的但不完善的指标。因此,各国的统计机构往往还要计算包括 U-1 到 U-6 在内的其他几种劳动力市场的衡量指标。

失业时间长短也是经济学家和决策者关心的一个指标。一个重要结论是:大多数失业是短期的,而在任何一个既定时间内所观察到的大多数失业又是长期的。经济中大多数失业问题是少数长期没有工作的工人所造成的。

(二)失业产生的原因

失业率围绕着波动的正常失业率被称为自然失业率。失业率对自然失业率的背离被称为周期性失业。我们将在本书的短期经济波动这一部分分析周期性失业产生的原因,本章我们只讨论自然失业率产生的原因,即为什么失业是市场经济的一个长期问题。概括起来说,长期中存在失业,主要是出于以下两大类原因:寻找工作和工资刚性。

第一类原因:寻找工作。寻找工作是工人与适当工作相匹配的过程。在工人的嗜好和技能既定时工人寻找适当工作需要时间,这就带来了失业。这类失业被称为摩擦性失业。由于经济总是在变动,部门移动(各行业各地区之间的需求构成变动)总在发生,这就导致摩擦性失业难以避免。摩擦性失业构成了长期中总存在失业的一类重要原因。

政府努力通过各种方式减少摩擦性失业或者降低摩擦性失业对人们带来的痛苦。然而政府的相关努力经常受到人们的批评。一方面,政府通过各类就业机构发布职位信息,或通过公共培训计划帮助人们转移到增长行业中,然而批评者认为,在匹配这件事上,市场更有效率。另一方面,政府通过失业保险,减轻失业者的痛苦。然而批评者认为,这一举措将会加大经济中的摩擦性失业。

第二类原因:工资刚性。工资由于某种原因高于能使劳动供求均衡的水平时,将使劳动的供给量大于劳动的需求量,这种类型的失业有时称为结构性失业。结构性失业是导致长期中存在失业的第二大类原因。导致工资高于均衡水平的原因可能有三个:最低工资法、工会和效率工资。

最低工资法是导致结构性失业的一个原因,当最低工资法迫使工资高于均衡水平时,将导致劳动供给量大于劳动需求量,从而带来失业。由于大多数工人的工资水平高于最低工资水平,不受最低工资的影响,因此最低工资法适合于解释不熟练工人和经验最少的工人,如青少年的失业的存在。

工会是一个就工资、津贴和工作条件与雇主进行谈判的工人协会。工会与企业就就业条件达成一致的过程称为集体谈判。当工会把工资水平提高到均衡水平以上时,它就增加了劳动供给量,减少了劳动需求量,引起了失业。工会成员的高工资往往是以非工会成员的低工资或者是失业作为代价。经济学家关于工会对整体经济的作用的看法并不一致。工会的批评者认为,工会引起了失业,并降低了其他部门的工资,由此引起的劳动配置既无效率又不公平。工会的支持者认为,工会是工人与雇用工人的企业市场势力抗衡所必需的,也有助于帮助企业保持一支乐观的富有生产效率的劳动力队伍。

效率工资是企业为了提高工人生产率而支付的高于均衡水平的工资。有四种理由可以帮助解释为什么高工资能带来高效率。第一种也是最简单的效率工资理论强调工资和工人健康之间的联系。高工资,能使工人更健康,从而更有效率。这一理论可用于解释欠发达国家的失业。第二种效率工资理论强调工资与工人流动率之间的关系。高工资,能降低流动率,减少企业的生产成本。第三种效率工资理论强调工资与工人素质之间的关系。高工资能吸引高素质的工人,从而提高整体劳动力的素质。第四种效率工资理论强调工资与工人努力程度之间的关系。高工资能激励工人不要逃避责任。

寻找工作、最低工资、工会和效率工资都在一定程度上有助于解释经济中为什么长期存在失业。自然失业率正是由于以上原因而长期存在。但是这并不等于说自然失业率就永远不会发生改变。由于信息革命导致寻找工作的过程发生改变,由于最低工资在不断调整,由于工会的势力范围不断变动,并且由于企业不断改变对效率工资的认识,经济中自然失业率随之发生改变。

二、本章重要名词和经济理论

(一)重要名词

自然失业率	周期性失业	就业者	失业者	非劳动力
劳动力	丧失信心的工人	劳动力参工率	失业率	摩擦性失业
结构性失业	寻找工作	部门转移	失业保险	工会
集体谈判	效率工资			

(二)重要经济理论

本章介绍了一个重要的经济理论:效率工资理论。

所谓效率工资,是指企业为了提高工人生产率而支付的高于均衡水平的工资。由于工资高于使劳动供给量与劳动需求量平衡的水平,将会导致失业。有四种理论可以解释为什么企业提高工人工资可以提高工人生产率。

第一种解释强调工资和工人健康之间的关系。工资高的工人因其饮食的营养更丰富,所以更健康更有生产率。这种效率工资理论较适用于发展中国家的企业。

第二种解释强调工资与工人流动率之间的关系。企业雇用并培训新工人是有成本的,而且即使是在经过培训之后新工人的生产率也不如有经验的工人。因此流动率高的企业往往生产成本也高。企业会发现,为减少工人的流动率而支付给工人高于均衡水平的工资是有利的。

第三种解释强调工资与工人努力程度之间的关系。工人的努力程度可以有某种相机抉择权。因此,企业要监视工人的努力程度,解雇那些玩忽职守的工人。但是直接抓住所有偷懒者的难度很大,因为对工人的监视成本高昂而又不完全。企业对这个问题的反应可以是支付高于均衡水平的工资。高工资使工人更渴望保住自己的工作,从而就激励了工人尽自己最大的努力。

第四种解释强调工资与工人素质之间的关系。当一个企业雇用新工人时,他无法完全断定申请者的素质。通过支付高工资,企业就吸引了素质更好的工人来申请这些工作。

三、复习题

(一)单项选择

1.引起周期性失业的原因是(　　)。

A.工资刚性 　　　　　　　　　B.总需求不足

C.经济中劳动力的正常流动 　　　D.经济结构的调整

2.由于经济萧条而形成的失业属于(　　)。

A.摩擦性失业 　　B.结构性失业 　　C.周期性失业 　　D.永久性失业

3.以下几类中,(　　)属于劳动力。

A.失业者

B.退休者、家庭生产者和全日制学生

C.在军队服役者、在监狱里服刑者以及精神病患者

D.都不是

4.假设你有工作能力却没有在最近四周里积极寻找工作并且认为自己根本找不到工作,你将被视为(　　)。

A.劳动力的一员 　B.失业者 　　　C.消极工人 　　D.就业者

5.在劳动统计数据资料里,如果把消极工人和兼职却希望全职者都视为失业者,产生的影响是(　　)。

A.因为他们已经是失业者了,所以失业率保持不变

B.失业率上升

C.失业率下降

D.以上都不对

6.工作创造和工作消亡在很大程度上是(　　)。

A.经济体系的一个重大缺点

B.一些活跃在市场体系中的参与者所期待的

C.经济的一个特点,因为总是有新的工作被创造,却很少有工作消亡

D.各国失业率居高不下的主要原因

7.失业率是指(　　)。

A.失业人口占劳动力的百分比 　　B.失业人数占人口总数的百分比

C.失业人数占就业人数的百分比 　　D.以上均正确

8.充分就业的含义是(　　)。

A.人人都有工作,没有失业者 　　　B.消灭了周期性失业的就业状态

C.消灭了自然失业时的就业状态 　　D.消灭了自愿失业时的就业状态

9.引起结构性失业的原因是(　　)。

A.工资刚性 　　　　　　　　　B.总需求不足

C.经济中劳动力的正常流动 　　　D.经济结构的调整

10.引起摩擦性失业的原因是(　　)。

A.最低工资法 　　　　　　　　B.效率工资

C. 经济中劳动力的正常流动　　　　D. 工会的存在

11. 当经济处于完全就业时,存在(　　)。

A. 周期性失业和结构性失业　　　　B. 摩擦性失业和结构性失业

C. 摩擦性失业和周期性失业　　　　D. 都不是,完全就业意味着不存在失业

12. 如果某人由于纺织行业不景气而失去工作,这种失业属于(　　)。

A. 摩擦性失业　　B. 结构性失业　　C. 周期性失业　　D. 永久性失业

13. 如果某人刚刚进入劳动力队伍尚未找到工作,这种失业属于(　　)。

A. 摩擦性失业　　B. 结构性失业　　C. 周期性失业　　D. 永久性失业

14. 由于劳动者自身素质较差而导致的失业属于(　　)。

A. 摩擦性失业　　　　　　　　　　B. 结构性失业

C. 需求不足型失业　　　　　　　　D. 自愿失业

15. 下列关于自然失业率的说法正确的是(　　)。

A. 自然失业率是历史上最低限度水平的失业率

B. 自然失业率与一国的经济效率之间关系密切

C. 自然失业率恒定不变

D. 自然失业率包含摩擦性失业

16. 以下几种情况中,(　　)不可能同时发生。

A. 结构性失业和成本推进的通货膨胀

B. 需求不足失业和需求拉上的通货膨胀

C. 摩擦性失业和需求拉上的通货膨胀

D. 失业和通货膨胀

17. 政府政策有助于降低摩擦性失业和结构性失业,但是也有可能导致其上升。下列政策中,(　　)会引起结构性或者是摩擦性失业的上升。

A. 通过支付失业保险来延长工人寻找工作的时间

B. 通过立法增加企业解雇员工的难度

C. 增加最低工资

D. 以上都是

18. 企业支付的高于市场水平的工资以激励工人发挥更大生产力的理论基础是(　　)。

A. 最低工资制　　　　　　　　　　B. 产品成本和利润的负担

C. 效率工资　　　　　　　　　　　D. 对工资级差的补偿

19. 经济中常态的失业水平是(　　)。

A. 摩擦性失业和结构性失业之和　　B. 充分就业率

C. 自然失业率　　　　　　　　　　D. 以上都是

20. 如果最低工资超过了市场工资,那么(　　)。

A. 劳动需求将大于供给　　　　　　B. 失业率将高于没有最低工资时的水平

C. 最低工资将导致低技能者短缺　　D. 以上都是

21.在经济运行中,(　　)具有普遍性。

A.经济衰退期和扩张期失业率都上升

B.经济衰退期和扩张期失业率都下降

C.经济衰退期失业率下降,扩张期失业率上升

D.经济衰退期失业率上升,扩张期失业率下降

22.随着工资水平的提高,劳动的供给量会(　　)。

A.一直增加　　　B.一直减少　　　C.先增加后减少　　D.先减少后增加

23.若一国 16 周岁以上的人口是 2.5 亿,工作人数是 2 亿,失业人数是 2000 万,则失业率是(　　)。

A.0%　　　　　　B.9%　　　　　　C.10%　　　　　　D.8%

24.以下几种因素中,(　　)最可能使自然失业率永久下降。

(1)直接税和间接税的削减;

(2)货币供给的增加;

(3)政府对劳动力重新培训的支出的增加。

A.1,2,3　　　　B.1,2　　　　　C.2,3　　　　　D.3

(二)问题与论述

1.关于自然失业率在长期中不会消失的四种解释。

2.解释企业通过提高其所支付的工资增加利润的四种方式。

3.劳动统计机构每个人划入哪三个范畴?它如何计算劳动力、失业率,以及劳动力参工率?

4.最低工资法能更好地解释青少年的失业,还是大学毕业生的失业?为什么?

5.工会如何影响自然失业率?

6.假设由于医疗水平的提高,人们推迟退休,继续工作至 65 岁,而不是 60 岁,它对劳动参与率有何影响?

7.某个城市总就业增加了 200 万人,但在同一时期,失业工人只减少了 50 万。如何使这两个数字相互一致呢?为什么可以认为被计算在失业者人数减少中的小于就业人数的增加呢?

8.用劳动市场图说明最低工资提高对工人所得到的工资、工人供给量、工人需求量和失业量的影响。

9.考虑有两个劳动市场,每个市场都没有工会的经济。现在假设在一个劳动市场上建立了工会。

(1)说明工会对有工会的市场的影响。在什么意义上说这个市场上就业的劳动量是无效率的量?

(2)说明工会对没有工会的市场的影响。这个市场的均衡工资会发生什么变动?

10.假设立法机构通过了要求雇主为雇员提供某种津贴(例如医疗保健)的法律,该法律使雇员的成本增加了每小时 4 元。

(1)这种对雇主的规定对劳动需求有什么影响?(在回答这个和以下问题时,如果你会的话就用定量分析。)

(2)如雇员对这种津贴的评价正好等于成本,这种对雇主的规定对劳动供给有什么影响?

(3)如果工资自由地使供求平衡,这种法律对工资和就业水平有什么影响?雇主的状况变好了,还是变坏了?雇员的状况变好了,还是变坏了?

(4)如果最低工资法阻碍工资使供求平衡,对雇主的规定对工资、就业水平和失业水平有什么影响?雇主的状况变好了,还是变坏了?雇员的状况变好了,还是变坏了?

(5)现在假设工人根本不认为所规定的津贴有价值。这种不同的假设会如何改变你对以上(2)、(3)和(4)的回答?

(三)计算题

1.假设某时期某镇有100万人口,其中成年人口是50万,成年人口中43万人有工作,2万人在寻工作,其他55万人没有工作也没有寻找工作。试求:(1)劳动力人数;(2)劳动力参与率;(3)官方统计的失业率。

2.劳动力供给方程为:$LS=100+2W/P$;劳动需求方程为:$LD=200-8W/P$。求解均衡状态下的实际工资和就业水平。假定劳动需求有所下降,其方程变为 $LD=190-8W/P$,问:均衡工资下降多少?就业减少多少?解释为什么工资下降的百分比数要比就业下降的百分比大?

3.如果失业率与GDP之间满足以下公式:$(Y-Y^*)/Y^*=-3(U-U^*)$,其中 U 是失业率,U^* 是自然失业率,Y 是GDP,Y^* 是潜在GDP,又假定 2017—2020 年的失业率分别为 5%、4%、5% 和 6%,

(1)当自然失业率 $U^*=6\%$ 时,求 2017—2020 年各年失业率所对应的GDP 缺口;

(2)比较四年中实际GDP 和潜在GDP 之间的关系;

(3)若 2020 年实际GDP 为 33 万亿人民币,计算 2020 年的潜在GDP 水平。

4.假设某国总人口数为3000万人,就业者为1500万人,失业者为500万人,则该国失业率是多少?

5.根据下述论述来计算失业率。假定有两个主要群体,成年人和儿童,成年人又分为男人和女人两部分,儿童人数是劳动力的10%,成年人占90%,成年人劳动力的35%由妇女组成。再假定这些群体各自的失业率分别如下:儿童:19%;男人:7%;妇女:6%。

(1)计算总失业率;

(2)如果儿童占劳动力的比例由10%上升到15%,情况又会怎样?这将如何影响总失业率?

6.根据下表所给资料,求该地区失业率。(计算结果保留小数点后两位)

受教育程度	就业人口/万人	失业人口/万人
小学及以下	80	4
初中	110	6
高中	120	8
高中以上	90	2

7.已知某国的情况如下:人口2500万,就业人数1000万,失业人数100万。求:

(1)该国的劳动力人数是多少?

(2)该国的失业率是多少?

(3)如果摩擦性失业和结构性失业人数为60万,自然失业率是多少?

(4)在实现了充分就业时,该国应该有多少人就业?在未实现充分就业时,该国的周期失业率为多少?

(四)辨析题

1.充分就业意味着失业率为零。(　　　)

2.无论在长期或短期中都存在的失业就是自然失业。(　　　)

3.有劳动能力的人都有工作做了,才是充分就业。(　　　)

4.失业率就是总人口中失业人数的比率。(　　　)

5.消极工人就是已经退出劳动力,根本不相信自己能找到工作的人。(　　　)

6.摩擦性失业与结构性失业相比,前者更严重。(　　　)

7.摩擦性失业和结构性失业,前者不可以消除,后者是完全可以消除的。(　　　)

8.周期性失业是经济紧缩时,企业因产品需求减少而裁员产生的。(　　　)

9.如果失业率下降,我们可以肯定更多的人有了工作。(　　　)

10.企业会自愿支付高于使工人供求平衡的水平的工资,因为高工资提高了求职者的平均素质。(　　　)

四、文献链接

大学生就业难[①]

近日在东部一些地区又出现了"民工荒"现象。与农民工短缺形成鲜明对比的是,大学生就业难却日益突出。为何会大学生比农民工还要难找到工作,甚至大学生失业率比农民工还高?这是个问题。

根据一般规律,就业能力取决于劳动者的受教育程度,受教育程度越高,就业能力就越强,反之则越弱。由此推论,大学生的就业情况应该比农民工要好,失业率也要比农民工低。但现实却跟我们的思维逻辑开了一个大玩笑。

根据人口抽样资料,我们计算了青年失业率。2005年,全国16～24岁青年劳动力失业率为7.0%,其中城市青年失业率为10.6%,农村青年为4.2%,前者是后者的两倍以上。

大学生是青年劳动力的主体,他们的就业状况同样堪忧。据人力资源和社会保障部公布的数据显示,2009年我国高校毕业生就业率仅为87%。也就是说,有大约13%的大学生处于失业状态。而2010年大学生毕业人数将达到创纪录的630多万,大学生"过剩"问题将更加突出。

---

①　原文刊登于2010年1月15日的《上海证券报》,作者李长安。

而即使是在城镇失业人群内部，大学生的就业优势似乎也不显著。比如在 2008 年全部城镇失业人员中，有 16.8% 的失业者是大学及以上学历的劳动者，这个比例几乎比小学及以下的失业者（占 6.7%）高出 10 多个百分点。

由此看来，一向被认为是"高素质"代表的大学生群体，他们面临的失业风险要远大于农民工群体。结果，我们只看见各地纷纷出现的"民工荒"，却未曾听说过哪里闹"大学生荒"，反倒是大学生就业难的消息满天飞。

到底是什么原因使得大学生就业陷入这种尴尬境地？探究其根源，首先要剖析的是不合理的教育体制。我国的高等教育从 20 世纪 90 年代末期开始摆脱精英教育的束缚，步入了大众化发展阶段，却未抛弃片面强调学历教育、文凭至上的观念，这就使得注重技能、强调实用的职业教育严重滞后。

而尽管民办高校是职业教育的主力军，但教育资源在不同性质的高校之间分配难言公允。重视不够、资金短缺、师资不足等问题，成了职业教育发展的掣肘。不仅如此，民办高校面临的风险要大大高于公办高校。其结果，经济社会发展需要的技能型人才不足，在劳动力市场上供不应求。

据"中国劳动力市场信息网"监测中心对全国 93 个城市的劳动力市场职业供求信息进行的统计分析，即使是在劳动力市场明显受到金融危机冲击的 2008 年第四季度，各技术等级的求人倍率职位空缺数与求职者数之比均大于 1，劳动力需求仍大于供给。其中高级技师、技师和高级工程师的求人倍率较大，分别为 1.94、1.81 和 1.57。

其次，现行的经济社会结构更有利于农民工这样的低端劳动力群体就业，但却限制了大学生就业岗位的扩大。这里面包括两方面的问题：一是所有制结构的优化。大学生倾向于到工资福利待遇较好、工作较稳定的国有企业就业。但随着国有企业改革重组力度的加大，国有企业自身的就业容量日益缩小；而民营企业却有了长足发展，不过由于制度不规范或劳动条件艰苦，反倒成了以流动就业为主的农民工的最大就业场所。二是第三产业中高端服务业发展缓慢，不少大学生倾心的岗位如公共服务业中的公务员容量有限，而低端服务业却发展迅猛，吸纳了大量的农民工就业。

此外，大学生就业成本也大大高于农民工，这也是导致大学生"高不成低不就"的重要原因。由于大学生的教育成本和工作搜寻成本较高，因而具有比农民工更高的薪酬期望，这就使得大学生工作搜寻的时间比农民工要长。相比之下，农民工的工作搜寻和转换成本要低得多，在大量低端劳动力岗位存在的情况下，很容易在短时间实现就业。

因此，要改变大学生比农民工失业率还要高，找工作更难的局面，需要彻底改变现行的教育体制，以扩大就业为导向，实现教育资源的合理分配。加大经济社会结构的调整力度，使经济社会结构与劳动力结构相匹配，减少结构性失业和摩擦性失业。

而更为重要的是，必须尽快打破劳动力市场的制度性分割，降低劳动力流动的成本，统筹城乡劳动力市场。只有这样，才能跳出大学生就业难的"陷阱"，实现大学生和农民工就业的同时扩大、和谐发展的目的。

美国失业率"被降低"的真相①

12月4日美国劳工部发布了《11月份就业报告》,显示美国失业率重新下降到10%,非农业就业人口减少只有1.1万人,大出市场意料,也成为近日美元反弹的重要理由。但认真分析美国就业数据体系就会发现,美国真实就业情况并没有这么乐观。

真相一:高低技能岗位减增

在之前的三个月,美国非农就业人口平均每月减少13.5万人,特别在今年1、2月份,当时非农就业人口曾减少74.1万人。相对之下,11月份只减少1.1万人确实振奋人心。但从《11月份就业报告》的分项数据来看,建筑业、制造业和信息产业等行业的就业情况有所恶化,服务业和医疗行业的临聘人口则大幅增加,这综合使得11月份的就业数据有所改观。

其中,11月份制造业以及建筑业共损失6.8万个工作岗位,而服务业却增加了5.8万个岗位,显然很多原来就职于需要较高技能的制造业和建筑业工人,在技能要求较低的服务业找到了工作。由此可见,11月份非农业就业人口数据改善的最主要原因就是服务业临时性工作岗位的增加。

现在正值美国圣诞销售旺季,这对于美国企业非常重要,销售量约为全年销售总量的40%。每年这个时候,服务性行业都会聘请很多临时性岗位,有很强的季节性因素。

真相二:失业率"被降低"

11月份美国失业率下降0.2%,至10%。但问题的关键,是数字的背后。就业报告的详细分类数据,很好地解释了失业率为什么会下降。

按道理说,11月份美国损失了1.1万个工作岗位,如果分母不变,失业率肯定会升高。或者说,如果分母保持不变,失业率减少0.2%,需要美国增加10万个工作岗位,才能达到。

失业率=失业人口/劳动力人口,真相在于分母的变化。要知道,美国失业率的计算,分母是"劳动力人口",而不是"整体人口",在这之外还有一个"非劳动力人口"。

真相就在这里。从美国就业报告详细数据可以发现,美国城市劳动力人口在11月份大幅减少9.8万人,而非劳动力人口迅速增加了29.1万人。

为什么美国的劳动力人口会在一个月之内减少近十万人呢?这跟美国的统计方法很有关系,按照设定,没有"积极"求职行为的人,将会被统计部门从劳动力人口中剔除。如此一来,除了新就业人数之外,美国还有9.8万人退出失业大军,也退出劳动力大军,这就是失业率降低0.2%的主要原因。

可以再做一个简单的算术题,失业率=失业人口/劳动力人口,当分子小于分母的情况下,分子与分母同时减去同一个数字,这时候比率下降了,于是美国的失业率就这样"被降低"了。

---

① 原文刊登于2009年12月24日的《第一财经日报》,作者冯亮。

真相三：广义失业率达到22%

问题还不只是此，美国统计失业率的口径问题同样值得关注。一般来说，市场主流认识到的美国失业率是按照美国官方划分体系里的"U-3失业率"，而如果按照美国官方部门统计的最广义失业率U-6来看，现在这个数字为17.2%。

根据U-6的定义，其中包括临时性的工作岗位，还有所谓的"marginally attach to work"的人群，这些人群曾经在过去的12个月找过工作，但是在调查前4周未有求职行为。很明显，U-6比U-3更能客观真实地反映美国现在的就业情况。

但是还有人认为，即便是U-6统计口径，美国官方也是在粉饰太平，如果将"discouraged workers"，也就是长期失业人口也考虑在内，在美国这部分并未算作劳动力，看到美国现在的失业率应该是22%。

我们不得不谈谈一个指标——劳动力参与率，即劳动力人口与相同年龄阶段总人口的比率。11月份，美国的劳动力参与率维持在65%的水平，另外，就业人数/总人口比率继续下跌至58.5%。

对于典型的经济复苏，劳动力参与率应该是上升的，而不是下降。于是我们很惊奇地发现，就业环境出现好转的初期，劳动率参与率上升，失业率上升。很可惜，现在美国的情况是劳动力参与率不断下降，失业率也下降。

笔者认为，劳动力参与率这个指标是衡量美国就业状况的最先行指标。

真相四：未来三年美国失业率都不会低于8.5%

美国未来的就业状况到底会怎样？这个问题很复杂，这里我们不做全面分析。但是有一个事实值得我们关注，自从2007年以来，美国共损失了720万个工作岗位，大约占总劳动力的5.2%，如果考虑到年率修订，会使这个数字增加到800万。

失去800万个工作岗位，将是二战以来美国历次经济衰退中，就业形势最为严峻的一次。

如果美国想要在未来3年中恢复这次危机中丧失的工作岗位，未来36个月中每个月至少需要增加20万个职位。但实际上，在2004年1月—2007年1月的经济扩张期那段美好时光中，每个月平均增加的职位也不过18.8万个。

假设未来3年，平均每个月有15万个新增就业人口，美国以每个月20万个职位速度迅速复苏。即便如此，未来3年美国的失业率都不会低于8.5%。但这个预期显然太乐观了。

五、参考答案

(一)单项选择

1.B　2.C　3.A　4.C　5.B　6.B　7.A　8.B　9.A　10.C　11.B　12.A　13.A　14.A　15.D　16.B　17.D　18.C　19.D　20.B　21.D　22.C　23.B　24.D

(二)问题与论述

1.答：(1)寻找工作　(2)最低工资法　(3)组成工会　(4)效率工资

2.答：(1)工人的健康。高工资可以使其饮食营养更加丰富，所以更健康，更具生产力。

（2）工人的流动率。因为工资较高，所以工人更加愿意留下来任职。因此可以减少工人的流动率，降低培训的成本。

（3）工人的努力程度。由于工资较高，所以供大于求，工人为了保持住自己的工作而更加努力工作。

（4）工人素质。由于工资较高，供大于求，所以工厂可以找到相对素质较高的工人。

3.答：劳动统计机构把每个人划入三类范畴：就业者、失业者和非劳动力人口。

劳动力＝就业者人数＋失业者人数

失业率＝失业者人数/劳动力×100％

劳动力参工率＝劳动力/成年人口×100％。

4.答：最低工资法能更好地解释青少年的失业。由于绝大多数大学毕业生的工资高于最低工资水平，因而最低工资法并不是大学毕业生失业的主要原因。最低工资法通常主要是限制了劳动力中最不熟练工人和经验最少的工人，如青少年，因为青少年的均衡工资通常低于最低工资。结果雇主就会减少对青少年劳动力的需求，青少年失业增加。

5.答：当工会与企业进行集体谈判把工资提高至均衡水平之上时，它就增加了劳动供给量，并减少了劳动需求量，引起了失业。那些仍然就业的工人状况变好了，但那些以前有工作而在较高工资时失业的工人状况变坏了。实际上，工会的行为增加了自然失业率。

6.答：由于工人工作年限增长，这将同时增加劳动年龄人口和劳动力，并且数量相同，这一变动将导致劳动参与率增加。

7.答：当总就业增加了200万人时，其中既包括原来是失业者的人现在重新找到了工作，变成了就业者，也包括原来属于非劳动人口的人现在加入就业者队伍，增加了社会的就业总规模。如果总就业增加了200万人，失业工人只减少了50万人，那么就有150万非劳动力人口现在成为就业者。

8.答：

当最低工资法迫使工资高于使供求平衡的水平时，与均衡水平相比，它就增加了劳动供给量而减少劳动需求量，存在过剩的劳动供给（见图6-1）。由于愿意工作的工人多于工作岗位，有一些工人成为失业者。

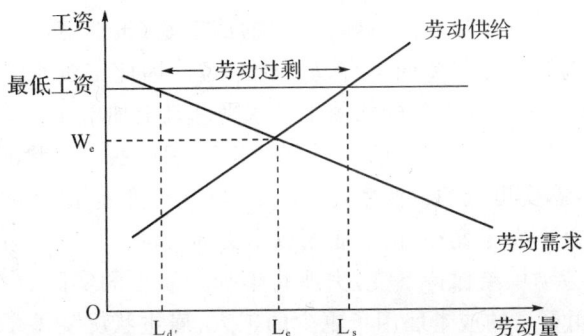

图6-1　最低工资提高后导致的失业

9.答：

(1)在有工会的劳动市场上,工会与企业就就业条件进行集体谈判,当工会与企业进行谈判时,它提出的工资、津贴和工作条件会比没有工会时企业提出的高,如果工会没有与企业达成协议,工会就会组织工会罢工进行威胁。面临罢工威胁的企业可能同意支付比没有工会时更高的工资,但是企业会减少劳动需求量,从而引起了失业。那些仍然就业的工人状况变好转,但那些以前有工作而在较高工资时失业的工人状况变坏了。因此有工会的劳动市场上就业的劳动量是无效率的量。

(2)当提高了有工会的劳动市场的工资时,没有工会的劳动市场的劳动供给就会增加,而这种劳动供给的增加又降低了没有工会的劳动市场的工人的均衡工资。

10.答:

(1)因为该法律使每一个雇员的成本增加了每小时4元,因此雇主会减少对劳动的需求,劳动需求曲线将向下垂直移动4个单位。

(2)如雇员对这种津贴的评价正好等于成本,劳动供给将增加,劳动供给曲线将向下垂直移动4个单位。

(3)如果工资自由地使供求平衡,这种法律会导致均衡工资水平下降4元,就业水平不发生改变。由于雇主在均衡工资基础上还需要支付价值4元的津贴,因此,雇主用相等的实际成本雇用了相同数量的工人,雇主的状况并没有发生改变。同理,由于雇员对该津贴的评价等于4元,因此雇员接受了事实上相等的实际收入且提供了同样大小的劳动量,雇员的状况因而也就没有发生改变。

(4)如果最低工资法阻碍工资使供求平衡,工资将维持在最低工资水平处保持不变,但是由于雇主的成本除了工资还得加上4元的津贴,因此雇用成本提高,劳动需求减少,就业水平因而也将下降,同时由于工人的实际收入也应在最低工资水平上加上4元的津贴,因而劳动收入提高,劳动供给增加。一方面劳动需求减少,另一方面,劳动供给增加,因此失业水平将增加。

对雇主而言,他用更高的成本雇用了更少的工人,因而雇主状态变差了。对雇员而言,要区分两种情况,此时仍然就业的工人由于实际收入提高了,因而状况变好了;此时由于劳动需求减少而失业的工人,他们的状况变差了。

(5)如果工人根本不认为所规定的津贴有价值,那么工人不会因为这个规定增加劳动供给,(2)的回答是:劳动供给不受影响。(3)的回答是:虽然劳动供给不变,但是由于雇用成本提高了,劳动需求曲线将向下移动4个单位。因此工资水平将下降,就业水平将减少。雇主此时的总成本要在新的均衡工资水平基础上加上4元的津贴,将大于最初的均衡水平,即雇主用更高的成本雇用了更少的工人,因此雇主的状况变差了;而雇员接受了更低的工资却得忍受更低的就业率,因而雇员状况也变差了。(4)的回答是:最低工资法条件下,工资水平不发生变动,由于雇用成本提高劳动需求减少,因而劳动需求量和就业水平都将下降,劳动供给保持不变,失业将增加。雇主的实际成本为最低工资加上4元的津贴,即雇主用更高的成本雇用了更少的工人,雇主状况变差了;雇员的状况要分两种情况考虑:一类仍然就业的雇员,由于仍接受同样大小的工资——最低工资,因此他们的状况不变;另一类雇员由于劳动需求减少而失业,他们的状况变差了。

（三）计算题

1.解：

(1)43＋2＝45(万)。

(2)45/50＝90％。

(3)2/45＝4.4％。

2.解：根据劳动供给方程和劳动需求方程可得：实际工资 W/P＝10，均衡就业＝120。

当劳动需求下降时，根据劳动供给方程和新的劳动需求方程可得：实际工资 W/P＝9，均衡就业＝118。

实际工资下降了10％，均衡就业下降了1.67％。在最初均衡点处，劳动供给的价格弹性为2×10/120＝0.167＜1，说明劳动供给缺乏弹性，因此就业量变动的百分比要小于工资变动的百分比。

3.解：

(1)2017 年：$(Y_{07}-Y^*)/Y^*＝-3(5％-6％)＝3％$

2018 年：$(Y_{08}-Y^*)/Y^*＝-3(4％-6％)＝6％$

2019 年：$(Y_{09}-Y^*)/Y^*＝-3(5％-6％)＝3％$

2020 年：$(Y_{10}-Y^*)/Y^*＝-3(6％-6％)＝0$。

(2)2017—2019 年实际 GDP 高于潜在 GDP，2020 年实际 GDP 等于潜在 GDP。

(3)Y^* 为 33 万亿人民币。

4.解：劳动者总人数 2000 万，则失业率为 500/2000＝25％。

5.解：

(1)设成年劳动力有 N 人，则其中男成年劳动力有 N×(1-0.35)，女成年劳动力有 N×0.35人，男成年劳动力中有 N×(1-0.35)×0.07 人失业，女成年劳动力中有 N×0.35×0.06 人失业，因此失业率＝{[N×(1-0.35)×0.07＋N×0.35×0.06]/N}×100％＝6.65％。

(2)根据失业率的定义，失业率统计的是劳动人口中失业者占总的劳动人口中的比例，儿童人口增加并不改变失业率，因此儿童占劳动力的比例由 10％上升到 15％，虽然劳动人口比重减少，但是总的失业率并不改变。

6.解：失业率＝(4＋6＋8＋2)/(80＋110＋120＋90＋4＋6＋8＋2)×100％＝4.76％。

7.解：

(1)劳动力是 1100(万人)。

(2)失业率是 100/1100×100％＝9.09％。

(3)自然失业率＝60/1100×100％＝5.45％。

(4)充分就业时就业人口应有 1100-60＝1040(万人)，周期性失业率＝9.09％-5.45％＝3.64％。

（四）辨析题

1.答：错。失业率等于自然失业率时就可谓充分就业。

2. 答:错。长期中都存在的失业是自然失业。短期中的失业可能是自然失业与周期性失业的叠加。

3. 答:错。处于自然失业率状态的经济就是充分就业。

4. 答:错。失业率是失业人口与劳动力的比例。

5. 答:对。

6. 答:错。摩擦性失业是无法清除的,不可避免。而结构性失业是工资高于均衡工资导致的劳动市场供过于求,应该予以重点关注和努力降低。

7. 答:错。结构性失业完全清除也是几乎不可能的,比如企业自主实施效率工资。

8. 答:对。

9. 答:错。当失业工人离开劳动力队伍时,失业率下降。

10. 答:对。

第七章

货币制度

一、本章概述

货币,英文中的 money,初看可翻译成中文的"钱",但货币和中文语境里的钱是不一样的。我们先看货币的本质。经济生活中少不了货币。货币为什么作为一种制度安排存在于我们的社会?如果没有货币作为中间媒介,人们之间的交易方式可以归为物物交换,商品 1——商品 2,但是这种交易方式交易成本巨大,拥有商品 1 的交易者想获得商品 2,必须找到一个有商品 2 而且恰巧需要商品 1 的交易对象,这样的搜寻和交易成本巨大,限制了交易,进而限制了生产。如果拥有商品 1 的交易者先换成其他交易者都愿意拥有的一种特殊商品,将有助于交易,这种商品就是货币。货币是经济中人们经常用于向其他人购买物品和劳务的一组资产。所以货币不仅仅只有现金——钱,这样一种唯一的形式,只要能经常购买商品的其他资产都可以称为货币,比如刷卡购物,这时的银行卡背后的银行存款就是一种货币。注意,信用卡一般不被认为是货币,尽管信用卡看上去也是能够购物。主要原因是信用卡并不是一种支付方式,而是一种延期支付方式,将来的某一个时候必须用活期存款账户的钱或者现金去归还,其实支付购物的是现金或者活期存款里的钱。再次重申,货币除了包括日常生活里讲到的现金——钱之外,还有银行存款。

中央银行是政府的银行、银行的银行和发行货币的银行。中央银行作为货币供给的控制者,决定货币供给量。央行改变货币供给量的方法,除了发行货币——印钞之外,通过改变商业银行存款准备金率作为改变货币供给量的方式。首先,因为货币包括了活期存款账户的钱,所以银行的行为也会影响经济中的活期存款量。因为商业银行实行部分存款准备金制度,在吸收了存款之后,扣除要留存准备金以备储户支取之外,大部分要以贷款的形式发放出去,而且接受贷款的人如果支付了货款,那么接受这笔钱的人继续在银行存款,又成为第二笔银行存款,即新增货币,然后银行接受这笔存款,除了留存部分准备金之外,又要发放贷款,又成为第三笔存款……,货币量随之放大。控制了准备金率也就控制了经济中的货币总量。除此之外,中央银行还可以公开市场业务,买卖金融债券等标的物,改变经济中的货币量。公开市场业务因为可以频繁操作,微调经济,所以是最常见的货币供给控制工具。另外,改变再贴现率也是控制商业银行贷款规模,进而改变经济中的货币量。

（一）货币的定义、职能和范畴

货币是一组经常用于购买物品和劳务的资产。货币作为交易媒介是因为货币是买者向卖者购买物品与劳务时最广泛接受的资产。货币是人们用来表示价格和记录债务的标准，具备计价单位的职能。当人们可以用来把现在的购买力转变为将来的购买力时，储藏货币的目的也就达到了。当然，你要储藏的货币币种必须是那些不会发生贬值的货币，否则越储藏，价值和购买力越小。储藏的同时，还要考虑流动性问题，资产可以兑换为经济中交易媒介的容易程度。

货币的种类包括两种基本类型——商品货币和法定货币。商品货币是指本身含有内在价值的，例如黄金、白银等历史上曾经作为货币的一类；目前，经济中使用的货币是法定货币，本身没有价值，但是政府法令规定具有购买力和偿付债务能力的一种类型。

我国经济中的货币按照需要可以包括这三类范畴，分别是 M_0、M_1 和 M_2。人们一般根据流动性的大小，将货币供应量划分不同的层次加以测量、分析和调控。实践中，各国对 M_0、M_1 和 M_2 的定义不尽相同，但都是根据流动性的大小来划分的，M_0 的流动性最强，M_1 次之，M_2 的流动性最差。

我国现阶段也是将货币供应量划分为三个层次，其含义分别是：

M_0：流通中现金，即在银行体系以外流通的现金，包括纸币和铸币；

M_1：狭义货币供应量，即 M_0＋企事业单位活期存款；

M_2：广义货币供应量，即 M_1＋企事业单位定期存款＋居民储蓄存款。

在这三个层次中，M_0 是最活跃的货币，M_1 反映居民和企业资金松紧变化，是经济周期波动的先行指标，流动性仅次于 M_0；M_2 流动性偏弱，被用来反映社会总需求的变化和未来通货膨胀的压力状况，通常所说的货币供应量，主要指 M_2。需要说明的是不同国家的统计指标有些差别。曼昆教材中介绍的美国的货币指标体系中，没有 M_0，因为该国信用体系发达，公司和个人都能够签发支票方便购物和偿还债务，几乎做到与现金的相同使用范围。美国 M_1 包括现金、活期存款、旅行支票和其他支票存款。M_2 包括了 M_1 之外，还有小额定期存款，货币市场共同基金等。

为了方便起见，记住，货币是既包括现金，也包括银行存款。

（二）商业银行、部分存款准备金和中央银行货币供给

假设经济中没有商业银行，这时的货币是以现金的形式存在，如果有 1 万元的现金，就有 1 万元的货币。假设经济中的商业银行，按照百分之百的准备金率，把吸收的这 1 万元钱的储蓄按照存款的形式全部存在银行库房，没有任何的贷款发放出去。此时的货币就是银行存款形式存在的货币 1 万元，经济中也没有现金形式的货币了。

商业银行是以盈利为目的的企业，之所以吸收存款是要把存款以高于存款利率的价格贷出，赚的是存贷利差。所以银行不可能把所有的钱搁在手里，等储户来取钱。但也要预留一部分以防提取。这就是银行的部分准备金制度。国家规定的法定准备金率记为 r，也就是银行的准备金率不得低于这个数。

那么还是假设甲存入 A 银行 10000 元，法定准备金率是 20％，则银行 A 留下 2000 元作准备金，将 8000 元贷出给乙。乙没有任何现金提取和漏出，将这 8000 元存入银行 B，银行 B 将 1600 元留做准备金，贷出 6400 元给丙。丙还是没有漏出，继续存款，如此循

环下去,银行中的存款就多倍的被创造。一共是 $10000+8000+6400+\cdots=\dfrac{10000}{1-80\%}=$ 50000(元)。现在银行体系中,吸收的所有存款,即货币为 5 万元。我们将甲最早拥有的现金称为原生现金,存入的这一笔 1 万元称为原生存款。这样,1 万元的原生现金(存款)变为经济中最后的存款总量 5 万,发生了货币数倍增加。而且发现,每一笔存款,银行都要收取 20% 作为存款准备金,这样货币存款与准备金量之比是 1:20%,所以经济中的总货币量是银行体系所有准备金总额的 5 倍,这个 5 倍就是货币乘数,是法定准备金率的倒数。

当然银行的信誉不同,面临的提款的压力也不同,而且对贷款的风险认定也不同,所以部分银行还要多放在手里一些钱,这些超出的货币和银行总资产之比就是超额准备金率,记为 e,那么显然货币被创造的总数就变成 $\dfrac{10000}{20\%+e}$。另外,因为人们不可能把所有的现金存入,而要留下部分现金,我们称留下的现金和存款之比为 c 的话,也称为现金漏损率,除分子变化外,分母上再要加一个 c,总的货币量为 $\dfrac{10000(1+c)}{20\%+e+c}$。

有兴趣的同学,可以进一步扩展这个货币乘数模型:引入基础货币的概念。所谓基础货币就是流通中的现金加上银行里的准备金,记为 C+R。货币供给 M 就是流通中的现金加上银行里的存款记为 C+D,那么货币乘数定义为货币供给比基础货币记为 m,则 $m=\dfrac{C+D}{C+R}$,这里 $R=D\cdot r+D\cdot e$,又因为 $\dfrac{C}{D}=c$(现金漏损率),则 $m=\dfrac{1+c}{r+e+c}$。由此推出考虑了现金漏出和超额准备金的货币乘数。中央银行为控制货币供给,而在公开的市场上采取业务操作来调整基础货币,从而控制货币供给。也可以调整法定存款准备金率来调整货币乘数。

（三）中央银行控制货币的其他工具

公开市场业务是指中央银行通过买进或卖出有价证券,主要是国债和银行间承兑汇票,吞吐基础货币,调节货币供应量的活动。与一般金融机构所从事的证券买卖不同,中央银行买卖证券的目的不是为了盈利,而是为了调节货币供应量。根据经济形势的发展,当中央银行认为需要收缩银根时,便卖出证券,相应地收回一部分基础货币,减少金融机构可用资金的数量;相反,当中央银行认为需要放松银根时,便买进证券,扩大基础货币供应,直接增加金融机构可用资金的数量。中国人民银行公开市场业务起步于 1994 年的外汇市场操作。1994 年,外汇管理体制进行了重大改革,实行了银行结售汇制度,建立了银行间外汇市场,实现了人民币汇率并轨。为了保持人民币汇率的基本稳定,中国人民银行每天都要在外汇市场上买卖外汇。1996 年 4 月,中国人民银行又开办买卖国债的公开市场业务。比如,在 2000 年中国人民银行通过公开市场业务投放的基础货币为 1804 亿元,占当年中国人民银行新增基础货币的 63%。公开市场业务已发展成为我国中央银行的主要货币政策工具之一。

法定准备金率的调整是中央银行控制货币时考虑使用的工具。存款准备金最初来源于保证商业银行对客户提款进行支付,之后逐渐具备清算资金的功能,后来发展成为货币政策工具。近 20 年来,在部分国家,如英国、加拿大,出现存款准备金率为零、存款准备金制度弱化的现象;但是在其他国家,如美国、日本、欧元区国家和众多发展中国家,存款准备金制度仍然是一项基本的货币政策制度,在货币信贷数量控制、货币市场流动性和利率调节,以及促进金融机构稳健经营、限制货币替代和资本流出入等方面发挥着重要作用。存款准备金由货币政策调控工具转变为调控基础。存款准备金作为一种货币政策工具存在局限性:一是准备金率调整对金融机构经营震动较大,准备金率变化需要银行重新调整资产组合,但是金融机构在短时间内难以完成,如果市场发育不完善,超额准备金在金融机构间分配不平衡时,这种震动会更大;二是较高的准备金率会降低金融机构通过市场渠道运用资金的比例,并且,如果法定准备金调整频繁,银行会倾向保持较高超额准备金,进一步降低可用资金比例;三是由于多数国家对准备金存款不付息,容易引发金融机构及市场融资同行逃避金融监管的现象,甚至形成脱媒。

贴现率的调整。这里所说的贴现率,有时候被称为再贴现率,是相对于商业银行给企业持有商业票据融资时获取的贴现利息来说的。贴现率是指将未来支付改变为现值所使用的利率,或指持票人以没有到期的票据向银行要求兑现,银行将利息先行扣除所使用的利率。再贴现率,是各成员商业银行将已贴现过的票据作担保,作为向中央银行借款时所支付的利息。贴现率政策是西方国家的主要货币政策。中央银行通过变动贴现率来调节货币供给量和利息率,从而促使经济扩张或收缩。当需要控制通货膨胀时,中央银行提高贴现率,这样,商业银行就会减少向中央银行的借款,商业银行的准备金就会减少,而商业银行的利息将得到提高,从而导致货币供给量减少。当经济萧条时,银行就会增加向中央银行的借款,从而准备金提高,利息率下降,扩大了货币供给量,由此起到稳定经济的作用。但如果银行已经拥有可供贷款的充足的储备金,则降低贴现率对刺激放款和投资也许不太有效。中央银行的再贴现率确定了商业银行贷款利息的下限。

二、本章重要名词

法定准备金率	货币	法定货币	商品货币	贴现率
超额准备金	物物交换	交换媒介	计价单位	流动性
中央银行	公开市场业务	准备金		

三、复习题

(一)单项选择

1. 在我国,下列(　　)是 M_2 的一部分,但不是 M_1 的一部分。

A. 现金　　　　　B. 储蓄存款　　C. 企事业单位活期存款　D. 其他支票存款

2. 当你去书店购买这个学期所用的辅导书时,你将货币作为(　　)使用。

A. 交换媒介　　B. 计量单位　　　C. 价值储藏　　　D. 物物交换的工具

3. 货币中性是指货币的变动(　　)。

A. 只影响实际变量而不影响名义变量

B. 只影响名义变量而不影响实际变量

C. 同时影响实际变量和名义变量

D. 既不影响实际变量也不影响名义变量

4. 公开市场活动是指( )。

A. 商业银行的市场活动

B. 中央银行增加或减少对商业银行的贷款

C. 中央银行在金融市场上买进或卖出有价证券

D. 银行创造货币的机制

5. 通货是指( )。

A. 纸币和商业银行的活期存款　　B. 纸币和商业银行的储蓄存款

C. 纸币和铸币　　　　　　　　　　D. 所有的银行储蓄存款

6. 在下列选项中,公开市场业务是通过( )来影响货币供给的。

A. 对商业银行向中央银行借款所要支付的利率的影响

B. 商业银行法定准备金率的改变

C. 短期国库券利率的改变

D. 其对银行体系储蓄量的影响

7. 中央银行最常用的货币政策工具是( )。

A. 法定存款准备金率　　　　　　B. 公开市场业务

C. 再贴现率　　　　　　　　　　D. 道义劝告

8. 如果中央银行在公开市场上购买债券,则( )。

A. 商业银行的准备金将会增加　　B. 货币供给量会增加一个相同的量

C. 货币的需求将会下降　　　　　D. 利息率将会上升

9. 在我国,货币供给量 M_1 被定义为( )。

A. 公众持有的现金和可以开支票的活期存款

B. 公众持有的现金

C. 公众持有的现金和银行储备

D. 公众持有的现金和银行贷款

10. 在一个法定准备金率为 100% 的银行系统里,如果某商业银行接到 500 亿美元的新存款,则( )。

A. 银行资产增加 500 亿美元　　　B. 银行负债增加 500 亿美元

C. 银行贷款规模保持不变　　　　D. 以上都正确

11. 下列选项中,( )属于法币,即法定货币。

A. 人民币　　　　B. 黄金　　　　C. 战俘营的香烟　　D. 银行存款

12. 当( )时,中央银行购进政府债券不会引起货币供给量的增加。

A. 公众把银行的支票换成现金,保留在手中

B. 公众把银行支票存入商业银行

C. 公众把银行支票偿还银行债务

D. 公众用银行支票去海外消费

13. 在存款准备金制度下,如果准备金—存款比例为 30%,现金—存款比例为 40%,则货币乘数等于( )。

A. 1　　　　　　B. 0.5　　　　　　C. 1.5　　　　　　D. 2

14.法定货币是指(　　)。

A.以黄金为后盾

B.购买原油使用的货币

C.包括通货和银行金库里储存的货币

D.是一种没有内在价值的货币

15.当(　　)时,货币供给将增加。

A.政府购买增加

B.中国人民银行从公众手中购买国库券

C.一个投资者购买长江电力公司发行的债券

D.农业银行向公众发售股票,然后将资金用于分行办公楼的建造

16.如果中国人民银行降低准备金率,则(　　)。

A.市场利率上升　　　　　　　　B.是为了抑制过热的中国经济

C.央行可能在试图消除通货膨胀　　D.银行利润可能增加

17.经济学家认为支票之所以成为货币是因为(　　)。

A.银行会对其签署的支票进行完全支付

B.支票唯一的替代物是物物交换

C.支票比接受货币方便,成本低

D.人们乐意接受它们以交换货币

下表是中国某银行的资产负债表,运用该表,回答以下18～20题。

资产/亿元人民币		负债/亿元人民币	
准备金	300	存款	1000
贷款	700		
总计	1000	总计	1000

18.如果存款的法定准备金率为10%,那么该银行的法定准备金为(　　)亿元。

A.300　　　　　B.200　　　　　C.100　　　　　D.0

19.如果存款的法定准备金率为10%,那么该银行拥有的超额准备金为(　　)亿元。

A.300　　　　　B.200　　　　　C.100　　　　　D.0

20.如果存款的法定准备金率为10%,那么该银行最多还能贷出(　　)亿元。

A.300　　　　　B.200　　　　　C.1　　　　　D.0

21.已知中国人民银行规定的法定准备金率为20%,各商业银行没有超额准备金,现在中国人民银行向商业银行出售4亿的债券,则(　　)。

A.银行准备金增加4亿元,货币供给量最终增加20亿元

B.银行准备金增加40亿元,货币供给量最终增加80亿元

C.银行准备金减少4亿元,货币供给量最终减少20亿元

D.银行准备金减少4亿元,货币供给量最终减少80亿元

22. 如果公众决定持有更多的通货而减少银行存款,则银行准备金会(　　)。

A. 减少,货币供给最终将减少　　　　B. 减少,货币供给最终将增加

C. 增加,货币供给最终将减少　　　　D. 增加,货币供给不变

23. 在我国货币层次划分中,M_1 通常指(　　)。

A. 流通中现金　　　　　　　　　　B. 流通中现金和企事业单位活期存款

C. 银行全部存款　　　　　　　　　D. 流通中现金和银行全部存款

24. 商业银行派生存款的能力(　　)。

A. 与原始存款成正比,与法定存款准备金率成正比

B. 与原始存款成正比,与法定存款准备金率成反比

C. 与原始存款成反比,与法定存款准备金率成反比

D. 与原始存款成反比,与法定存款准备金率成正比

25. 能够直接影响货币乘数的货币政策工具为(　　)。

A. 改变法定准备金率　　　　　　　B. 公开市场业务

C. 调整再贴现率　　　　　　　　　D. 以上都可以

26. 已知法定准备金率为20%,则1万元的现金存入银行最多使银行存款总额再增加(　　)万元。

A. 5　　　　　　B. 6　　　　　　C. 4　　　　　　D. 1

27. 货币是指(　　)。

A. 通货和商业银行的活期存款　　　B. 纸币和商业银行的储蓄存款

C. 纸币和铸币　　　　　　　　　　D. 所有的银行储蓄存款

28. 银行创造货币的做法是(　　)。

A. 在市场上买进部分国债　　　　　B. 增加自己的准备金

C. 把超额准备金作为贷款放出　　　D. 印刷更多的支票

29. 存款准备金率越高,货币乘数就(　　)。

A. 越大　　　　　　B. 越小　　　　　　C. 不变　　　　　　D. 不确定

30. 影响货币乘数的因素是(　　)。

A. 通货漏出率　　　　　　　　　　B. 定期—活期存款比率

C. 超额准备金率　　　　　　　　　D. 以上都可以

31. 如果商业银行保留有超额准备金,在中央银行提高法定准备金率时,商业银行的准备金将(　　)。

A. 保持不变　　　　　　　　　　　B. 变得过多

C. 正好符合中央银行的要求　　　　D. 以上三种情况都有可能

32. 下列选项中,(　　)不是存款创造中的漏出。

A. 超额准备金　　　　　　　　　　B. 活期存款

C. 定期存款准备金　　　　　　　　D. 公众持有现金

(二)问题与论述

1. 假如说中国人民银行新建办公大楼,支出6000万元人民币。请问经济中的货币增加了吗,会有货币创造乘数吗?

2.什么是物物交换？为什么这种传统交易方式限制了交易？

3.货币的职能有哪些？

4.法定货币什么时候不再被大家接受？

5.假设，某经济中流言四起，认为银行的不良贷款对储蓄的安全构成了威胁，个人在银行的资产不能保全。你预期储户会做什么？其行为对货币供给有什么影响？

6.请分析三种改变货币供给量的工具。

7.请结合经济生活中的实例，除三种工具之外，讨论政府采用的其他一些工具。

(三)计算题

1.伯列戈瑞德州银行(BSB)有2.5亿美元存款，并保持10%的准备金率。

(1)列出BSB的T账户。

(2)现在假设BSB最大的储户从其账户上提取了1000万美元现金。如果BSB决定通过减少其未清偿贷款量来恢复其准备金率，说明它的新T账户。

(3)解释BSB的行动对其他银行有什么影响。

(4)为什么BSB要采取(2)中所描述的行动是困难的？讨论BSB恢复其原来准备金率的另一种方法。

2.中国人民银行在公开市场上向社会买进100亿元人民币的国债。如果法定准备金率是20%，那么这样引起的最大可能货币供给是多少？最小可能的货币供给是多少？请解释之。

3.假设银行体系总准备金为1000亿元，各银行按照政府规定的法定准备金率10%进行准备金持有，且居民户不持有现金。

(1)货币乘数是多少？货币供给是多少？

(2)如果现在中国人民银行把法定准备金率提高到存款的20%，准备金会有什么变动？货币供给会有什么变动？货币乘数为多少？

4.某岛国经济中有10000张1元的纸币。

(1)如果人们把所有的货币作为现金持有，货币量是多少？

(2)如果人们把所有的货币作为活期存款持有，而且银行保持百分之百准备金，货币量是多少？

(3)如果人们持有等量的现金和活期存款，而且银行保持百分之百准备金，货币量是多少？

(4)如果人们把所有货币作为活期存款持有，而且银行保持10%的准备金率，货币量是多少？

(5)如果人们持有等量的现金和活期存款，而且银行保持10%的准备金率，货币量是多少？

(四)辨析题

1.法定货币是指国民党执政时期发行的法币，后称为金圆券。（　　）

2.当你今天赚取200元收入后，并没有花掉。而且相信明天可以花掉，并得到与今天花掉购得同样多的物品和劳务。货币此时表现出交换媒介的职能。（　　）

3.如果商业银行都采用百分之百准备金,那么货币供给就不再受到公众现金—存款比例的影响了。(　　)

4.法定准备金率的提高,增加了货币供给。(　　)

5.如果中国人民银行试图紧缩货币供给量,它可以通过做以下任何一件事:出售政府债券,提高法定准备金率和降低贴现率。(　　)

6.美国金融体系中的 M_0 是指现金和铸币。(　　)

7.信用卡是 M_2 货币供给的一部分,并按照持卡人的信用额度来计入。(　　)

四、文献链接

在我国的公开市场业务[①]

在多数发达国家,公开市场操作是中央银行吞吐基础货币、调节市场流动性的主要货币政策工具,通过中央银行与指定交易商进行有价证券和外汇交易,实现货币政策调控目标。

一、中国公开市场业务内容

中国公开市场操作包括人民币操作和外汇操作两部分。外汇公开市场操作 1994 年 3 月启动,人民币公开市场操作 1998 年 5 月 26 日恢复交易,规模逐步扩大。1999 年以来,公开市场操作已成为中国人民银行货币政策日常操作的重要工具,对于调控货币供应量、调节商业银行流动性水平、引导货币市场利率走势发挥了积极的作用。

中国人民银行从 1998 年开始建立公开市场业务一级交易商制度,选择了一批能够承担大额债券交易的商业银行作为公开市场业务的交易对象,目前公开市场业务一级交易商共包括 40 家商业银行。这些交易商可以运用国债、政策性金融债券等作为交易工具与中国人民银行开展公开市场业务。从交易品种看,中国人民银行公开市场业务债券交易主要包括回购交易、现券交易和发行中央银行票据。其中回购交易分为正回购和逆回购两种,正回购为中国人民银行向一级交易商卖出有价证券,并约定在未来特定日期买回有价证券的交易行为,正回购为央行从市场收回流动性的操作,正回购到期则为央行向市场投放流动性的操作;逆回购为中国人民银行向一级交易商购买有价证券,并约定在未来特定日期将有价证券卖给一级交易商的交易行为,逆回购为央行向市场上投放流动性的操作,逆回购到期则为央行从市场收回流动性的操作。现券交易分为现券买断和现券卖断两种,前者为央行直接从二级市场买入债券,一次性地投放基础货币;后者为央行直接卖出持有债券,一次性地回笼基础货币。中央银行票据即中国人民银行发行的短期债券,央行通过发行央行票据可以回笼基础货币,央行票据到期则体现为投放基础货币。

---

① 原文来自河南师范大学经济与管理学院《货币银行学》教材的案例分析和中国人民银行网站,网址:www. pbc.gov.cn/huobizhengce/huobizhengcegongju。

二、美国公开市场业务流程

1. 美国联邦公开市场委员会组成

联邦公开市场委员会由联邦储备体系理事会的 7 位成员、纽约联邦储备银行行长和另外 4 位联邦储备银行行长组成。尽管只有 5 家联邦储备银行的行长在该委员会中拥有表决权，但另外 7 位地区储备银行行长也列席会议并参加讨论，所以他们对委员会的决定也有些影响。由于公开市场操作是联邦储备体系用以控制货币供应量的最重要的政策工具，联邦公开市场委员会必然成为联邦储备体系内决策的焦点。虽然法定准备金比率和贴现率并非由联邦公开市场委员会直接决定，但同这些政策工具有关的政策实际上还是在这里做出的。联邦公开市场委员会不直接从事证券买卖，它只是向纽约联邦储备银行交易部发出指令，在那里，负责国内公开操作的经理则指挥人数众多的下属人员，实际操作政府或机构证券的买卖活动。该经理每天向联邦公开市场委员会成员及其参谋人员通报交易部活动的情况。

公开市场操作可以分为两类：能动性的公开市场操作和保卫性的公开市场操作。前者旨在改变准备金水平和基础货币；后者旨在抵消影响货币基数的其他因素的变动（如在联邦的财政部存款和在途资金的变动）。美联储公开市场操作的对象是美国财政部和政府机构证券，特别是美国国库券。

2. 纽约联邦储备银行交易部工作流程

国内业务操作经理监督交易员进行证券买卖。我们假如称这位经理为吉姆，他的工作日从阅读一份估计昨天晚上银行系统准备金总量的报告开始，这份关于准备金的报告，有助于他确定需要多大规模的准备金变动才能达到令人满意的货币供应量水平。他也检查当时的联邦基金利率——它可以提供有关银行系统准备金数量的信息：如果银行体系拥有可贷放给其他银行的超额准备金，联邦基金利率便可能下降；如果银行准备金水平低，几乎没有银行拥有超额准备金可以贷放，联邦基金利率便可能上升。

上午 9 时，吉姆同几位政府证券交易商（他们为私人公司或商业银行工作）进行讨论，以便对当天交易过程中这些证券价格的走势有所感觉。同这些交易商见面之后，大约在上午 10 点，他收到研究人员提交的报告，附有关于可能影响基础货币的一些短期因素的详细预测。例如，如果预测结算在途资金将因全国范围内的天气晴好使支票交付加快而减少，吉姆便知道，他必须运用保卫性的公开市场操作（购买证券），来抵消因在途资金减少而预期带来的基础货币减少。然而，如果预测在联邦的财政部存款或外国存款会减少，便有必要运用保卫性的公开市场出售，来抵消预期的基础货币扩大。这份报告亦对公众持有的通货情况做出预测。如果预期通货持有量上升，那么，运用公开市场购买以增加货币基数，从而防止货币供应量下降，便是必须做的事情了。

上午 10 点 15 分，吉姆或其手下的一名工作人员打电话给财政部，了解财政部对财政部存款这些项目的预测。与财政部的通话，也能获得其他方面的有用信息——例如将来财政部出售债券的时间安排——可以提供有关债券市场走势的线索。

在取得了所有这些信息以后，吉姆查看他从联邦公开市场委员会收到的指令。这个指令告诉他，联邦公开市场委员会欲实现的几种货币总量指标的增长率（用幅度表示，比如说年率 4%～6%）和联邦基金利率的幅度（比如说 10%～14%）是多少。然后，他规划好为实现联邦公开市场指令所需进行的能动性的公开市场操作。把必要的保卫性的公开市场操作同所需进行的能动性的公开市场操作合在一起,该经理便做出了当天公开市场操作的"行动计划"。

整个过程到上午11点15分完成,这时,吉姆同联邦公开市场委员会的几位成员举行每天例行的电话会议,扼要报告他的战略,计划得到同意以后,通常在上午11点30分稍后一些,他让交易部的交易员打电话给政府证券一级交易商(私人债券交易商,人数在40人左右),询问出售报价(如果拟做公开市场购买)。举例来说,如果吉姆为增加基础货币而打算购买2.5亿美元的国库券,交易员便将交易商在不同报价水平上所愿出售的国库券数额,写在一块大黑板上。报价从低价到高价依次排列。由于美联储欲得到尽可能有利的价格,它便由低到高依次购买国库券,直到打算购买的2.5亿美元都已买到为止。

收集报价和着手交易,大约在12点15分完成。交易部随即平静下来,但是交易员仍要继续监视货币市场和银行准备金的动向,在极少数情况下,吉姆还可能决定有必要继续进行交易。

有时,公开市场操作是以直截了当买或卖证券的方式进行的。不过,交易部市场采取另外两种交易方式。在回购协议方式(常称作回购)下,美联储与出售者订立协议,规定出售者要在短时期内(一般不超过一星期)再将这些证券购回。一份回购协议,实际上就是一次暂时的公开市场购买。当美联储打算实施暂时性的公开市场出售时,它可以进行一售一购配对交易(有时称作反回购)。在这种方式下,美联储出售证券,但买主同意在不久的将来再把这笔证券卖回给美联储。

三、对公开市场业务的评述

公开市场操作相对于其他政府工具而言,具有明显的优越性,例如主动性强,其规模的大小完全由中央银行决定;灵活性强,中央银行可以根据金融市场的变化,进行经常性的、连续性的操作,等等。因此,各国货币政策的操作手段出现趋同的特征,都越来越依赖中央银行的公开市场业务。20世纪80年代以前,只有在美国和英国公开市场操作才是货币政策实施的主要工具,在其他国家则主要依靠一些非市场、非价格的手段。20世纪80年代以来的金融自由化浪潮改变了这种状况,促使各国纷纷转而积极利用公开市场操作来影响商业银行的准备金规模和短期利率水平,即使在美国和英国,银行间短期货币市场的作用也大大增强了。于是便出现了各国货币政策手段的趋同现象。与此同时,各国都大力开发新的工具以应付新的金融环境,例如德意志联邦银行越来越多的采用外汇互换协议的公开市场操作,来抵消由国际资本流入引致的国内银行体系准备金规模的过度扩张。日本1988年11月的货币政策改革,改变了国内货币市场运作的特点和干预程序。日本银行通过改变银行间市场的期限结构来鼓励银行间市场与公开货币市场之间的套利行为,增强中央银行的干预能力,同时用针对1~3周的国库券贴现率的操作来代替针对1~3月国库券贴现率的操作,使得利率成为中央银行手中最重要的干预工具。从1989年春季开始,日本银行开始进行商业银行票据市场的隔夜操作,以增强其影响和微调银行准备金每日头寸的能力。伴随公开市场操作重要性的上升,各国货币操作中的"贴现窗口"的作用都降低了,在各国中央银行对短期准备金的管理中只发挥着一种边际资金的功能。

但是，公开市场操作的有效性，是建立在一定条件之上的：(1)中央银行必须具有强大的、足以干预和控制整个金融市场的金融实力；(2)要有一个发达的、完善的金融市场并且市场必须是全国性的，证券种类必须齐全并达到一定规模；(3)必须有其他政策工具的配合。例如，没有存款准备金制度这一工具，就不能通过改变商业银行的超额准备来影响货币供应量。我国的金融市场建设刚刚起步，短期金融工具数量少、结构不合理，在很大程度上制约了中央银行货币政策的效能。特别是我国货币市场与外汇市场、资本市场、银行间中长期信贷市场缺乏联系，使得中央银行的各种货币政策不能有效的协调运作，易产生政策冲突，导致货币政策陷入困境。为改善政策调控的效能和拓宽调控手段，我们应一边发展货币市场，一边促进货币市场与其他市场的联系，例如可以建立国内的外汇同业拆借市场来提高货币市场和外汇市场的联系，通过国债或者银行间市场结构的调整，便利国内各个金融市场间的套利行为，从而提高各市场间的联系，通过发展人民币远期交易方式，使中央银行获得通过远期、掉期、外汇回购、货币与利率互换等方式来调节人民币汇率和短期货币市场利率水平的丰富手段。

金属货币、纸币、电子货币与比特币[①]

今天去商店或超市买东西，可以用现金支付，可以刷银行卡，也可以手机扫码支付。在网上购物，还可以用其发行的特定产品支付，比如 Q 币、京豆、积分、论坛币等。在中国的很多城市，出门购物已经不用携带现金，也不用携带银行卡，手机、腕表类可穿戴设备几乎可以完成所有支付，相信不久以后可以指纹支付、刷脸支付。届时，还需要发行现金吗？是否只发行数字货币，只在账面上进行记录即可？如果这样，相比于太平洋上雅浦岛的居民将一块大石头视为货币，石头不动，仅归属权在账面上进行变动，两者有何区别？如果数字货币是未来方向，为何近年来出现的数字货币代表——比特币——却备受指责？我们可以从货币的演变历程，透析货币的未来，并对当下电子货币的发展、货币国际化提供一点启示。

人类最早的货币是实物货币，包括牲畜、石器、农具、谷帛、龟壳、海贝、骨贝等。实物货币体积笨重，大小不一，质地不均，难以分割，使用起来有诸多不便，所以当铸造和冶炼技术出现后，实物货币很快被金属货币取代。在过去的几千年中，货币的角色基本上都是由金属来扮演的，开始由铜和铁主导，随着稀有性和开采难度的变化，后来演变为银和金主导。在某些年代或某些地区，如果金银短缺，铜币、铁币会大量涌现，在货币总量中的占比远超过其他年代或其他地区。与实物货币相比，金属货币具有质地均匀、价值稳定、易于分割、便于储藏等优点。

中国历史上，最早的金属货币是有形状的，如刀币、铲币、环钱和蚁鼻钱等。自秦开始，圆形方孔的铜质货币形制被固定下来，开始是秦半两，接着是五铢钱，二者均为称量

---

① 原文出自《经济学茶座》2016 年第 1 期第 65—69 页，作者党印，系中国劳动关系学院博士。引入本书时作了删减和修改。

货币，以重量表明价值，后来因重量减轻，遂演变为标明年号的货币，比如通宝、元宝等，重量钱变为年号钱。金银在大多数朝代都是称量货币，早期没有统一形制，可以被铸为任何形状，后来出现了标明印记的统一铸币，先后有金银块、金银锭、金银牌，以及外圆内方标明年号的金银钱等。明清时期，部分金银铸币成色降低，重量减轻，实银两演变为虚银两。总体上看，每个朝代开始时大多发行较为足值的铸币，铸币分等级流通，主辅币之间有稳定的兑换关系，后来因战乱或财政困难，为增加铸币数量，铸币的金属含量逐渐降低，主辅币的兑换比例逐渐扩大。王朝迭代与货币质地、货币发行量之间有着惊人的相关性。

从足值到不足值的演变，除了民间私铸谋取暴利外，另一个重要原因是政府信用的担保。为何担保？因为受天然储备和开采技术限制，金银铜铁的产量有限，无法满足不断扩张的交易需求。为保证货币供应量，只能降低成色，推行不足值的货币，并且政府可以从不足值的货币中获得铸币税收益。不足值的金属货币已经具有信用货币的特点，国家信用支撑着货币的购买力。

随着不足值金属货币的流通，人们发现，交换中需要的仅是一个媒介工具或一个符号，只要它能发挥货币的流通手段和价值尺度功能，并且大家认可就行，至于货币本身有没有价值并不重要。同时，金属货币的开采量无法满足不断发展的商业需求，金属货币也太重，携带不方便，必须找到替代物。在一段时期内，甚至绢帛这样的实物货币再次占据主币地位。随着经济发展和技术进步，纸币进入视野，先后出现了飞钱、交子、宝钞和官票等，飞钱类似于商业票据，早期的交子类似于银行券，宝钞和官票自诞生就是不兑现的纸币。相对于金属货币，纸币具有制造成本低、易保管、易贮藏、易运输等优点。

最初的纸币乃以一定的金属货币为基础，纸币发行量与金属货币储备量挂钩，纸币只是金属货币的替身。如果愿意，纸币可以随时兑换为金属货币。这意味着，经济中的纸币量仍然受制于金属的开采量。在经济发展水平较低的情况下，这种货币供给模式可以持续。当经济发展提速后，金属开采量没同步提速，这一模式便成为经济发展的枷锁。于是，无论东方国家还是西方国家，经历了金银铜铁本位制后，货币制度演化为完全基于政府信用的信用本位制，纸币为信用货币，纸币发行量完全由政府控制。这解除了货币发行的客观约束，增加了货币发行的自由度，但一不留神，就会出现"滥发纸币→通货膨胀→废除旧纸币→发行新纸币"的治乱循环。在中国的明清两朝，纸币曾一度退出流通领域，金属货币再次成为主货币，这种情况直到晚清才得以改变，纸币才最终确立主币地位。需注意的是，中国历史上货币演变并非泾渭分明，很多朝代既有实物货币，也有金属货币和纸币。一个粗略的趋势是，越接近于今天，货币总量中实物货币的占比越小，金属货币和纸币的占比越大。

20世纪50年代以来，随着信用制度的发展和电子科学技术的广泛应用，货币形式逐渐从有形变为无形。一定数量的纸币被转化为电子信息，存储于某一介质中，如银行卡、公交卡、商场储值卡等，它们代替纸币，发挥交易媒介、支付手段和价值贮藏手段等功能。这些卡里的货币被称为电子货币，以100%的纸币为准备金，除特殊规定外，大部分可以随时兑换为纸币。

既然一定的纸币信息可以储存于实际载体上，那么也可储存于虚拟载体上，比如腾讯公司的 Q 币。于是我们看到，人们把纸币转换为 Q 币，用 Q 币购买一些特定商品，但法律目前禁止 Q 币转回纸币的逆向操作。Q 币是虚拟货币，它的发行不用基于现实货币，而是基于虚拟世界的财富。但是，如果这个虚拟世界很火爆，则会吸纳大量现实货币，对现实货币秩序产生影响。

如果说 Q 币跟现实货币还有点关联，那么一些网站的论坛币、积分、游戏币则跟现实货币几乎没有关联，这些虚拟货币没有与现实货币的法定购换通道，只能在虚拟世界中产生，在虚拟世界中使用。近年来出现的新型虚拟货币——比特币——既不基于现实货币，也不基于虚拟世界的创造物，而是借鉴了金属货币的开采挖矿过程，谁都可以开采，开采工具越强大，付出时间越多，获得的数量就越多。由于比特币的表现形式是一长串数字或密码，因此也被称为数字货币、密码货币。不同的是，比特币跟现实世界联系上了，一些国家允许比特币与法定货币互相兑换，甚至允许用比特币交税，购买实物。

至此，人类的货币形态由实物货币、金属货币、以纸币和电子货币代表的信用货币，进化出跟现实世界没有联系的虚拟货币，现在又进化出跟现实世界有联系的数字货币。早期的进化速度很慢，近期的进化速度很快。我们不禁遐想，数字货币能否解决金属货币的短缺问题和信用货币的失信问题，在更高水平上实现货币的非国家化？并且，自雅浦岛的货币体系被发现后，越来越多的人对货币的商品属性表示质疑，否认货币是从以物易物中产生的，相反，认为货币的本质是信用记录及信用清算构成的体系，通货只是这个体系的凭证或代表。任何代表可转让信用（或债务）的东西都是货币，货币可以由任意材料构成。再者，如今的国家货币，绝大部分根本没有实物形态，只是由我们银行的账户结余构成。从这层意义上说，以比特币为代表的数字货币和各国银行账户中的数字余额在本质上是相同的，都关乎信用，只是发行主体、产生规则和使用范围不同罢了。随着技术进步，未来各国央行完全可能不发现钞，货币都显示在账上，货币增减只需账面清算即可。

纵观货币的演变历程，从实物货币、金属货币、纸币、电子货币，到虚拟货币，再到比特币，历次演变的共同背景是，经济发展了，人们希望更便捷地支付，且科技水平刚好催生新的媒介，并予以支撑。共同规律是，原有的货币体系存在问题，原有的货币无法满足整个经济的交易需求，需要增加新的货币，使货币总量与经济需求量相当。此即费雪方程式（$MV=PT$）的道理，即在技术水平稳定的情况下，货币流通速度不变，一定时期经济中的货币总量与最终产品和劳务的总交易量之间存在一定的比例关系。换言之，货币总量的增长速度应与社会财富的增长速度相当。这是一个恒等式，理论上，其揭示的道理适用于古今中外的所有国家。

但是，费雪方程式无法解释一些现象。比如，中国近年来货币发行量一直较大，货币增速一直较高，且高于经济增长速度，但通胀水平却一直较低，甚至出现过通缩。自2008 年全球金融危机以来，中国实体经济表现不佳，但股票、房地产等资产价格暴涨，虚拟经济高歌猛进。再比如，美国货币发行量也一直较大，虚拟经济规模相对稳定，2008年金融危机后推出几轮量化宽松，向市场注入大量货币，但实体经济和虚拟经济均没出现明显的价格暴涨现象。解释这些，我们需要一个扩展的费雪方程式。费雪方程式的货币数量是流通中的货币量，是满足交易需求的货币量。但是，人们的货币需求除了交易需求（M_a）外，还有价值储藏需求（M_b），货币供给要同时满足这两种需求。交易既包括正常的交易，也包括投机性交易。由于满足价值储藏需求的货币流通速度为0，实际上只有 M_a 出现在费雪方程式中。即使对于 M_a，也分为现实货币（M_{a1}）和虚拟货币（M_{a2}）两种。因此扩展的费雪方程式可写为 $M_{a1} \cdot V_{a1} + M_{a2} \cdot V_{a2} = P_1 \cdot T1 + P_2 \cdot T_2 + P_3 \cdot T_3$，等号左边是用于交易的现实货币总量和虚拟货币总量，等号右边是实体经济、虚拟经济和海外经济，因为股票债券等虚拟经济也会占用现实货币，一国货币也可能在国外发挥交易功能。在费雪的时代，没有虚拟货币，没考虑虚拟经济对货币的吸纳效应，没考虑货币流出对本国物价的影响，这无可厚非，简化的 $M \cdot V = P \cdot T$ 已可以解释很多问题。但是今天的诸多 M_2/GDP 研究中，M_2 的统计口径是 M_{a1} 加上 M_b，分母仅考虑实体经济，显然忽略了一些因素，解释能力也有限。

扩展的费雪方程式可以在一定程度上解释上述中美两国的现象。对于中国，货币发行量很大，通胀水平（P_1）却很低，一个重要原因是虚拟经济发展了，吸纳了大量货币。同时，因为实体经济不振，所以大量货币流入股票、债券、房地产等资产类市场，导致虚拟经济火爆，价格暴涨。每次增发股票、增加房地产供应会使资产价格稍许下降，但由于大量货币持续涌入，资产价格又再次反弹，扶摇直上，使虚拟经济规模呈指数式上升趋势。对于美国，由于美元是国际货币，大量美元不在美国境内流通，$P_3 \cdot T_3$ 的规模很大，所以增发美元没有导致 P_1、P_2 上涨。国际货币需满足多个国家的交易需求，甚至储藏需求。这就涉及国际货币的币值稳定问题，即"特里芬难题"。扩展的费雪方程式表明，"特里芬难题"无法彻底解决，只能缓解，缓解之道是让新的货币进入国际货币行列。在扩展的费雪方程式的左边，增加新的货币及其发行量，使国际市场上的国际货币总规模与国际经济往来的货币需求量相当，多国货币共同承担货币稳定责任。一个自然而然的推论是，国际货币体系改革的方向应是货币多极化。

这是否会导致一个结果，"特里芬难题"本来只是一个国家的难题，却变成多个国家的难题？笔者认为，短期内不会，即使未来到了那一天，届时数字货币也已经很成熟，人类可以用数字货币来解决这一难题。届时，在扩展的费雪方程式的左边，现实货币的比重变小，以数字货币为代表的虚拟货币的比重变大。

历史发展到今天，我们需要复活凯恩斯在布雷顿森林体系中的伟大思想，使 SDR 在未来国际货币体系中扮演更重要角色。SDR 是一种账面资产，诞生初期与黄金挂钩，今天与一篮子货币挂钩，和雅浦岛的货币体系相比，区别仅在于 SDR 对应的并非实物，因此 SDR 在本质上也是信用货币、数字货币。既然 SDR 能被接受，那么比特币等数字货币将逐渐顺理成章地在更大范围内被接受。如果这些数字货币能解决备受诟病的总量瓶颈、信用和币值波动等问题，那么，哈耶克的货币非国家化构想将极有可能实现，人类的经济往来将更加方便。当然，这些都是如果，路漫漫其修远兮，未来如何做，让未来的人决定吧。

五、参 考 答 案

（一）单项选择

1. B 2. A 3. B 4. C 5. C 6. D 7. B 8. A 9. A 10. D 11. A 12. D

13.D　14.D　15.B　16.D　17.D　18.C　19.B　20.B　21.C　22.A　23.B　24.B　25.A　26.C　27.A　28.C　29.B　30.D　31.D　32.B

（二）问题与论述

1.答：是的，作为商业银行的银行，它购买和支出任何货币，它用新的人民币支付，就是一种向金融市场投放的基础货币。

2.答：物品和劳务直接交换物品和劳务。这种交易方式要求双方欲望的匹配和双向一致性，否则交易很难达成。

3.答：交换媒介、计价单位，以及价值贮藏。

4.答：法定货币没有了它原有购买了，交换价值急剧萎缩，已经没有了贮藏功能。大家纷纷花掉法定货币，换购商品或者币值稳定的货币。

5.答：所谓挤兑，是在信用危机的影响下，存款人争相向银行提取现金的一种经济现象。一旦有一大部分储户参与挤兑，会导致其他储户也会争先恐后去提现。银行必须准备超额准备金，以备支取，要么银行从央行贷款，或者让未到期贷款户提前还款，导致货币供给也是数倍减少、萎缩。

6.答：公开市场业务、法定准备金、贴现率。

7.答：道义劝告，按揭条款等等。

（三）计算题

1.答：

（1）T账户左方是准备金2500万美元，贷款2.25亿美元。账户右方是2.5亿美元存款。

（2）新的T账户左方是准备金2400万美元，贷款2.16亿美元。账户右方是2.4亿美元存款。

（3）引起整个银行体系存款减少0.09×10＝9000（万美元）。

（4）因为要让那些未到期贷款提前清偿，各相关银行催讨困难。另一种方式是请央行提供贷款给BSB。这样T账户左方资产是准备金0.24亿美元，贷款2.25亿美元，账户右方负债是存款2.4亿美元，央行借款0.09亿美元。

2.答：央行买进国债，货币供给增加。最大的货币供给量是100亿×货币乘数。而货币乘数的最大值是1/20%＝5，最小的货币乘数是1，即100%的准备金（20%法定之外，还有80%的超额准备金），或者100亿美元根本没有流入银行体系。

3.答：

（1）货币乘数1/10%＝10，货币供给是1000亿元×10＝10000亿元。

（2）准备金数量不变，货币乘数为1/20%＝5，货币供给为5000亿元。

4.答：

（1）货币量为现金形式的货币，为10000元。

（2）货币量为活期存款的形式，为10000元。

（3）货币量为5000元的现金和5000元的活期存款。

（4）货币乘数是10，货币量是10000×10＝100000（元）

（5）现金＝5000＋5000×90%×0.5＋5000×90%×0.5×90%＋…＝

活期存款＝5000＋5000×90％×0.5＋5000×90％×0.5×90％＋…＝

合计货币量为 10000/(1－0.45)＝18181.8(元)。

(四)辨析题

1.答:错。法定货币是本身不含价值,政府强制规定可以支付和清偿债务的一种支付手段,是一种统称。

2.答:错。是价值贮藏。

3.答:对。

4.答:错。提高准备金率,减少了货币乘数,减少了货币供给。

5.答:错。提高贴现率。

6.答:错。美国没有 M_0 这种指标。

7.答:错。信用卡不计入货币供给。

第八章

货币增长与通货膨胀

一、本章概述

上一章我们对货币制度进行了详细的介绍,包括货币的定义、职能、种类、中央银行控制货币供给的手段与效果等。本章我们将对货币量变动的长期影响加以分析。本章涉及的核心问题包括以下三个:第一,为什么货币供给的迅速增加会引发通货膨胀?会引发多高的通货膨胀率?第二,货币供给的增加对其他重要的宏观经济变量,如就业、产出等会产生怎样的影响?第三,为什么有些国家会增加这么多的货币,以致引发了通货膨胀?第四,通货膨胀给社会带来的成本有哪些?

(一)古典通货膨胀理论

货币数量论是一种认为可得到的货币量决定物价水平,可得到的货币量的增长率决定通货膨胀率的理论。这一理论是由一些最早的经济学家提出的,因此被称为"古典的通货膨胀理论",该理论至今为止仍被广泛用于解释物价水平与通货膨胀率的长期决定因素。

这一理论的核心思想是:物价的上升很少是由于物品本身的价值发生了改变,而是由于货币价值发生了改变。货币是经济中的交易媒介,交易媒介自身的价值发生了改变,那么它所衡量出来的物品和劳务的价值的数量也就随之变动了。那么货币的价值是由什么决定的呢?正如香蕉的供给和需求共同决定了香蕉的价格一样,货币的供给和需求也共同决定了货币的价值。在简化的分析中,货币的供给量可以认为是由中央银行所决定的政策变量。货币的需求反映了人们想以流动性形式持有的财富量。许多因素影响人们想要持有的货币量,如人们对信用卡的依赖程度、利率的高低、经济中的平均物价水平等。在短期内,利率的调整确保了货币供给与货币需求相平衡;而在长期中,物价总水平调整到使货币需求等于货币供给的水平。

货币数量论的思想可以表达如图 8-1 所示。货币供给曲线是条垂线,表示货币供给是由中央银行所决定的政策变量,不取决于物价总水平,货币需求曲线是条向右下角倾斜的曲线,表示随着物价水平的提高,货币需求量将增加。两条曲线的交点处实现了货币的均衡。中央银行如果扩大货币供给,货币供给曲线从 MS_1 向右移至 MS_2,均衡点将从 A 点移至 B 点,此时货币价值下降,物价水平上升。

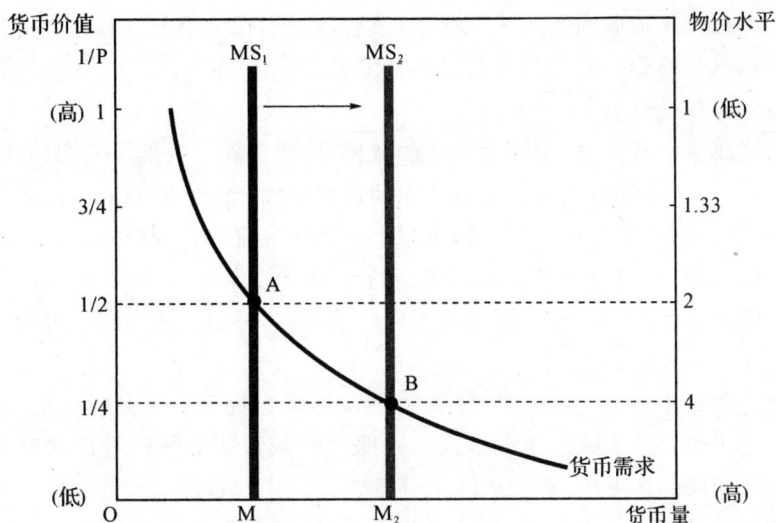

图 8-1 古典通货膨胀理论

(二)古典二分法、货币中性原理与货币数量方程式

古典二分法将名义变量和实际变量进行了理论上的区分。所谓名义变量,指的是按货币单位衡量的变量,如名义 GDP、价格、名义工资、名义利率等。所谓实际变量,指的是按实物单位衡量的变量,如实际 GDP、相对价格、真实工资、实际利率等。

根据古典分析,名义变量受经济中货币制度发展的影响,而货币对于解释真实变量基本上是无关的。这种货币供给变动对真实变量的无关性称为货币中性。

根据货币中性原理,货币供给增加导致通货膨胀率的上升,而不会影响任何的实际变量。在这一原理的分析基础上,可以将货币数量论表达成货币数量方程式的形式。货币数量方程式将货币量 M、货币流通速度 V(即货币易手的速度)和经济中物品与劳动产出的总价格(P×Y)联系在一起,这些变量之间的关系可以写成:M×V=P×Y。这样 M 的变动必定反映在其他三个变动的变动之上。由于在许多情况下,货币流通速度 V 较为稳定,经济中物品与劳务的产量 Y 取决于一个经济所能获得的生产要素和生产技术,而不取决于货币量,因此 M 的变动应该反应在 P 成比例的变动之上。即中央银行迅速增加货币供给时,结果就是高通货膨胀率。这就是货币数量论的本质。

货币中性原理的另外一个重要的应用是费雪效应。费雪效应指的是名义利率对通货膨胀率所进行的一对一的调整。其思想可以表达为:名义利率=实际利率+通货膨胀率。其中实际利率是由可贷资金的供求决定的,通货膨胀率是由货币供给的增加所决定的,由于当货币供给增加时它并不会影响实际利率,因此名义利率必定随着通货膨胀率的变动而一对一的调整。即当中央银行提高货币增长率时,长期的结果就是更高的通货膨胀率和更高的名义利率。费雪效应对于理解名义利率在长期中的变动是至关重要的。

(三)通货膨胀税

政府通过创造货币而筹集的收入称为通货膨胀税。通货膨胀税非常隐蔽,当政府印发货币时,物价水平就会上升,货币就会贬值,因此通货膨胀税就像是一种向每个持有货币的人征收的税。通货膨胀税能不动声色地将财富从老百姓的口袋里转移到政府手中,在政府面临高额支出而收入不足的情况下,政府不得不把货币创造作为支付其支出的一种方法。当然其负面影响是带来了高的通货膨胀。

(四)通货膨胀的代价

关于通货膨胀的代价,一种典型的错误认识是:通货膨胀降低了人们的实际购买力。这种看法之所以是错误的,是由于没有认识到货币中性。人们的收入是由真实变量决定的,名义收入是由这些真实的变量和物价总水平共同决定的。当中央银行扩大货币供给量时,物品的价格与人们的名义收入同比例的变动,而人们的实际收入并没有随着货币供给量的增大而发生改变。通货膨胀之所以广受关注,是由于通货膨胀可能会带来以下几种成本。

第一种成本是皮鞋成本,即通货膨胀鼓励人们减少货币持有量时所浪费的资源,具体包括人们为了使手头的钱少于没有通货膨胀时的数量所必须牺牲的时间与便利。在历经超速通货膨胀的国家中,这类成本十分重要。

第二种成本是菜单成本,即调整价格的成本,具体包括决定新价格的成本、印刷新清单和目录的成本、把这些新价格表和目录送给中间商和顾客的成本、为新价格做广告的成本、处理顾客怨言的成本等。

第三种成本是相对价格变动与资源配置失误的成本。由于改变价格需要成本,因此企业不会不停地改变价格,通货膨胀此时将会扭曲各种物品与劳务的相对价格,进而扭曲消费者的决策。

第四种成本涉及通货膨胀引起的税收扭曲。由于税收在征收时往往考虑的是名义变量,如名义的收入、名义的储蓄利息,在通货膨胀的情况下,这些名义变量的增加幅度往往会高于实际变量,因此通货膨胀往往增加了人们的税收负担。

第五种成本是混乱与不方便的成本。货币是经济中的计价单位,当通货膨胀发生时,计价单位的真实价值也发生了改变,这会导致会计师错误地衡量企业的收入,导致投资者不能区分成功企业与不成功企业,从而抑制了金融市场在协调储蓄与投资方面所应发挥的作用。

第六种成本是任意的财富再分配的成本,这类成本与以上五种成本都不同的是,它涉及的是未预期到的通货膨胀的特殊成本。未预期到的通货膨胀将减少债务的真实价值,债务人从中受益,而债权人从中受损。当平均通货膨胀率很高时,通货膨胀就特别多变而且不确定,所带来的任意的财富再分配的成本也就很高了。

二、本章重要名词和经济理论

(一)重要名词

货币数量论	古典二分法	名义变量	真实变量	货币中性
货币流通速度	数量方程式	通货膨胀税	费雪效应	皮鞋成本
菜单成本				

(二)重要经济理论

1.货币数量论。货币数量论长期以来一直被用于解释货币数量与物价水平之间的关系。其观点是:可得到的货币量决定物价水平,可得到的货币量的增长率决定通货膨胀率。

货币量与通货膨胀率之间的具体量化关系可以表达为数量方程式：M×V＝P×Y。

2.货币中性论。货币中性论可以用于解释货币数量与价格、产出、就业等重要经济变量之间的关系。其观点是：货币供给变动只会影响名义变量，不会影响实际变量。费雪效应是货币中性论的一个应用。费雪效应指的是名义利率对通货膨胀率所进行的一对一的调整。其思想可以表达为：名义利率＝实际利率＋通货膨胀率。

三、复习题

(一)单项选择

1.能反映出直接与公众的生活相联系的通货膨胀指标是(　　)。

A.消费物价指数　B.批发物价指数　C.GDP平减指数　D.通货膨胀扣除率

2.在商品流通中所需货币量不变的前提下，货币流通次数与(　　)。

A.待售商品数量成反比　　　　　B.商品价格水平成反比

C.商品价格总额成正比　　　　　D.货币本身的价值成正比

3.在通货膨胀不能完全预期的情况下，通货膨胀将有利于(　　)。

A.债务人　　　B.债权人　　　C.在职人员　　　D.离退休人员

4.以下几项中，(　　)不是货币主义的主要观点。

A.在长期中，货币数量不能影响就业量和实际国民收入

B.私人经济具有稳定性，国家经济政策会使它的稳定性遭到破坏

C.货币供给对名义收入具有决定性作用

D.在短期中，货币数量能影响就业量，但不影响实际国民收入

5.若以货币表示的国民收入是8000亿元，货币供给量是1000亿元，则货币的流通速度等于(　　)。

A.1/8　　　　　B.8　　　　　C.4　　　　　D.6

6.通货膨胀使货币所有者的利益(　　)。

A.提高　　　　B.下降　　　　C.不变　　　　D.不确定

7.通货膨胀使工资收入者的利益(　　)。

A.提高　　　　B.下降　　　　C.不变　　　　D.不确定

8.如果物价水平翻一番，则(　　)。

A.货币需求减少一半　　　　　B.货币供给减少一半

C.名义收入不受影响　　　　　D.货币的价值下降一半

9.如果物价水平为2，实际国民生产总值为1000亿元，货币数量为400亿元，那么，货币流通速度为(　　)。

A.2.5　　　　　B.4　　　　　C.5　　　　　D.10

10.下列几项中，(　　)是实际变量。

A.小胡的工资　　　　　　　　B.银行的定期利率

C.中国2009年的GDP　　　　　D.交通事故中的损毁汽车的数量

11.通货膨胀是(　　)。

A.货币发行量过多引起物价水平的普遍的持续上涨

B. 货币发行量超过了流通中的货币量

C. 货币发行量超过了流通中商品的价值量

D. 以上都不是

12. 货币流通速度是（　　）。

A. 货币供给每年流通的速度　　　　B. 产量每年流通的速度

C. 企业存货每年流通的速度　　　　D. 高度不稳定

13. 某国待售商品 1000 亿件，平均每件商品价格 10 元，据测定该年每 1 元平均流通 5 次，当年该国流通中需要的货币量是（　　）亿元，当年该国政府实际发行了 4000 亿元纸币，这时的 1 元钱相当于（　　）元纸币，这会导致（　　）。

A. 4000;0.25;购买力降低　　　　B. 2000;0.5;通货膨胀

C. 2000;2;纸币升值　　　　　　　D. 2000;0.5;购买力提高

14. 以下几项说法中，（　　）是正确的。

A. 通货膨胀税是一种根据企业产品价格上升幅度由企业交纳的公开税收

B. 通货膨胀税是一种对持有货币的人征收的税

C. 通货膨胀税是一种对那些从有利息储蓄账户获得利息的人征收的税

D. 通货膨胀税在所有税收中是最具累进性的（由富人交纳）

15. 国家征收通货膨胀税的原因是（　　）。

A. 政府不了解通货膨胀的原因和后果

B. 政府预算平衡

C. 政府支出高，而且政府征收的税收不够，借款又困难

D. 通货膨胀税和所有税收大体相同

16. 假设名义利率是 10%，而货币供给每年增长 4%，如果政府把货币供给增长率从 4% 提高到 8%，费雪效应表明，在长期中，名义利率应该变为（　　）。

A. 7%　　　　B. 12%　　　　C. 14%　　　　D. 15%

17. 下面表述中，（　　）是正确的。

A. 在任何情况下，通货膨胀对经济影响很小

B. 在通货膨胀可以预期的情况下，通货膨胀对经济的影响也很大

C. 在通货膨胀不能预期的情况下，通货膨胀有利于雇主而不利于工人

D. 在任何情况下，通货膨胀对经济影响很大

18. 当通货膨胀稳定而可预期时，以下几项成本中，（　　）不会发生。

A. 皮鞋成本

B. 菜单成本

C. 由于通货膨胀引起的税收扭曲的成本

D. 任意的财富再分配的成本

19. 如果实际利率是 3%，通货膨胀率是 7%，而且税率是 20%，税后实际利率是（　　）。

A. 0　　　　B. 1%　　　　C. 2%　　　　D. 3%

20. 传统货币数量论与凯恩斯主义的货币理论的区别之一是（　　）。

A. 前者认为货币是中性的,后者认为货币不是中性的

B. 前者认为货币不是中性的,后者认为货币是中性的

C. 两者都认为货币是中性的

D. 两者都认为货币不是中性的

21. 由于通货膨胀,津巴布韦人民持有的现金少了,并且每天到银行提取他们每天需要的现金。这属于下面选项中的(　　)。

A. 皮鞋成本

B. 菜单成本

C. 由于通货膨胀引起的相对价格变动从而使资源配置失误的成本

D. 由于混乱和不方便引起的成本

22. 下列选项中,(　　)才是传统货币理论的原则之一。

A. 名义利率是持有货币的机会成本

B. 货币需求随着利率的上升而减少

C. 利率是由货币需求和货币供给的相交点决定的

D. 货币的流通速度是稳定的

23. 货币学家们认为(　　)。

A. 货币流通速度在一段时期内是稳定的

B. 货币的流通速度是不可预测的

C. 货币数量理论不再是审视经济的一种明智的方式

D. 货币不承担价值储藏的职能

24. 通货膨胀是(　　)制度下的一种经常性现象。

A. 金本位　　　　B. 实物本位　　　　C. 信用货币　　　　D. 银本位

25. 在通货膨胀时期,中央银行可以采取的办法是(　　)。

A. 降低再贴现率　　　　　　　　B. 降低法定存款准备金率

C. 提高法定存款准备金率　　　　D. 降低利率

26. 在货币数量方程式中,产量的增加将导致(　　)。

A. 货币供给和流通速度不变的情况下,每次交易的平均价格降低

B. 货币供给和流通速度不变的情况下,每次交易的平均价格增加

C. 货币流通速度增加

D. 货币流通速度降低

27. 通货膨胀时期从利息和租金取得收入的人将(　　)。

A. 增加收益　　　　　　　　B. 损失严重

C. 不受影响　　　　　　　　D. 短期损失长期收益更大

28. 货币供给(　　)。

A. 与利率呈正相关

B. 随着对货币的资产需求的变化而变化

C. 由商业银行决定

D. 由中央银行决定,通常不受利率变动的影响

29.正确地预期到货币供给增长率增加,将引起(　　)。

A.名义利率下降、实际利率下降　　　B.名义利率下降、实际利率不变

C.名义利率上升、实际利率上升　　　D.名义利率上升、实际利率不变

30.某一经济在 3 年中,货币增长速度为 8％,而实际国民收入增长速度为 10％,货币流通速度不变,这 3 年期间价格水平将(　　)。

A.上升　　　　　　B.下降　　　　　　C.不变　　　　　　D.上下波动

（二）问题与论述

1.为什么当利率上升时,货币需求量减少?

2.解释物价水平上升如何影响货币的实际价值。

3.根据货币数量论,货币量增加的影响是什么?

4.解释名义变量与实际变量之间的差别,并各举出两个例子。根据货币中性原理,哪一个变量受货币量变动的影响?

5.在什么意义上说,通货膨胀像一种税?把通货膨胀作为一种税如何有助于解释超速通货膨胀?

6.简述货币在经济中执行三种职能。这些职能是什么? 通货膨胀如何影响货币执行这每一种职能的能力?

7.美国历史上有一位总统曾经提出"通货膨胀是政府拒绝支付债务"。这种说法对吗?

8.假设银行规定的变动扩大了信用卡的可获得性,因此人们需要持有的现金少了。

（1）这个事件如何影响货币需求?

（2）如果美联储没有对这个事件作出反应,物价水平将发生什么变动?

（3）如果美联储想保持物价水平稳定,它应该做什么?

9.为什么发生恶性通货膨胀时,人们宁愿坐出租车而不愿意坐公交车?

10.通货膨胀对名义利率和实际利率可能产生的影响在短期内和长期内有何区别?

11.一些经济史家注意到,在金本位时期,黄金的发现在长期通货紧缩之后最有可能出现。为什么这是正确的?

（三）计算题

1.根据下表的数据,计算 2005—2010 年每年的通货膨胀率和实际利息率。

年　份	消费者价格指数	名义利息率（每年的百分比）
2004	181.5	5.5％
2005	195.4	7.6％
2006	217.4	10.0％
2007	246.8	11.4％
2008	272.4	13.8％
2009	289.1	11.1％
2010	298.4	8.8％

2.假设货币供给是 4000,实际产量是 2 万,每单位产品价格是 1。请回答以下问题:

(1)货币流通速度是多少?

(2)如果货币流通速度是你在(1)中解出的固定值,货币数量论说明的是,如果货币供给增加到 8000,会发生什么情况?

(3)你对(2)的回答与古典二分法一致么?

(4)假设货币供给增加到 8000,翻了一番,但是实际产量增加得并不多(增加的比例小于一倍)。现在价格会发生什么变动? 价格的上升大于翻一番,小于翻一番,还是正好翻一番? 为什么?

(5)如果通货膨胀率非常高,则人们不愿意持有货币,因为货币会迅速贬值,因此人们会更快地花钱。如果当货币供给翻一番时,人们更快地花钱,价格会发生什么变化? 价格的上升大于翻一番,小于翻一番,还是正好翻一番? 为什么?

(6)假设在这个问题开始时货币供给为 M_1,也就是说 M_1 的货币供给为 4000。如果 M_2 货币供给为 10000,其他所有值都与本题开始时保持不变,那么 M_2 的数量方程式会是什么样子?

3.如果税率是 40%,计算以下每种情况下的税前实际利率和税后实际利率:

(1)名义利率是 10%,而通货膨胀率是 5%;

(2)名义利率是 6%,而通货膨胀率是 2%;

(3)名义利率是 4%,而通货膨胀率是 1%。

4.假定货币供给、产量、货币流通速度和价格之间存在以下关系:$MV=PQ$:试问,

(1)若 V 不变,M 每年增长 8%,Q 每年增长 3%,年通货膨胀率为多少?

(2)若 V 每年下降 2%,M 和 Q 每年分别增长 8% 和 3%,年通货膨胀率为多少?

5.如果货币需求函数可以写成:$L=0.2Y+2000-500r$,其中 Y 为收入,r 为利率,求当收入为 10000、货币供应为 2500 时,均衡利率为多少? 如果货币供给增加到 3000,那么均衡利率又是多少?

6.若价格水平在 2008 年为 107.9,2009 年为 111.5,2010 年为 114.5,试求:

(1)2009 年和 2010 年通货膨胀率各是多少?

(2)如果以前两年通货膨胀率的平均值作为第三年通货膨胀率的预期值,计算 2011 年的预期通货膨胀率。如果 2011 年的利率为 6%,请计算该年的实际利率。

7.请回答以下问题:

(1)假设人们预期通货膨胀将是 3%,再假设合意的实际利率是 4%。名义利率是多少?

(2)假设通货膨胀率结果是 6%。根据(1)预期签约的实际真实利率是多少?

(3)当通货膨胀预期为 3%,但实际上结果为 6% 时,财富由债权人向债务人再分配,还是由债务人向债权人再分配?

(4)当通货膨胀结果只有 1% 时结果会发生什么变动?

8.在某国,货币流通速度保持不变。实际 GDP 每年增长 5%,货币存量每年增长 14%,而名义利率是 11%,实际利率是多少?

(四)辨析题

1.通货膨胀是日常用品的价格水平的持续上涨。（　　）

2.在市场经济条件下,政府实施工资价格指导或工资价格管制,能使通货膨胀率降低,因此这个政策是成功的。（　　）

3.在任何经济中,只要存在着通货膨胀的压力,就会表现为物价水平的上升。（　　）

4.通货膨胀发生时,退休金领取者和领取工资者都会受到损害。（　　）

5.在通货膨胀时,名义国内生产总值的增长要高于实际国内生产总值的增长。（　　）

6.有关流通速度不变,并且货币供给的增加带来相同比例的收入增加的理论叫货币数量理论。（　　）

7.货币数量论认为,流通中的货币数量越多,商品价格水平越高,货币价值越小。（　　）

8.从长期看来,货币供给的增加主要对价格水平有影响。（　　）

9.货币学家们认为货币是重要的,政府应当使用积极的货币政策来影响经济的波动。（　　）

10.狭义货币量反映了充当交换媒介和支付工具的功能,广义货币量更强调货币的储藏性、流动性等功能。（　　）

11.货币供给(M_1)大致等于公众持有的通货加上银行准备金。（　　）

12.只有当货币流通速度为常数时,交易方程式才能成立。（　　）

13.通货膨胀意味着不同的商品价格将按相同的比例上升。（　　）

四、文献链接

国民党统治时期的恶性通货膨胀[①]

1935年的法币改革为国民党政府推行通货膨胀政策铺平了道路。由于国民党政府过分依赖增发货币来为巨额的政府预算赤字融资,在从1935年法币开始走上中国历史舞台至1949年的短短十几年间,法币经历了一个持续而且不断加速的贬值,最后完全形同废纸,且看100元法币购买力:

1937年可买大牛两头;

1941年可买猪一头;

1945年可买鱼一条;

1946年可买鸡蛋一个;

1947年可买油条1/5根;

---

① 原文载于李江和洪青编写的《金融学案例教程》("高等院校经济管理类规划教材",浙江大学出版社2010年版,第54页)。

1948 年可买大米两粒。

其贬值速度简直超乎人们的想象。如此严重的通货膨胀有着深刻的政治和经济背景。首先，连年的战争使得南京政府陷入了严重的财政危机。1945 年以后，国民党政府更是疯狂扩大财政支出以支持急剧增加的内战军费开支，而巨额的财政赤字在当时条件下只能用发行货币来弥补。其次，连年的战争使得本来就匮乏的物资供给更加不足，社会总需求超过了总供给，导致了物价的飞升。再次，国统区在国民党军的失败中不断缩小，致使法币以及后来的金圆券、银圆券的流通范围不断缩小，这又加快了货币流通速度，加重了日益恶化的通货膨胀。最后，法币从诞生之日起便不断贬值，使得老百姓有很高的通货膨胀预期，1945 年后，国民党在国内战场上的节节败退更使老百姓丧失了对法币的信任。

1946 年春，由于物价上升加剧，时任行政院院长的宋子文决定采取抛售黄金的办法稳定物价和币值。这一措施曾在抗战时期使用过，并收到了一定效果。但是这一次却不灵了。手上掌握巨额游资的官僚资本家根本不相信物价能够稳定下来，因此他们趁机大做黄金投机生意，在市场上大量买进黄金。这种投机行为导致了黄金价格的急速上升。金价与物价相互刺激，进一步促进了物价的直线上升。当黄金的抛售满足不了投机者的需要时，出现了黄金抢购风潮。到 1947 年 2 月 10 日，中央银行不得不停止黄金的出售。供给的中断造成金价的暴涨，从而带动物价上涨，全国市场一片混乱，社会出现骚乱。南京政府于 2 月 16 日公布了《经济紧急措施方案》，黄金政策由自由买卖转变为绝对冻结。

抛售黄金的改革失败后，南京政府采取了"经济紧急措施"，加强金融管制。但由于军费开支居高不下，物价上涨的浪潮持续不断，法币的印刷成本已经超过其自身所代表的价值，失去了正常货币的一切职能，给人民群众带来的只是恐慌和不满。蒋介石采纳了财政部长王云五的金圆券改革方案，于 1948 年 8 月 19 日发布了《财政经济紧急处分令》，宣布以中央银行所存黄金和证券作保，发行金圆券来代替法币。以 300 万元法币折合金圆 1 元，金圆的含金量为纯金 0.22217 克，发行总额以 20 亿为限，并限期收兑换成金圆，但南京政府既没有规定金圆券兑换金圆的办法，也没有规定其兑换外汇的办法，因此金圆券的含金量实际上是一种虚值，没有任何意义。借助政治高压的强制手段，金圆券得以推行。但财政赤字的进一步扩大使得金圆券的发行额很快突破了 20 亿元的上限，此时美国已经关上援助的大门，蒋介石集团只能把军事开支的来源都压在增发的货币上，国统区很快变成了金圆券的世界。从 1948 年 8 月到 1949 年 5 月，前后不到 9 个月时间，金圆券的发行额就增加了 30 多万倍，金圆券的购买力跌至原来的 500 多万分之一。金圆券改革不到 1 年便以失败告终。

1949 年 7 月 4 日，国民党政府又推出了银圆券的改革，在广州发行所谓可无限制兑现的"银圆券"，银圆券 1 元折合金圆券 5 亿元。但是中国的老百姓此时已经对国民党政府的任何改革都没有兴趣了。

货币供应量和经济增长[①]

2016 年末，国家统计局公布我国的货币供应量指标之一 M_2 突破 155 万亿人民币，而 GDP 则是 74 万亿，M_2 和 GDP 的比例超过 2 倍，于是引起了舆论界的一片惊呼。甚至很多民众据此预期物价继续上涨，房价更没有下跌的理由。

我们要看懂货币供应量这个指标。首先，一个社会中到底有多少钱，这个问题的答案取决于你对"钱"的定义。如果你认死理，除了人民银行印出来的那个花票票，其余的都不算。这个"钱"就是基础货币，为了区别于以下几个别的概念，我们把这个基础货币的"钱"搞一个简单符号，叫作"M_0"。人民银行通过印钞厂，每年需要新印出来一些 M_0，投放到社会里面，因为我们这个社会的总交易量是在增长的，需要更多的货币来作为交易的媒介。因此，这个 M_0 和 GDP 之间最好保持一个大致的比例。如果人民银行印的钱太多了，而我们生产出来的东西没那么多，就会引起通货膨胀。反之，就是通货紧缩。但是这个比例却是因国而异，并没有一个统一的标准。有些国家这个比例很低，比如新西兰只有大约 2%；有些国家这个比例很高，比如日本就有 12%。两者相差 5～6 倍，但是这两个国家都是很发达的经济体。中国的水平和日本比较接近，也是在 11%～13% 左右。

除了捏着这个人民银行印出来的花票票，有些人还愿意把钱存到银行里面开一个活期储蓄的账户，需要用钱的时候，就不必取出现钞来，只需要开一个银行支票，轻轻松松就把生意完成了。这个时候，交易媒介其实不是人民币，而是活期存款了。所以，活期存款也起到了一定的货币作用。如果我们把这个活期存款也算作"钱"，那么我们现在的"钱"的范围就大了一点，我们取一个符号，叫做"M_1"。其实现在世界上考虑一个国家的货币发行量的时候，一般都是拿这个作为标准来衡量的。这个 M_1 和 GDP 的比例多少呢？美国是大约 15%，日本是大约 50%，中国是大约 60%。为什么这个比例一下子高出上面提到的 M_0 和 GDP 的比例那么多呢？因为我们把钱存到银行里，银行不会那么傻，放着不动，等你来用，而是会把钱借给别人收利息，而那个借到钱的人也会继续存到银行里面，然后银行又会借给第三人。这个样子循环几圈，一百元的基础货币，就会"创造"好几倍的活期存款。但是同样，我们做国别比较的时候，发现这个比例也是差异很大的，并不见得唯有中国很特别。可见这个比例是和国民的交易习惯很有关系。说到这里，我们可以看到：一个社会中的货币量并不是完全由中央银行决定的。商业银行也能创造货币。而且还不止是银行，很多商业机构也可以做到这一点。比如淘宝。为何现在淘宝网有资格向银行业叫板了呢？因为我们上淘宝买东西，都需要把钱先付到支付宝，而卖家要好几天之后才能通过我们的确认收货拿到钱。这样一来，支付宝就有了一个资金沉淀，它完全可以把这个沉淀下来的钱借出去赚取利息。过去在杭州，我的好几个银行业朋友都是天天"巴结"支付宝，希望获得它的存款。不过，现在支付宝已经开始自己放贷，

① 原文出自《经济学茶座》2014 年第 3 期，第 47－49 页，作者沈凌，系华东理工大学商学院副教授。引入本书时做了删减和修改。

银行已经感受到来自这个草根金融的挑战了！

从过去的这些年看，其实我们的 M_0 占 GDP 的比重一直在很稳定地下降。而 M_1 的比重基本上没什么变化。只有在 2008 到 2009 年间，一下子增加了 12 个百分点。这个原因大家都知道，是我们当时的政府面对世界金融危机，感觉受不了了，一下子超发货币，试图用这种办法来遏制经济的下滑。其效果如何，因篇幅所限，不予讨论。

说完了这些，才可以来聊一聊所谓的 M_2。因为货币除了交易媒介的作用，还可以起到价值储存的作用。那么和价值储存的作用相一致的是定期存款。所以，有人把银行的定期存款也叫作"钱"，这样一来"钱"的范围又大了好几倍。把 M_1 加上银行定期存款之后的所谓"钱"的概念取一个符号，就是 M_2。因为是定期存款，银行其实不怕你深更半夜去提款，所以，你存 100 元在银行里，它会以比活期存款更加高的比例放心大胆地放贷出去，所以，能够"创造"出来的新定期存款也更多。因此我们看到 M_2 占 GDP 的比重差不多是 M_1 占 GDP 的比重的三倍。但是需要明白的是：定期存款并没有交易媒介的作用，所以，如果只是定期存款大量增加，并不会导致通货膨胀的急剧上升。这也是世界上大家都比较关心 M_1 而不怎么关心 M_2 的原因所在。因为我们害怕通货膨胀，而不在乎银行存款。故而我也不是很明白为何中国记者喜欢围绕着 M_2 大做文章，或许是他们觉得这个数字比较大，又是一个整数 100 万亿元人民币，容易夺人眼球罢了。

不过有一个问题倒是值得讨论一下的：为何我们的基础货币和 M_1 占比都不怎么变动的情况下，我们的 M_2 占 GDP 的比重上升了大约 40%？一个最可能的原因是过去这十几年来，我们的收入增长很快，财富积累当然就水涨船高。特别是从 2008 年以来，股市都是逐年下跌，房地产价格虽然高高在上，但是限购一再加码，成为投资主渠道的障碍越来越大。内地居民没有很好的投资渠道，只能去银行存款。而我们的金融市场又不发达，把居民储蓄转化为投资的效率比较低，所以有很大一部分财富以定期存款的形式存在。这是一个很简单的算术题：如果一个居民每年的收入 100 元，而消费 50 元，那么他的存款第一年占收入的比是 50%，而第二年就到了 100%。而我们的 M_2 占比并没有像我们的例子那么高速增长，实际上还要拜我们民间金融创新所赐。我们的金融管制扭曲了市场价格，让不需要那么多钱的企业借到了太多的钱，只好继续存银行；而需要钱的企业很难借到钱，市场利率很高。而民间金融力量通过不断创新，在努力校正金融管制导致的利率扭曲。以浙江省为例，在银行存款利率仅仅为 3.5% 的 2013 年，定期存款的贴息达到了 2.5%～3.5%，几乎是存款利率的一倍。所以实际上的市场利率已经高达 5%～7%。这种民间金融市场的创新，使得银行存款能够比较快地流到最需要钱的企业去，实际上减少了银行存款的"再创造"。最近几年的银行理财产品市场的兴起，也在一定程度上抑制着 M_2 的增长，因为通过理财产品，储户减少定期存款，直接在债券市场上借钱给了企业，实际上是变间接融资为直接融资，减少了 M_2。当然另外一方面，由于银行理财的发展，银行减少了存款，释放了压在人民银行的储备金，同时理财产品会有一个发行期，这就增加了活期储蓄。所以，理财产品实际上是增加了 M_1。因此，M_2 的变化，反映着过去几年来我们金融市场的效率，而不是反映了我们的货币增长量的多寡。金融市场的效率提高能够促进经济增长，而货币发行的多寡对经济增长其实是中性的，并没有很明显的作用。

五、参 考 答 案

(一)单项选择

1.A　2.C　3.A　4.D　5.B　6.B　7.B　8.D　9.C　10.D　11.A　12.A
13.B　14.B　15.C　16.C　17.C　18.D　19.B　20.A　21.A　22.D　23.A　24.C
25.C　26.A　27.B　28.D　29.D　30.B

(二)问题与论述

1.答:有许多货币的组成部分并不支付利息,例如,通货和活期存款。利率是持有货币的机会成本,持有货币没有支付利息,但放弃了用于其他金融资产时所能得到的利息收入。当利息上升时持有货币的成本就增加了,因此人们就要减少自己的货币持有量,并用货币去购买其他金融资产,以便获得更高的利率。

2.答:当物价水平上升时,人们必须为他们购买的物品与劳务支付更多钱,因此物价水平上升意味着货币的实际价值下降,因为每一元能够购买的物品与劳务量变少了。

3.答:根据货币数量论,经济中的货币量决定了货币的价值。当货币量增加时,在现行的物价水平下,货币的供给量超过了需求量。因而人们会以各种方式(购买物品与劳务等)花掉这些超额货币供给,由于经济中生产物品与劳务的能力并没有变,这种更大的物品和劳务需求就引起物品和劳务的价格上升。物价水平上升又增加了货币需求量。最后,经济在货币需求量又等于货币供给量时实现了新均衡。物品与劳务的物价总水平以这种方法调整使货币供给与货币需求平衡。总之,货币量增加的唯一后果是物价上升。

4.答:名义变量是按货币衡量的变量,如商品的价格和名义 GDP;实际变量是按实物单位衡量的变量,如生产的商品量和实际 GDP。根据货币中性原理,名义变量受货币量的影响。

5.答:当政府通过印刷货币增加收入时,可以说是征收一种通货膨胀税。但是,通货膨胀税与其他税不一样,因为没有一个人收到政府这种税的税单。相反,通货膨胀税是较为隐蔽的。当政府印发货币时,物价水平上升,而且,每个人手中的货币就不值钱了。因此,通货膨胀税像是一种向每个持有货币的人征收的税。

6.答:货币在经济中执行三种职能:交换媒介、计价单位和价值储藏。通货膨胀使得货币的实际购买力下降,在市场上进行交易时人们不再愿意接受与原来同样数量的货币作为交换,因而货币充当交换媒介的职能下降。货币作为计价单位是我们用来衡量经济交易的尺度。当发生通货膨胀时,计价单位的价值下降,在短期内会给经济生活带来混乱和各种错误。当发生通货膨胀时,货币不再具有储藏价值,因为货币的实际价值由于通货膨胀而减少,因此人们将竭力减少其货币持有量。

7.答:这种说法在一定情况之下是对的。一般而言,政府是净借贷者。如果通货膨胀是未被预期到的,那么通货膨胀可以降低政府债务的实际价值,从这个意义上说,是政府拒绝支付债务;但是如果通货膨胀是被预期到的,那么人们就会要求更高的公债名义利率,政府的债务无法降低。

8.答:

(1)这个事件会减少人们对货币的需求。

(2)如果美联储没有对这个事件作出反应,也即美联储仍保持固定的货币供给不变,那么减少的货币需求会使经济中物价水平上升。

(3)如果美联储想保持物价水平稳定,它应该减少货币供给。

9.答:一般来说,坐公交车比较费时间,坐出租车比较省时。恶性通货膨胀发生时,相对价格变得极不稳定,货币流通速度极大加快。人们手中的货币像烫手的山芋一样,必须越快越好地把它用出去,否则很快贬值。人们坐公交车所节省的钱,也许远比因坐公共汽车所耗费的时间里所发生的货币贬值造成的损失要少的多,而坐出租车虽然多费钱,但是可以少受自己所拥有的货币贬值的损失。这样,从机会成本的角度考虑,人们就宁愿坐出租车而不愿坐费时的公交车。

10.答:名义利率是因贷款所产生的以货币支付来衡量的利率,实际利率是指以商品和劳务来衡量的贷款的报酬或者成本。预期的实际通货膨胀率和名义利率之间存在一种正向关系,它们一起上升,这种关系被称为费雪效应。可以表示为:名义利率＝实际利率＋预期通货膨胀率。在货币是中性的长期中,货币增长的变动并不会影响实际利率。由于实际利率不受影响,所以名义利率必然根据通货膨胀率的变动进行一对一的调整。当通货膨胀率上升时,结果是实际利率不变,名义利率与通货膨胀进行一对一的调整。

在短期中,名义利率不能对通货膨胀作完全调整,且国家很可能在制度上不允许银行对银行存款支付高利息。例如,美国1960年后通货膨胀上升的情况。这样实际利率水平就不再恒定。我们把上式重新安排可得到:实际利率＝名义利率－通货膨胀率。有时实际利率可能非常高,如1980年以来的美国,有时实际利率可能为负,如一些发生剧烈通货膨胀的国家。

11.答:通货紧缩意味着一般物价水平的下降,同样意味着货币的购买能力上升。在金本位时期,货币的升值即黄金的升值,因为货币价值与黄金价值是挂钩的。因此通货紧缩后,一盎司黄金可以购买更多的商品和服务。这使寻找黄金有了动力,因此通货紧缩后期往往发现新的黄金。

(三)计算题

1.

年份	通货膨胀率	实际利息率(每年的百分比)
2005	7.66％	－0.06％
2006	11.26％	－1.26％
2007	13.52％	－2.12％
2008	10.37％	3.43％
2009	13％	4.79％
2010	22％	5.58％

2.解:

(1)根据 $MV=PY$,$V=PY/M=1\times20000/4000=5$。

(2)如果货币供给增加到 8000,是原来的 2 倍,V 不变,Y 也不变,那么 P 也将变为原来的 2 倍,即 P=2。

(3)是的。古典二分法把变量区分为名义变量和实际变量。货币同比例地影响名义变量,但是不影响实际变量。这与(2)的答案一致。

(4)根据 MV=PY,当 M 变为原来的 2 倍,且 V 保持不变时,PY 也应变为原来的 2 倍,而其中 Y 也变大了,因此 P 的上升倍数应该小于翻一番。

(5)当 M 翻一番,且 V 也同时变大时,PY 的上升将大于翻一番,如果 Y 不变,那么 P 的上升也将大于翻一番。

(6)根据 MV=PY,V=PY/M=1×20000/10000=2,即 M_2 的数量方程式可以写成:10000×2=1×20000,其中 M_2 的货币流通速度为 2。

3.解:

(1)税前实际利率＝名义利率－通货膨胀率

　＝10%－5%＝5%

　税后实际利率＝税后名义利率－通货膨胀率

　＝60%×10%－5%＝1%。

(2)税前实际利率＝名义利率－通货膨胀率

　＝6%－2%＝4%

　税后实际利率＝税后名义利率－通货膨胀率

　＝60%×6%－2%＝1.6%。

(3)税前实际利率＝名义利率－通货膨胀率

　＝4%－1%＝3%

　税后实际利率＝税后名义利率－通货膨胀率

　＝60%×4%－1%＝1.4%。

4.解:

(1)由于 MV=PQ,当 V 不变时,P=1.08/1.03=1.0485,因此,ΔP/P=4.85%。

(2)P=MV/Q=0.98×1.08/1.03=1.0276,因此 ΔP/P=2.76%。

5.解:当实现均衡利率时,货币供给等于货币需求,此时:

2500=0.2×10000+2000－500r,求解得:r=3%

当货币供给增加到 3000 时,3000=0.2×10000+2000－500r,求解得:r=2%。

6.解:设 2009 年的通货膨胀率为 π_{2009},则:

(1)π_{2009}＝$(P_{2009}－P_{2008})/P_{2008}$＝(111.5－107.9)/107.9＝3.34%

　同样,π_{2010}＝(114.5－111.5)/111.5＝2.69%。

(2)如果预期通货膨胀率 π^e 为前两年通货膨胀率的平均值,那么

　π^e_{2011}＝$(\pi_{2009}＋\pi_{2010})/2$＝(3.34%＋2.69%)/2＝3.015%

　2011 年的实际利率＝6%－3.015%＝2.985%。

7.解:

(1)7%。

(2)1%。

(3)财富由债权人再分配给债务人。

(4)实际利率为 6％,财富由债务人向债权人转移。

8.解:货币存量每年增长 14％,实际 GDP 每年增长 5％,则通货膨胀率为 8.57％。

名义利率＝11％时,实际利率＝11％－8.57％＝2.43％。

(四)辨析题

1.答:错。一般价格水平的持续且显著的上涨。

2.答:错。临时管制措施长期看一般都是无效的。

3.答:错。临时物价管制的短期内物价不动,但有抢购风潮,还是有通胀压力的。

4.答:对。

5.答:对。

6.答:错。根据货币数量论,货币供给的增加会带来同比例的物价上涨。

7.答:错。货币数量是否太多要与商品数量和价值联系起来。

8.答:对。

9.答:错。货币在长期看是中性的,对产出没有影响。

10.答:对。

11.答:错。M_1 包括通货和银行存款。

12.答:错。无论货币流通速度是否为常数,交易方程式都成立。

13.答:错。不要求同比例上升。

第九章

开放经济的宏观经济学:基本概念

一、本章概述

为了方便起见,遵循从易到难的分析路径,本书一直在分析的经济其实是一个两部门的简单经济和包括政府在内的三部门经济,是一种不包括进出口的封闭经济。但是,现实生活中,你不仅要消费别国生产的产品,可能还要为别国生产产品;或者你要投资外国公司的证券,或者要出国旅行进行外汇买卖;或者不参与任何国际贸易和国际资本流动,但可能受到别国经济影响,比如 2008 年下半年美国集中爆发的次贷危机引起全球金融危机。总之,在一个开放经济中,分析经济的框架要发生较大变化,进口、出口、净出口、汇率、国际资本流动等经济学概念要逐步引入,然后在下一章建立一个能够说明这些变量同时共同决定的开放经济的宏观经济学模型。

一个开放经济在两方面与其他国家交往,一是在世界产品市场上买卖物品和劳务,二是在世界金融市场上买卖资本资产。参与国际市场的物品和劳务买卖,目的是参与分工、扩大产出、实现规模经济效益,有了国际贸易,就有出口、进口和贸易盈余,或者贸易赤字。净出口受消费者对国内与国外物品的偏好、国内外相对产品价格、汇率、国内外收入、贸易成本以及政府贸易政策等影响。伴随着物品和劳务贸易的同时,金融资本也在变动。有净出口与资本净流出的恒等式。而在三部门经济中的国民储蓄等于投资,改为四部门经济中的储蓄等于国内投资加资本净流出,也就是说中国企业和个人储蓄较高,目前经国内投资吸收之后还有剩余,那么剩余部分将出现资本净流出的现象,即高储蓄的发展中国家,缺钱但资本流出。

无论在物品和劳务的国际流动中,还是资本流动中,都会牵涉到两个国家货币之间的换算。一国通货换另一国通货的比率就是名义汇率。如果中国人民币 100 元可以购买到更多的其他国家货币,则称人民币升值,反之就是人民币贬值。如果考虑到物价,就有了实际汇率,一个人用一国的物品与劳务与另一国的物品与劳务交易的比率。目前,我们去银行换汇时,外汇牌价中的汇率是什么决定?教材提供了一种目前世界银行等普遍使用的购买力评价理论(PPP)。它表示在不同的国家,同样一笔钱的购买力将趋于一致,否则将出现套利,在低价国购买而在高价国销售,这样导致购买力是趋同的。

(一)物品的流动与金融资源的流动

出口是国外销售而在国内生产的物品和劳务,进口是在国内销售而由国外生产的物品和劳务。净出口,又称贸易余额,是出口值与其进口值的差值。发生国际经济活动的另一种方式不是物品和劳务,而是金融资源的流动。资本流出到国外有两种形式,一是国外直接投资,比如中国企业到国外建立工厂;二是国外有价证券投资,中国公司或者个人购买了国外公司的股票。这两种都是典型的以国外货币计价的资产流入。资本净流出是指本国居民购买的外国资产减去外国人购买的本国国内资产。注意资本和资产的关系,当买入国外资产时,发生资本流出;当卖出国内资产时,发生资本流入。因此有:

资本净流出(NCO)=资本流出-资本流入=资产流入-资产流出

当中国出口大量产品到其他国家出现顺差,比如美国,此时,中国出口商品获得美元资产,流入美元资产。因此,净出口(NX)与资本净流出是一个硬币的两个方面。

NCO=NX

有了以上公式之后,在一个开放经济中,Y=C+I+G+NX

Y-C-G=I+NX

Y-T-C+T-G=I+NX

国民储蓄=投资+净出口

又因为 NCO=NX

国民储蓄=投资+资本净流出

(二)名义汇率、实际汇率以及购买力评价理论

无论在物品和劳务的国际流动中,还是资本流动中,都会牵涉到两个国家货币之间的换算。一国通货换另一国通货的比率就是名义汇率。如果中国人民币100元可以购买到更多的其他国家货币,则称人民币升值,反之就是人民币贬值。如果考虑到物价,就有了实际汇率,一个人用一国的物品与劳务和另一国的物品与劳务交易的比率。这样,我们在比较一国物品的价值与另一国物品的价值时,要考虑两件事:通货的相对价值(名义汇率)以及交易物品的相对价格。

实际汇率=(名义汇率×国内价格)/国外价格

(三)汇率决定理论:购买力平价模型

任何一种货币,一个单位该货币可以买到的商品数量,无论在哪里,都趋于一致。它表示在不同的国家,同样一笔钱的购买力将趋于相同,否则将出现套利,在低价国购买而在高价国销售,这样导致购买力是平价的、相同的。

用 e 表示汇率,当和美元比较时,我国的汇率 e 表示一个美元可以兑换的人民币数量。如果 p 表示在美国某商品的价格,单位是美元/千克,p' 表示在中国该商品的价格,单位是元人民币/千克。按照购买力评价理论,1 美元在美国的购买力是 $\dfrac{1}{p}$ 千克;1 美元在中国,换算成人民币数量是 e,购买力是 $\dfrac{e}{p'}$ 千克。两地,不考虑贸易壁垒,不考虑交通成本,购买力相等,即:

$$\frac{1}{p} = \frac{e}{p'}$$

根据以上公式:$e = \dfrac{p'}{p}$,表示 1 美元可以兑换的人民币数量。

人民币的汇率到底是多少？根据购买力评价理论，汇率与所选择的商品密切相关。所选择的商品如果是在中国劳动密集型、被严重低估的，比如说有些农产品，这样，1 美元可以兑换的人民币非常少，人民币购买力很强，人民币将升值。但是，一旦选择的商品如果是在中国价格被保护的、或者竞争不充分的高价产品，如通信费，如汽车，人民币的购买力很弱，人民币反而要贬值。往往，研究汇率时，采用了一篮子商品和劳务进行折中。但是，有些商品是不容易交易的，或者可交易的产品不总是完全替代的，这决定了购买力平价的局限性。按照通用的汉堡包标准，1 个巨无霸汉堡包在中国的价格是 13 元，在美国的价格是 3 美元，那么 1 美元兑换人民币的数量将是 4 左右。

二、本章重要名词

封闭经济	开放经济	贸易盈余	资本流出	资本流进
资本净流出	名义汇率	实际汇率	贬值	升值
套利	汉堡包标准	购买力平价		

三、复习题

(一)单项选择

1. 如果国民产出 Y＝1000，国内国外产品和服务的国内支出等于 900，则净出口等于（　　）。

A. 100　　　　　B. －100　　　　　C. 1900　　　　　D. 0

2. 下列说法中错误的是（　　）。

A. 资本净流出是国内储蓄超出国内投资的部分

B. 贸易盈余和资本净流出必须都等于 0

C. 资本净流出必须等于净出口

D. 资本净流出必须等于贸易盈余（或贸易余额）

3. 如果国内投资超过国内储蓄，人们会发现（　　）。

A. 负的资本净流出　　　　　B. 政府财政赤字

C. 贸易盈余　　　　　D. 都正确

4. 如果一台 IBM 电脑在美国价值 500 美元，名义汇率是 1 美元兑 6.8 元人民币，这台电脑在中国的价格是 4800 元人民币，那么实际汇率是（　　）。

A. 0.708　　　　　B. 6.8　　　　　C. 5　　　　　D. 2

5. 根据购买力平价，如果一台电视机在美国卖 500 美元，在中国卖 2000 元，那么名义汇率是 1 美元兑（　　）元人民币。

A. 2.5　　　　　B. 10　　　　　C. 4　　　　　D. 1

6. 购买力平价学说的理论基础是（　　）。

A. 货币数量论　　B. 货币中性理论　　C. 外汇供求理论　　D. 套利理论

7. 一个与其他经济有交往的经济是（　　）。

A. 出口经济　　　B. 封闭经济　　　C. 贸易平衡经济　　D. 开放经济

8.一国货币对外贬值可以( )。

A.促进出口,抑制进口,减少外资流入

B.减少出口,抑制进口,减少外资流入

C.促进出口,抑制进口,鼓励外资流入

D.促进出口,增加进口,鼓励外资流入

9.根据外汇市场供求理论,一国利率的上升将会导致该国货币( )。

A.贬值　　　　B.升值　　　　C.汇率不变　　　D.不能确定

10.下列情况中,( )有利于本国产品出口。

A.本国货币升值　　　　　　　B.本国发生通货膨胀

C.外国发生通货膨胀　　　　　D.本国通货膨胀率高于外国通货膨胀率

11.假设一年前美元对人民币的汇率是1美元等于6.8元人民币,假设美国的物价比前一年上升3%,而中国的物价上升6%,则美元与人民币之间理论上的汇率为( )。

A.6.998　　　　B.8.085　　　　C.13.6　　　　D.6.5876

12.在采用直接标价的前提下,如果需要比原来更少的本币就能兑换一定数量的外国货币,这表明( )。

A.本币币值上升,外币币值下降,通常称为外汇汇率上升

B.本币币值下降,外币币值上升,通常称为外汇汇率上升

C.本币币值上升,外币币值下降,通常称为外汇汇率下降

D.本币币值下降,外币币值上升,通常称为外汇汇率下降

13.在分析货币贬值对贸易收支的影响时,小国经济中的某农产品供给弹性是( )。

A.零　　　　　B.无穷大　　　　C.小于需求弹性　D.大于需求弹性

14.资本净流出衡量了( )。

A.国内居民对国外资产的持有量减去国外居民对国内资产的持有量

B.国内居民购买国外资产的数量和外国人购买国内资产的数量的差额

C.国内居民购买国外资产的数量和外国人购买国内产品和服务的数量上的差额

D.以上都对

15.以下哪一项直接增加了中国的资本净流出( )。

A.温州皮鞋制造商向日本出口了一个集装箱的皮鞋

B.联想在墨西哥建设工厂

C.美国投资管理公司资本集团(The Capital Group)购买中国农业银行股票

D.德国大众公司在中国扩建厂房

16.在我国,出口大于进口,那么中国的( )。

A.净出口是负的　　　　　　　B.资本净流出为负

C.贸易存在赤字　　　　　　　D.资本净流出为正

17.如果用来计算购买力平价,那么以下产品中,( )可能是最不准确的。

A.黄金　　　　B.汉堡包　　　　C.汽车　　　　D.理发服务

18. 如果中国的货币供给增长比美国货币供给增长快,可以预料到( )。

A. 人民币相对于美元贬值　　　　B. 人民币相对于美元升值

C. 基于购买力平价,汇率不变　　　D. 无法判断

19. 人们通过在便宜的地方买而在贵的地方卖,这称为( )。

A. 购买力平价　　B. 资本净流出　　C. 套利　　　　　D. 净出口

20. 购买力平价理论无法说明的是( )。

A. 汇率的中期与长期变动趋势

B. 物价水平与购买力之间的关系

C. 不同国家之间的经济增长率的差异

D. 汇率变动

21. 以下关于国民储蓄、投资和资本净流出之间关系的说法不正确的是( )。

A. 在既定的国民储蓄时,资本净流出减少必定减少国内投资

B. 储蓄是投资和资本净流出之和

C. 在既定的国民储蓄时,资本净流出增加必定减少国内投资

D. 与资本净流出等量增加相关的储蓄增加,国内投资不变

22. 如果日元与美元的交换比率从 100∶1 变为 80∶1,则( )。

A. 日元的汇率由 1 美分上升到 1.25 美分,美元升值

B. 日元的汇率由 1 美分上升到 1.25 美分,美元贬值

C. 日元的汇率由 1 美分下降到 1.25 美分,美元升值

D. 日元的汇率由 1 美分下降到 1.25 美分,美元贬值

23. 假设在最近的 5 年里,我国的通货膨胀率是 15%,美国的通货膨胀率是 7%,欧洲的通货膨胀率是 4%,根据购买力平价理论,则( )。

A. 与美元和欧元相比,人民币的价值在上升

B. 与美元和欧元相比,人民币的价值在下降

C. 与人民币和欧元相比,美元的价值在下降

D. 与人民币相比,美元的价值在下降;与欧元相比,美元的价值在上升

(二)问题与论述

1. 探讨改革开放 30 年来中国贸易量日益增长的原因。

2. 为什么购买力平价不能十分准确?

3. 解释储蓄、投资和资本净流出的关系。

4. 假设各国之间的贸易量大大增加,请问提高了还是降低了汇率决定的购买力平价理论预测的准备性?

5. 以下每一笔交易如何影响我国的 NCO? 交易体现在直接投资还是体现在有价证券投资?

(1)我国 QDII(Qualified Domestic Institutional Investors)在美国购买微软公司股票;

(2)联想集团向美国 Intel 公司购买处理器;

(3)大众公司扩大在华工厂;

(4)美国投资基金购买中国公司股票;

(5)华为公司在巴西设厂。

6.下列这些交易如何影响净出口?

(1)外国游客参观故宫博物馆;

(2)你父亲买了一辆进口轿车;

(3)美国人买了联想电脑;

(4)一个中国旅游团为了避税在香港的商店购买香水。

7.试分析下列每一种情况下,人民币的实际汇率会发生什么变动?(假设国外物价都不发生变动)

(1)我国汇率固定,但发生通货紧缩;

(2)我国名义汇率贬值,物价没什么变化;

(3)我国名义汇率升值,物价下降;

(4)我国名义汇率升值,物价上升。

(三)计算题

1.假如一台海尔冰箱,在我国是 2000 元人民币,在美国是 400 美元。请问:

(1)如果购买力平价成立,美元与人民币的名义汇率是多少?

(2)如果美联储受到经济萧条压力采用了扩张货币的方式进行经济刺激,货币供给翻了一番,物价恰好也是上涨了一倍。如果,购买力平价还是成立,那么此时新的汇率是多少? 美元升值还是贬值了?

(3)如果我国物价也是上涨 1 倍,那么通过购买力平价理论可以得到的汇率是多少?

2.假设 GDP 是 10 万亿元,税收是 2 万亿元,私人储蓄是 1 万亿元,公共储蓄是 1 万亿元,资本净流出是 −1 万亿元,计算消费、政府购买、国民储蓄和投资。

(四)辨析题

1.如果购买力平价成立,实际汇率为 1。(　　　)

2.对任何一个国家而言,净出口总等于资本净流出,因为每一次国际交易都是涉及某种物品和劳务的等值交换。(　　　)

3.对于既定的储蓄,如果国内投资减少意味着资本净流出增加。(　　　)

4.套利会引起同一种物品的价格相互背离。(　　　)

四、文献链接

巨无霸指数称人民币被低估 58%[①]

《经济学人》最近公布巨无霸指数,麦当劳的巨无霸汉堡包在美国的价格是 3.1 美元,中国再度蝉联全球巨无霸汉堡包最便宜的国家,一个巨无霸汉堡包售价只需 1.31 美

[①] 原文载于 2006 年 6 月 1 日的《国际金融报》,作者唐靖。

元,凸显人民币汇率被低估58%。全球最贵的巨无霸汉堡包在瑞士,售价5.21美元,显示瑞士法郎高估了68%。

《经济学人》杂志每半年公布一次的巨无霸指数(Big Mac Index),自1986年推出后,已经迈入第20年。巨无霸指数是根据经济学的购买力平价理论出发,假定两国汇率调整后,同样一美元在各国购买力都会相同,由于麦当劳在全球120个国家都有据点,拿巨无霸汉堡包价格作为指针颇具参考意义。

尽管巨无霸指数过去以来一直被批评过度简化,不过《经济学人》发现,每次巨无霸指数显示低估的汇率,随后都呈现升值现象。

巨无霸指数的推出让美国国会议员常常以此为依据,要求中国让人民币升值五成。不过《经济学人》指出,购买力平价理论是一个长期均衡的概念,巨无霸汉堡包价格在中国偏低,不一定可以拿来直接证明人民币远低于公平价格。况且,在经济发展过程,贫穷国家物价偏低是十分普遍现象,低工资尤其反映在非贸易劳务项目价格。随着这些国家逐渐富裕,该国货币也会逐渐升值。

瑞银证券亚洲区首席经济学家安德森(Jonathan Anderson)认为,人民币低估的幅度仅为10%~15%。

名词解释:巨无霸指数

巨无霸指数(Big Mac index)是一个非正式的经济指数,用以测量两种货币的汇率理论上是否合理。这种测量方法假定购买力平价理论成立。

购买力平价的大前提为两种货币的汇率会自然调整至一水平,使一篮子货物在该两种货币的售价相同(一价定律)。根据巨无霸指数,该一篮子货品就是一个在麦当劳连锁快餐店里售卖的巨无霸汉堡包。选择巨无霸汉堡包的原因是,巨无霸汉堡包在多个国家均有供应,而它在各地的制作规格相同,由当地麦当劳的经销商负责为材料议价。这些因素使该指数能有意义地比较各国货币。

两国的巨无霸汉堡包的购买力平价汇率的计算法,是以一个国家的巨无霸汉堡包以当地货币的价格,除以另一个国家的巨无霸汉堡包以当地货币的价格。该商数用来跟实际的汇率比较;要是商数比汇率为低,就表示第一国货币的汇价被低估了(根据购买力平价理论);相反,要是商数比汇率为高,则第一国货币的汇价被高估了。

举例而言,假设一个巨无霸汉堡包在美国的售价为$2.50,在英国的售价为£2.00;购买力平价汇率就是2.50÷2.00=1.25。要是1美元能买入0.55英镑(或£1=$1.82),则表示以两国巨无霸汉堡包的售价而言,英镑兑美元的汇价被高估了45.6%((1.81-1.25)÷1.25×100%)。

巨无霸指数是由《经济学人》于1986年9月推出,此后该报每年出版一次新的指数。该指数在英语国家里衍生了Burgernomics(汉堡包经济)一词。

在2004年1月,《经济学人》推出了Tall Latte index(中杯鲜奶咖啡指数);计算原理一样,但巨无霸汉堡包被一杯星巴克咖啡取代,标志着该连锁店的全球扩展。在1997年,该报也出版了一份"可口可乐地图",用每个国家的人均可乐饮用量,比较国与国间的财富;该图显示可乐饮用量越多,国家就越富有。

用汉堡包测量购买力平价是有其限制的;比方说,当地税收、商业竞争力及汉堡包材料的进口税可能无法代表该国的整体经济状况。在许多国家，在麦当劳这样的国际快餐店进餐要比在当地餐馆贵，而且不同国家对巨无霸汉堡包的需求也不一样。例如在美国，低收入的家庭可能会一周几次在麦当劳进餐，但在马来西亚，低收入者可能从来就不会去吃巨无霸汉堡包。尽管如此，巨无霸指数还是广为经济学家引述。

强势美元周期与人民币汇率[①]

在应对全球金融危机的扩张性政策退出之后，我国经济逐渐步入低迷，至今已经持续十几个季度，结构调整的阵痛始终未见缓解。2015年6月以来，A股的牛市也戛然而止，经历了连续暴跌，对实体经济造成新的冲击。在实体经济低迷、资产价格剧烈波动的形势下，人民币汇率日益成为关注的焦点。2015年8月中旬，中国人民银行实施了人民币一次性贬值，在缓解压力的同时，也引发了各种猜测。虽然官方此后屡次强调人民币不存在持续大幅贬值的基础，但是市场和舆论仍多存犹疑。人民币汇率在一次性贬值后曾出现短期强势反弹，2016年年初再次较大幅度贬值，并创出新低。

另一个大背景是，在全球经济普遍不景气的同时，大宗商品和各国货币均出现不同程度的贬值。石油价格处在近年罕见的低位，各类金属、矿产品，甚至包括黄金都出现了较大幅度的价格下跌。货币除了卢布主要因政治原因而大幅贬值外，欧元和日元等货币也持续走软。同时，A股股灾又对全球股市造成影响，欧美等国股市也出现不同程度的下跌。一时之间，似乎全世界所有商品、资产和货币都在贬值，价格都在下跌。

价格是一个相对量，任何标的物的价格下跌都有一个参照基准，即计价货币。价格上涨意味着计价货币贬值，价格下跌则意味着计价货币升值。同理，一国货币升值意味着相应计价货币的贬值，一国货币贬值则意味着相应计价货币的升值。所以，对全体经济标的物而言，有贬必有升，有涨必有跌。那么，在几乎全球性的商品、资产和货币的贬值和价格下跌的同时，升值的是什么呢？显然，答案是全球主要计价货币——美元。

美元是全球经济运行的背景或者说底色，几乎一切商品和资产的价格变动以及其他货币的汇率变动，最终都要还原为以美元为基准来理解。美元如此重要，以至于大家在思考问题时往往会忽略它的存在，就像忽略空气的存在一样。美元被忽略的原因在于其内在价值的稳定性，就像空气被忽略的原因是其质量的稳定性一样。金本位制时期，黄金充当这一背景和底色，主要原因是黄金价值的稳定性。而在布雷顿森林体系之后，美元开始上位，也出现了所谓"美元本位"的说法。至今，仍有很多货币汇率是盯住美元的，即以美元为"货币锚"。锚意味着稳定。

就一国的经济发展而言，和平和稳定是基础条件。很多研究都指出，锚定美元是获取货币和经济稳定的有效途径。东亚经济奇迹是这一策略的最好背书，中国更是其中的典型。改革开放以来，我国在较长时间内实行盯住美元的汇率制度，也取得了高增长、低通胀的经济成功。

---

① 原文出自《经济学茶座》第2016年第1期，第90—92页，作者汤铎铎，系中国社科院经济研究所副研究员。引入本书时作了删减和修改。

　　然而，与空气质量和黄金的价值一样，美元价值的稳定性也是有限的和相对的。实际上，自布雷顿森林体系崩溃，美元和黄金脱钩以来，美元的实际价值已经经历了两个完整的周期。从实际美元指数看，第一个周期的上涨阶段从 1978 年 10 月到 1985 年 3 月，历时 6 年 6 个月（78 个月），总涨幅为 53%。第二个周期的上涨阶段从 1995 年 7 月到 2002 年 2 月，历时 6 年 8 个月（80 个月），总涨幅为 34%。目前来看，第三个周期的上涨阶段从 2013 年开始初露端倪，至今已历时近 3 年，总涨幅在 17% 左右。如果复制前两个周期的走势，那么本次周期的上涨阶段可能会延续到 2019 年前后，而实际美元指数还有至少 20% 的涨幅。

　　第一个强势美元时期出现在卡特政府末期和里根政府前期。对美国来说，整个 70 年代是经济疲弱的年代，石油危机和滞胀是这一时期的关键词。1979 年 10 月，美联储主席保罗·沃尔克开始紧缩通货，美元彻底扭转了此前的下降趋势。此后，伴随着通货膨胀的下降，美国经济出现强劲复苏。名义利率虽然下降到 10% 左右，可是由于通胀下降，实际利率仍维持在高位。1984 年 6 月到 1985 年 3 月，美元经历了最后的上涨。这一时期的升值很难用基本理论进行解释，许多经济学家认为，外汇市场已经被非理性的投机泡沫冲得晕头转向。与美元上涨相伴随，美国经常账户赤字持续扩大，其 GDP 占比从 1980 年 0.1% 上升到 1985 年的超过 3%。坚挺美元和贸易赤字逐步成为美国经济政策需要解决的重要问题。

　　第二个强势美元时期出现在克林顿政府后期和小布什政府初期。这一阶段的一个最重要特点是，美元升值被明确而系统地纳入国家经济政策，强势美元政策被看成是美国政府整个财政和货币策略的深层次组成部分。1995 年，罗伯特·鲁宾接任财政部长后大胆公开支持强势美元政策，并且很快获得广泛支持。有经济学家明确指出，稳定或强势美元的预期是克林顿政府整个宏观经济策略的关键。美元升值有助于减缓通货膨胀。美元升值鼓励美联储维持低利率，从而有助于为推动十年经济增长的投资创造一个有利的环境。除了政府的强势美元政策，这一阶段的美元升值还得益于另外一些因素。20 世纪 90 年代中后期发生的新兴市场危机对美元升值起到了一定的推动作用，危机使得各国货币普遍贬值，也促使各国政府大量积累美元储备。另外，美国这一时期的经济增长非常强劲，吸引了大量资金进入投资"新经济"。和第一次升值一样，此次升值的最后阶段也很难用基本理论解释。21 世纪初，美国互联网泡沫破裂，经济陷入衰退，纳斯达克股指暴跌 65%，可是美元币值却顽强地维持到 2002 年。《金融时报》的评论生动刻画了人们的困惑："美元在如此长的时间里违背地心引力并不能证明美元高估的观点是错误的，它仅仅意味着我们不能预知美元何时贬值"。最重要的是，这一阶段美国经常账户赤字的 GDP 占比从不到 2% 扩大到 4% 以上，其可持续性遭到普遍的质疑。

　　对比前两个周期，本次美元升值面对的经济形势有诸多相似之处。2015 年 12 月，美联储宣布加息，结束了 2007 年 9 月以来的降息周期，开启了新的加息周期。对照全球各大经济体，美国的经济增长前景似乎最可期待，包括中国在内的新兴市场风光不再，甚至有爆发金融和经济危机的风险，欧洲和日本等发达经济体也麻烦不断，仍旧处在低迷之中。同时，国际资本流动也逐渐显露出持续流入美国的倾向。历史是否会简单重演，让我们拭目以待。

如果未来美元走势大概率会重复此前两轮的周期形态,那么,人民币汇率政策应该如何调整?从目前的经济形势看,最重要的一条是人民币要尽快和美元脱钩,即放弃美元这个货币锚。在第二个强势美元周期,人民币兑美元汇率一直维持在8.27的固定水平。这一时期中美经济周期同步性较强,因此没有出现大的摩擦和动荡。2002年之后,美元进入贬值周期,人民币盯住美元的策略开始屡受诟病,其逻辑和1985年后美国通过《广场协议》督促日元升值类似。当前形势下,中美经济周期的同步性大大下降,盯住美元可能意味着人民币未来相对于其他货币的较大幅度升值,显然不利于我国经济的内外平衡。另外,我国当前的经济体量和经济影响力大大增加,已非吴下阿蒙,经济政策和货币政策需要更多的灵活性和自主性。从这个意义上讲,即使未来美元汇率并没有简单重复昨天的故事,人民币与美元的脱钩也顺理成章。总之,我们需要改变对美元的基本看法,不能再将其视作稳定不变的背景和底色,这就好像面对雾霾,我们需要重新审视空气一样。

五、参考答案

(一)单项选择

1. A　2. B　3. A　4. A　5. C　6. D　7. D　8. C　9. B　10. C　11. A　12. C　13. B　14. B　15. B　16. D　17. D　18. A　19. C　20. C　21. A　22. B　23. B

(二)问题与论述

1. 答:政府的政策、低廉的运输成本、汇率、工人工资成本低、技术和研发等。

2. 答:许多物品不能贸易,产品不能完全替代。

3. 答:在一个开放经济中,$Y = C + I + G + NX$

$$Y - C - G = I + NX$$

$$Y - T - C + T - G = I + NX$$

国民储蓄＝投资＋净出口

$$NCO = NX$$

国民储蓄＝投资＋资本净流出。

4. 答:提高了,因为可贸易的物品量越大,该理论越准确。

5. 答:

(1)NCO增加,属于有价证券投资。

(2)中国净出口减少,因为美国厂商获得货款,得到人民币资产,美国资本净流出增多,意味着中国资本净流出NCO减少。

(3)资本净流出减少,直接投资。

(4)资本净流出减少,有价证券投资。

(5)资本净流出增加,直接投资。

6. 答:

(1)增加。

(2)减少。

(3)增加。

(4)减少(我国的经济统计都是统计除香港、澳门和台湾地区的中国数据)。

7.答:

(1)我国汇率固定,但发生通货紧缩(实际汇率贬值)。

(2)我国名义汇率贬值,物价没什么变化(实际汇率贬值)。

(3)我国名义汇率升值,物价下降(实际汇率变动无法确定)。

(4)我国名义汇率升值,物价上升(实际汇率升值)。

(三)计算题

1.答:

(1)1美元换5元人民币。

(2)1美元可以兑换的人民币数量是2.5元人民币,美元贬值。

(3)1美元兑换人民币数量还是5,只要两国对称物价上升,就不影响名义汇率。

2.答:NCO=−1(万亿元),NX=−1(万亿元),C=10−2−1=7(万亿元),G=1(万亿元),I=3(万亿元)。

(四)辨析题

1.答:对。

2.答:对。

3.答:对。

4.答:错。价格趋于一致。

第十章

开放经济的宏观经济理论

一、本章概述

上一章中我们介绍了开放经济的一些关键的宏观经济变量,如净出口、资本净流出、名义汇率和真实汇率等,这些变量描述了一国和其他国家之间的关系。本章将建立一个同时涉及可贷资金市场和外汇市场的模型,来说明什么因素决定了一国的贸易余额和汇率,以及相关事件和政府政策起到了怎样的影响作用。

(一)可贷资金市场与外汇市场的供给与需求

在第四章中,我们介绍了可贷资金市场,可贷资金的供给来自于储蓄,可贷资金的需求来自于投资,可贷资金的价格为真实的利率。利率水平的调整能促使可贷资金的供给和需求达成均衡。在本章中,我们将上述可贷资金市场模型加以扩展。根据开放经济条件下可贷资金市场中的恒等式:S=I+NCO,即储蓄=投资+资本净流出,可得:在开放经济的条件下,可贷资金的供给仍然来源于储蓄,而可贷资金的需求不仅来源于国内的投资,即那些想借贷以购买国内资本品的人,而且也来源于资本净流出,即那些想借贷以购买外国资产的人。可贷资金的价格仍为真实的利率。可贷资金的供给曲线向右上方倾斜,因为较高的利率增加了可贷资金的供给量;可贷资金的需求曲线向右下方倾斜,因为较高的利率减少了可贷资金的需求量。利率的调整可使可贷资金的供给和需求平衡。在均衡利率处,人们想储蓄的量正好与合意的国内投资和资本净流出量平衡。

开放经济模型的第二个市场是外汇市场,这个市场的参与者用本币兑换外国通货。开放经济中有一个恒等式 NCO=NX,即资本净流出=净出口。开放经济模型假定,这个恒等式的两边代表了外汇市场上的双方。资本净流出代表了本币的供给,净出口代表了本币的需求,使外汇市场平衡的价格是真实汇率。外汇市场上本币的需求曲线向右下方倾斜,表示由于净出口而引致的对本币的需求量随着真实汇率的上升而下降,本币的供给曲线为垂线,表示为资本净流出而供给的本币的数量并不取决于真实汇率。真实汇率变动以确保这个市场均衡。在均衡的利率处,外汇市场上对本币的供求相平衡。

(二)开放经济的均衡

之前介绍了开放经济中的可贷资金市场和外汇市场。不难发现,资金净流出联系着这两个市场。在可贷资金市场上,资金净流出是可贷资金的需求的一部分;在外汇市场上,资本净流出是供给的来源。资本净流出的关键决定因素是真实利率。当真实利率高时,资本净流出减少,当真实利率低时,资本净流出增加。资本净流出曲线因而是一条向右下方倾斜的线,这条线将可贷资金市场和外汇市场联系起来。

如图 10-1 所示,把可贷资金市场图、资本净流出图、外汇市场图放在一起,可以说明可贷资金市场和外汇市场如何共同决定开放经济中的重要宏观经济变量。图 10-1(a)中可贷资金的供求共同决定了真实的利率,由图 10-1(a)中所决定的真实的利率决定了图 10-1(b)中的资本净流出数量,由图 10-1(b)中所决定的资本净流出的数量在图 10-1(c)中和对本币的需求一起共同决定了本币的真实的汇率。当真实的利率和真实的汇率这两个相对价格调整时,它们就决定了国民储蓄、国内投资、资本净流出和净出口。这个简单的模型有助于我们分析政策和其他事件的变动如何改变经济的均衡。在分析时,我们仍遵循以下步骤:第一步,分析政策影响的是供给曲线还是需求曲线;第二步,确定影响的方向,回答曲线应该向着哪个方向发生移动;第三步,说明均衡点如何变动。

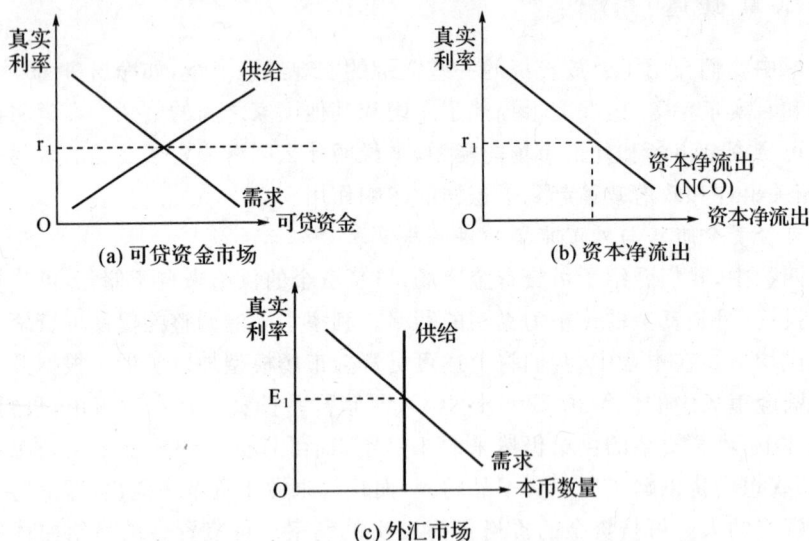

图 10-1　开放经济的实际均衡

(三)政策和事件如何影响开放经济

当政府预算赤字增加时,它减少了国民储蓄,因此可贷资金供给曲线左移,真实利率水平上升。和封闭经济一样的是,国内的投资随着可贷资金供给的减少和真实利率的上升而减少,和封闭经济不同的是,开放经济中,可贷资金供给的减少还有额外的影响,图 10-1(b)中资本净流出量随着真实利率的上升也下降了。由于资本净流出代表了本币的供给,因此在图 10-1(c)中本币供给曲线左移,真实的汇率将上升。这种升值将导致本国物品相对于外国物品变得更加昂贵,导致净出口下降。因此在一个开放经济中,政府预算赤字提高了真实利率,挤出了国内投资,引起本币升值,并使贸易余额倾向于赤字。即预算赤字引起了贸易赤字,这被称为"双赤字"。

当一国对进口商品实行贸易配额时,真实汇率既定时的进口减少,进而真实汇率既定时的净出口增加,因此图 10-1(c)中本币需求曲线右移,真实汇率上升。随着真实汇率的上升,净出口减少,抵消贸易配额所导致的净出口的增加。除此以外,图 10-1(a)中可贷资金市场上并没有发生任何变动,真实利率不变;由于真实利率不变,因而图 10-1(b)中资本净流出也没有变动。根据 NX＝NCO＝S－I,由于储蓄、投资和资本净流出都没有改变,因此净出口也将保持不变。即贸易配额虽然减少了进口,但是同时导致了真实汇率的上升和出口的减少,净出口的值并没有发生改变。因此,根据模型得出的结论是:贸易政策并不影响贸易余额。虽然贸易政策并不影响贸易余额,但是这并不意味着贸易政策对经济没有影响,贸易政策的微观经济影响往往是不容忽略的。当一国对 A 商品实行贸易配额时,国内 A 商品的生产厂商所面临的竞争压力减轻,并将卖出更多商品,但是与此同时由于真实汇率上升,国内其他商品的生产商的出口将受到影响。

当一国面临政治不稳定和资本外逃时,利率既定时的资本净流出增加,因此图 10-1(a)中可贷资金的需求曲线、图 10-1(b)中的资本净流出线,以及图 10-1(c)中本币供给曲线都发生右移。随着图 10-1(a)中可贷资金的需求曲线右移,真实利率上升;随着图 10-1(c)中本币供给曲线右移,真实汇率下降。一些典型国家的历史都证明了,当发生资本外逃时,利率上升,而本币贬值。资本外逃对其他重要宏观经济变量的影响包括:随着本币贬值,出口变得廉价,进口变得昂贵,因此贸易余额朝着盈余的方向发展。同时,利率上升减少了国内投资,这就放慢了资本积累和经济增长的速度。

二、本章重要名词

可贷资金市场　　　　外汇市场　　　　贸易政策　　　　关税　　　　进口配额
资本外逃　　　　　　孪生赤字

三、复习题

(一)单项选择

1. 一般来说,国内投资增加将会( )。

A. 减少向其他国家的进口　　　　　　B. 增加出口而进口保持不变

C. 改善外贸情况　　　　　　　　　　D. 恶化外贸情况

2. 人民币对于美元的汇率上升,将使( )。

A. 中国商品相对便宜,美国增加对中国商品的进口

B. 中国商品相对便宜,中国增加对美国商品的进口

C. 中国商品相对昂贵,美国增加对中国商品的出口

D. 中国商品相对昂贵,中国增加对美国商品的出口

3. 美元对欧元升值,将导致( )。

A. 欧元对美元的升值

B. 降低美国市场上欧洲商品的价格

C. 欧洲各国增加对美国商品的进口,减少对美国的出口

D. 对美元需求量减少,对欧元需求量增加

4. 如果本国货币贬值,可以使( )。

A. 本国的进、出口都增加　　　　　　B. 本国的出口增加,进口减少

C. 本国的进口增加,出口减少　　　　D. 本国的进口、出口都减少

5. 决定国际间资本流动的主要因素是各国的(　　)。

　　A. 收入水平　　　B. 利率水平　　　C. 价格水平　　　D. 进、出口差额

6. 在一个开放经济中,投资税收减免政策会提高实际利率、(　　)贸易余额和(　　)资本净流出。

　　A. 减少;减少　　B. 增加;增加　　C. 减少;增加　　D. 增加;减少

7. 如果某些主要大国决定通过制定投资税收减免政策来刺激投资,那么在长期中,小国开放经济的本币将(　　)。

　　A. 升值,净出口将下降　　　　　　B. 升值,净出口将上升

　　C. 贬值,净出口将上升　　　　　　D. 贬值,净出口将下降

8. 人民币汇率升值是指(　　)。

　　A. 人民币与美元的比率由 1:0.2 变为 1:0.25

　　B. 人民币与美元的比率由 1:0.2 变为 1:0.18

　　C. 人民币与美元的比率由 5:1 变为 2:0.4

　　D. 人民币与美元的比率由 1:0.2 变为 2:0.4

9. 以下选项中,(　　)是正确的。

　　A. 一国的资本净流出增加降低了实际利率

　　B. 一国的资本净流出增加使可贷资金需求曲线向右移动

　　C. 国内投资增加使可贷资金的需求向左移动

　　D. 一国资本净流出减少可使可贷资金的需求向右移动

10. 如果美国对中国生产的轮胎进口实行配额,以下关于美国外汇市场的表述中,(　　)是正确的。

　　A. 美元供给增加,以及美元贬值　　B. 美元供给减少,以及美元升值

　　C. 美元需求增加,以及美元升值　　D. 美元需求减少,以及美元贬值

11. 如果美国对中国生产的轮胎进口实行配额,以下关于美国净出口的表述中,(　　)是正确的。

　　A. 净出口将增加　　　　　　　　　B. 净出口将减少

　　C. 净出口将保持不变　　　　　　　D. 以上各项都不是

12. 其他条件都不变的情况下,中国的实际利率下降,将(　　)。

　　A. 增加中国的资本净流出,因为中国居民和外国人喜欢在中国投资

　　B. 减少中国的资本净流出,因为中国居民和外国人喜欢在中国投资

　　C. 减少中国的资本净流出,因为中国居民和外国人喜欢在国外投资

　　D. 增加中国的资本净流出,因为中国居民和外国人喜欢在国外投资

13. 美国消费者对中国生产的服装产生抵触情绪,将引起人民币(　　)。

　　A. 贬值,以及中国净出口增加　　　B. 贬值,但是中国净出口总值保持不变

　　C. 升值,以及中国净出口增加　　　D. 升值,但是中国净出口总值保持不变

14. 希腊大幅度削减预算赤字,将会(　　)。

　　A. 增加希腊的净出口,并减少希腊的资本净流出

　　B. 减少希腊的净出口,并增加希腊的资本净流出

C. 减少希腊的净出口,并减少希腊的资本净流出

D. 增加希腊的净出口,并增加希腊的资本净流出

15."双赤字"指的是( )。

A. 一国的贸易赤字和其政府预算赤字

B. 一国的贸易赤字和其资本净流出赤字

C. 一国的储蓄赤字和其投资赤字

D. 如果一国有贸易赤字,其贸易伙伴必定也有贸易赤字这一事实

16.以下关于外汇市场的表述中,( )是正确的。

A. 中国净出口增加增加了人民币供给,以及人民币贬值

B. 中国净出口增加减少了人民币供给,以及人民币贬值

C. 中国净出口增加减少了人民币需求,以及人民币升值

D. 中国净出口增加增加了人民币需求,以及人民币升值

17.经历了次贷危机以后,美国人的消费观念发生了改变,私人储蓄增加,这将会( )。

A. 增加美国的净出口,并减少美国的资本净流出

B. 减少美国的净出口,并减少美国的资本净流出

C. 增加美国的净出口,并增加美国的资本净流出

D. 减少美国的净出口,并增加美国的资本净流出

18.由于政治稳定和经济稳定增长,许多欧洲人选择购买中国资产而不买欧洲资产。以下关于人民币价值和中国净出口的表述中,( )是正确的。

A. 人民币升值,中国的净出口减少　　B. 人民币贬值,中国的净出口减少

C. 人民币升值,中国的净出口增加　　D. 人民币贬值,中国的净出口增加

19.如果中国对从美国进口的鸡肉的进口实行配额,以下选项中,( )不能从这一政策中获益。

A. 中国鸡肉生产厂家的股东　　　　B. 生产外销服装的服装厂

C. 购买日本电器的中国消费者　　　　D. 中国鸡肉生产厂家的员工

20.以下选项中,( )受中国政府预算赤字的伤害最大。

A. 希望购买日本汽车的中国公民　　　　B. 可贷资金的债权人

C. 希望购买中国资产的外国人　　　　D. 希望把瓷器卖给美国的景德镇瓷器厂商

21.出口退税对以下选项中的( )有抵消作用。

A. 来自其他国家的关税　　　　　　B. 资本外逃

C. 政府预算赤字　　　　　　　　　　D. 私人储蓄增加

22.如果本国资产在国际市场上更具吸引力,将产生( )的影响。

A. 减少一国的净出口,增加其长期增长路径

B. 减少一国的净出口,降低其长期增长路径

C. 增加一国的净出口,降低其长期增长路径

D. 增加一国的净出口,增加其长期增长路径

23.增加企业所得税,产生的影响是(　　)。

A.贸易余额增加,并减少本国的资本净流出

B.贸易余额减少,并减少本国的资本净流出

C.贸易余额减少,并增加本国的资本净流出

D.贸易余额增加,并增加本国的资本净流出

24.以下选项中,(　　)是不正确的。

A.私人储蓄增加使可贷资金的供给向右移动

B.政府预算赤字的减少降低了实际利率

C.政府预算赤字的增加使可贷资金的供给向左移动

D.政府预算赤字的增加使可贷资金的供给向右移动

25.如果投资环境改善使企业开发更多的投资项目,将产生(　　)的影响。

A.增加本国的净出口,并减少本国的资本净流出

B.减少本国的净出口,并减少本国的资本净流出

C.减少本国的净出口,并增加本国的资本净流出

D.增加本国的净出口,并增加本国的资本净流出

26.如果中国物品和劳务的质量提高了,结果外国人选择购买的中国物品多了,以下关于人民币价值和中国净出口的表述中,(　　)是正确的。

A.人民币升值,中国的净出口增加

B.人民币贬值,中国的净出口增加

C.人民币升值,中国的净出口保持不变

D.人民币贬值,中国的净出口保持不变

27.以下选项中,属于贸易政策的是(　　)。

(1)增加政府赤字,因为它减少了一国的净出口;

(2)汽车的关税;

(3)资本外逃,因为它增加了一国的净出口;

(4)出口补贴。

A.(1)和(3)　　　B.(2)和(4)　　　C.以上都对　　　D.以上都不对

28.以下选项中,(　　)是正确的。

A.出口补贴增加了一国的净出口

B.出口补贴减少了一国的净出口

C.出口补贴对一国贸易余额的大小没有影响

D.以上都不对

29.过去十年以来,中国一直用自己的储蓄为美国的投资筹资,也就是说,中国一直在购买美国的资本资产。以下关于美国外国净投资的表述中,(　　)是正确的。

A.美国外国净投资增加

B.美国外国净投资减少

C.美国外国净投资不变,因为只有美国公民才能改变美国的外国净投资

D.以上都不对

30.假设欧洲各国的真实利率上升,以下关于中国净出口的表述中,(　　)是正确的。

A.净出口将增加　　　　　　B.净出口将减少

C.净出口将保持不变　　　　D.以上各项都不是

(二)问题与论述

1.在一个开放经济中,政府预算赤字对经济的影响。

2.在 1997 年发生的东南亚金融危急中,我国坚持人民币不贬值,这样做会对国内经济也会带来不利影响吗? 请分析。

3.如果一个小型开放经济削减国防支出,则储蓄、投资、利率会发生什么变动?

4.假如中国要对外国汽车的进口征收 100% 的关税。讨论这种政策会如何影响中国的贸易赤字? 如何影响汇率? 谁会受到这种政策的伤害? 谁获益?

5.什么是资本外流? 当一个国家发生了资本外流时,对利率和汇率有什么影响?

6.假设政府通过投资税收优惠,该法稳定了国内投资。这种政策如何影响国民储蓄、国内投资、国外净投资、利率、汇率以及贸易余额? 这一政策对出口商有利,还是对进口商有利?

7.假设中国共同基金突然决定更多地在澳大利亚投资。

(1)澳大利亚的国外净投资、澳大利亚的储蓄和澳大利亚的国内投资会发生什么变动?

(2)对澳大利亚资本存量的长期影响是什么?

(3)资本存量的这种变化将如何影响澳大利亚劳动力市场? 这种中国在澳大利亚的投资使澳大利亚工人状况变好还是变坏?

(4)你认为这将使中国工人状况变好还是变坏? 你认为有什么理由可以认为对中国公民的影响一般会与对中国工人的影响不同?

8.2010 年,希腊爆发债务危机,如果因此而使全世界投资者提高了对中国政府债券的偏好,那么你认为这种"力争安全性"对中国经济有什么影响? 确切地指出对国民储蓄、国内投资、国外净投资、利率、汇率和贸易余额的影响。

9.中国取消其贸易限制的好处之一是给中国生产出口物品的行业带来利益,为什么?

10.香港是资本主义经济制度。100 年来英国从中国租借了香港,在 1997 年,香港回归了社会主义共和国中国。在回归初期,很多人担心香港回归后,中国将对香港许多行业实行国有化。考虑这种担心的影响。

(1)这种担心对香港的资本净流出有什么影响?

(2)如果香港居民选择把商业活动转移到日本,你认为这对日本的利率和汇率有什么影响? 为什么?

(3)是日本的进口行业还是出口行业喜欢香港在日本的投资? 为什么?

(4)香港回归中国对日本的增长率有什么影响?

11.如果国外爆发一场战争,它将在许多方面影响中国经济。用开放经济模型考察这场战争对下面每个方面的影响。中国的储蓄、投资、贸易余额、利率以及汇率会发生什么变动?(为了简化起见,分别考察下面每一种影响。)

(1)中国政府由于担心自己需要加强国防力量,增加了对军事装备的购买;

(2)其他国家增加了对某种技术武器的需求,提高了中国的出口额;

(3)战争使中国企业对未来无法确定,而且一些企业的投资项目被延期;

(4)战争使中国消费者对未来无法确定,而且做出的反应是更多的储蓄;

(5)中国人开始害怕出国旅游,因此更多人在国内度假;

(6)外国投资者在中国为他们的投资组合寻找一个避风港。

(三)计算题

1. 假设中国是汽车进口的小国,对汽车的需求和供给分别为:

$$DC = 2000 - 0.02P \qquad SC = 1200 + 0.03P$$

并设国际市场上汽车的价格为 10000 美元,请用数字和图形说明下列问题:

(1) 贸易前中国汽车的产量与价格。

(2) 自由贸易下,中国汽车的产量及进出口量,自由贸易对国内消费及厂商的福利影响。

(3) 中国对汽车征收每辆 3000 美元的进口税,国内汽车的产量及贸易量各是多少? 与自由贸易相比,消费者和厂商的福利变化。

(4) 中国为汽车进口设定 150 单位的配额限制,国内汽车的价格、产量及贸易量各是多少? 与自由贸易相比,消费者、政府、厂商的福利变动。

(5) 中国给国内汽车制造商每辆 3000 美元的生产补贴,这时国内汽车的产量、贸易量各是多少? 与自由贸易相比,消费者、政府、厂商的福利变动。

(6) 如果政府的政策目标是保护国内汽车制造业,你认为应该实行哪一种政策? 在实践中会有什么问题?

2. 美元与人民币的汇率初为 1:8,以后变成 1:6,据此计算:

(1) 中国出口到美国的某产品原人民币价格为 1200 元,汇率变动前后的美元价格各为多少?

(2) 美国出口到中国的某产品美元价格为 400 美元,汇率变动前后的人民币价格各为多少?

(3) 这种变动是有利于增加美国向中国的出口,还是有利于中国向美国的出口?

3. 一个经济,消费需求为 8000 亿元,投资需求为 1800 亿元,出口为 1000 亿元,进口为 800 亿元,计算该经济的总需求,并计算各部分在总需求中所占的比例。

4. 2005 年 7 月 21 日,中国人民银行发布公告:经国务院批准,我国开始实行以市场供求为基础、参考一篮子货币进行调节、有管理的浮动汇率制度。当日人民币对美元就升值 2%,即 1 美元=8.11 元人民币。据此可以计算出升值前 100 元人民币大约兑换多少美元? 这种变动是有利于增加美国向中国的出口,还是有利于中国向美国的出口?

5. 小张曾在网上看中了标价为 5 欧元的一件小饰品,那时的汇率为 1 欧元=10 元人民币。一个月后,欧元贬值了 10%。此时,用人民币购买这件饰品,小张要付的钱与一个月之前相比差额有多少? 这种变动是有利于增加欧洲向中国的出口,还是有利于中国向欧洲的出口?

6.考虑一个由以下方程式所描述的经济：

$$Y=C+I+G+NX$$
$$Y=5000$$
$$G=1000$$
$$T=1000$$
$$C=250+0.75(Y-T)$$
$$I=1000-50r$$
$$NX=500-500\varepsilon$$
$$r=rI^*=5$$

其中 r 为国内利率，r^* 为国际利率，ε 为实际汇率。

(1)在这个经济中,求国民储蓄、投资、贸易余额和均衡的实际汇率。

(2)现在假设 G 增加到 1250,求国民储蓄、投资、贸易余额以及均衡的实际汇率的值。解释你的结果。

(3)现在假设国际利率从 5% 上升到 10%,G 仍为 1000,求国民储蓄、投资、贸易余额以及均衡的实际汇率的值。解释你的结果。

(四)辨析题

1.可贷资金的供给量和需求量平衡取决于实际利率。(　　)

2.资本净流出是外国人购买的本国资产减去国内居民购买的外国资产。(　　)

3.如果政府降低了对进口汽车的配额限制,那么进口将增加,出口保持不变。(　　)

4.在减少一国的贸易赤字方面,进口配额的效果不好,因为它会激怒贸易伙伴。如果改用出口补贴的方式,就可以通过增强本国企业的竞争力而减少赤字了。(　　)

5.当开放贸易时,所有消费者的境况都会得到改善。(　　)

6.如果一国中某生产者通过贸易能使自己的境况得到改善,那么,该国中所有的生产者都会通过贸易来改善自己的境况。(　　)

7.如果中国出口的服装更多了,中国其他的进口将增加,其他的出口将下降。(　　)

8.当一国政治不稳定,发生资本外逃时,外汇市场上该国货币的供给将增加,并使该国货币贬值。(　　)

9.如果中国人改变消费习惯,变得不爱储蓄了,那么外汇市场上人民币将升值。(　　)

10.如果中国大幅度增加政府购买支出,这将引起人民币实际汇率贬值。(　　)

四、文 献 链 接

最理想的状态是贸易逆差和资本顺差①

人民币外汇储备达到 1 万亿美元,成为议论纷纷的一个话题。这后面的原因,确实

---

①　原文刊登于 2006 年 12 月 8 日的《第一财经日报》,作者樊纲,中国社会科学院研究生院教授。

是我们这几年的外贸顺差很大，同时资本的流入也很大。外汇储备不仅仅是外贸顺差大的结果，它同时可以由外资的流入所引起，如果外资是净流入，在资本账户上也是顺差的话，它也会对外汇储备的增长作出贡献。这里，有些似是而非的说法在流行，比如有人说因为中国人储蓄太多，所以外汇储备涨得太多，这不一定对；或者说是外贸顺差太多，这也不一定对。中国人储蓄历来就多，但如果投资也多的话，那就不一定是外贸顺差，不一定是外汇储备增加。比如说 2004 年，当时经济过热，投资过热，储蓄和投资占 GDP 的比重达到了将近 50%，而那年就是因为投资过多，国内需求过热，结果那一年 1—9 月还闹贸易逆差，全年后来是靠宏观调控把这个总需求给压住了，把投资需求压住了，全年才有200 多亿美元的贸易顺差。

如果储蓄仍然很多，但投资也很高的话，外贸顺差不一定大，外汇储备增长也不一定大。即使外贸有顺差，但如果资本是流出的话，那外汇储备仍然可能减少，因为对外储作出贡献的还有另一个重要项目，就是资本的流入。外国直接投资，我们的各种金融投资，外国人来做的很多产权投资，收购、兼并我们的企业，我们的企业到境外上市，这些都对外汇储备作出了贡献。

我们之所以在最近几年外汇储备有大幅增长，确实是因为我们过去几年出现了巨额双顺差。在贸易项目和资本流入方面都是顺差，结果就导致了现在外汇储备的高额增长。那么，为什么会出现这种双顺差局面呢？

像中国这样的一个发展中国家，一个人均 GDP 还不到 2000 美元的穷国，最理想的状态是略有贸易逆差，略有资本顺差。因为我们如果能够多出口一点，同时多换回一些我们所需要的技术、设备，就可以提高我们的生产力和竞争力，来促进我们的增长。同时，因为我们是穷国，我们没有资本，我们要借助国际资本的力量，因此我们需要引进外资，和我们的劳动力相结合，来发展我们的生产。一个是逆差，一个是顺差，然后国际收支基本平衡，这是最理想的状态。

而目前的情况是，美国是高额外贸逆差，高额资本顺差，它反而像一个发展中国家。它现在将近 7% 的 GDP 是经常项目的逆差，为了弥补这个逆差，它就要吸引大量资本，各种各样的投资，包括股市的投资，因为资本市场比较健全，因此大量的投资进来弥补它。其中一部分投资是我们的外汇储备。因此，为了弥补美国的贸易逆差，我们再给它一些资本顺差。

我国长期出现的双顺差，这里面既有贸易的问题，又有资本的问题，这两个相关的问题跟我们的发展方式紧密相关。中国的发展方式在世界上是比较独特的，我们采取了一个在最初的发展阶段就大规模引进外资，利用外国直接投资来发展自己的这样一个模式。

在最早期阶段引进大量外资，意味着我们这个市场还非常狭小，中国人的购买力还很弱，消费水平还很低。中国 1979 年第一次引进外资，中国人基本买不起什么国际上的东西，绝大部分外资不是为了这个市场生产，而是为了和我们的各种生产要素相结合，特别是比较便宜的像劳动力这样的生产要素相结合，它为世界市场而生产，为了出口而生产，包括来料加工等系列产业，即使不来料加工，用中国的原材料，很大一部分也是为了外国市场而生产。结果就造成在资本项下的顺差。

　　贸易的目的是为了交换,利用我们能生产的东西交换我们不能生产的东西。我们真正需要的高新科技如果买不到的话,这个贸易顺差就很难平衡。美国人老说,你们中国人再增加点消费,增加消费可以减少我们贸易的不平衡。全世界的人都到中国来买消费品,为什么我们非得到美国去买消费品?事实上,我们即使增加消费,也跟它没关系。因为它又不让我们去旅游,迄今为止还不给我们旅游签证,这个贸易就很难平衡。所以,顺差问题不光是要想买方的问题,还得想卖方的问题,不仅想出口的问题,还得想进口的问题。

贸易逆差顺差国爆发"红黑"大论战[①]

　　近来,全球贸易逆差国与顺差国之间的一场国际大争论正在上演。美国、英国、法国等主要贸易逆差国率先发起一场针对顺差国的"大讨伐",德国、中国和日本等顺差国被迫予以反击。顺差与逆差、借债与储蓄,孰对孰错?这些问题亟须解释清楚,以正视听。

发难

　　论战最早始于3月15日,法国经济、财政与就业部长拉加德率先向德国发难。她说德国较低的劳动力成本侵害了邻国的竞争力,德国的贸易模式对整个欧元区而言是不可持续的,她敦促德国应当考虑提高工资、增加消费,让民众更好地享受生活。

　　随后,这种针对贸易顺差国的批评在希腊、英国和美国媒体上"全面开花",一时间怪论迭出。英国《金融时报》首席评论员马丁·沃尔夫3月17日撰文《中德联手削弱世界经济》,他创造出"中德国"的概念,声称"一旦顺差国的客户破产,(德国和中国)对出口顺差的依赖,必定会令它们自食其果"。

反击

　　针对来势凶猛的批评之声,包括德国总理默克尔在内的官员和媒体均予以反击。德国政府发言人克里斯托弗·斯特格曼斯说,德国的工资和消费并不是由国家制定,现在的问题不是如何让德国慢下来,而是其他国家应当考虑如何赶上德国。

　　德国《法兰克福汇报》、《图片报》等也陆续撰文,反击德国出口不应当成为全球经济失衡的替罪羊。《南德意志报》直言,法国不寻找自身原因,却怪罪德国,这是法国软弱、不自信的表现,并号召"法国人快向德国人学习"。

　　相比德国、中国等贸易顺差国,美国、英国、法国以及南欧诸国的高负债短期内还没有改变的迹象。

　　当前,美国、希腊和英国赤字都已经超过国内生产总值(GDP)的10%左右,经济合作与发展组织预计今年法国这一比例也将接近9%。

　　逆差国需要改善自身经济结构,增强还债能力,走出借债度日的怪圈,让全球经济重新走向平衡,这才是他们应当担负起的世界责任。

还原

　　全球经济危机过后,世界各国探索走出危机之路。但试图单纯通过解决贸易逆差来

---

　　① 原文刊登于2010年4月2日的《广州日报》,作者郇公弟。

解决自身问题,无异于缘木求鱼。

"解铃还须系铃人",要走出当前危机,首先需要了解危机爆发的真正原因。在全球化时代,国际资本的顺畅循环是世界经济良好运转的前提。如沃尔夫等人观察到的,在经济危机之前,世界商品和资本流动呈现了单向流动的不良态势。简言之,美国消费德国的汽车,德国消费美国的次级债,但仍然完成了资本的循环。

但这次危机的爆发,并不是由于德国制造了太多的汽车,而是由于美国制造了太多的次级债,这才是导致当前经济危机的主要原因。"临渊羡鱼,不如退而结网",对于存在贸易逆差的国家来说,与其压迫德国和中国减少顺差,不如从自身经济结构着手,努力扩大生产和出口。

借债度日积重难返

美国、英国、法国以及南欧诸国等,它们的高负债短期内还没有改变的迹象。当前,美国、希腊和英国赤字都已经超过国内生产总值(GDP)的10%左右,经济合作与发展组织预计今年法国这一比例也将接近9%。

正如中国人民银行副行长朱民日前所说:"这并不是一个短期问题,希腊非常小,但随后还有西班牙和意大利。其他大国如英国也很脆弱,美国同样。在未来三到四年的时间里,美国的总体债务将达到GDP的110%,并且将持续一段时间。"

在这一点上,沃尔夫、拉加德以及保罗·克鲁格曼等人,恰恰暴露了他们的心口不一、自相矛盾。他们一方面要求顺差国降低储蓄、扩大国内消费,但现实中我们看到的却是,他们希望中德同时满足希腊、美国等对于借贷资金的极端渴求。

真正的出路

沃尔夫等人看到了问题的一半,即当前世界经济一方生产、一方消费,顺差国与逆差国之间单向的经济循环是不可持续的。但解决问题的思路,不能简单要求生产方扩大消费,更要要求消费方扩大生产。

世界经济失衡根源在于逆差国过度借债,逆差国过度借债的根源在于产业空洞化。美国政府自身也在反思制造业过度外移的后果。

逆差国需要改善自身经济结构,进而增强还债能力,走出借债度日的怪圈,让全球经济重新走向平衡,这才是他们应当担负起的世界责任。

五、参考答案

(一)单项选择

1. D　2. C　3. B　4. B　5. B　6. A　7. C　8. A　9. B　10. C　11. C　12. D　13. B　14. D　15. A　16. D　17. C　18. A　19. B　20. D　21. A　22. A　23. D　24. D　25. B　26. C　27. B　28. C　29. B　30. A

(二)问题与论述

1. 答:政府预算赤字减少了国民储蓄,使可贷资金供给曲线向左移动,提高了利率。更高的利率减少了净资本外流,净资本外流的下降减少了换成其他通货的供给量。导致实际汇率上升,净出口减少,贸易余额朝着赤字的方向发展,即预算赤字导致了贸易赤字,形成了双赤字。

2.答：人民币不贬值主要影响总需求,影响总需求中的出口。我国出口结构与出口对象与东南亚国家相同,当他们的国家汇率贬值,而我国汇率不贬值时,相对于东南亚国家而言,我国货币就升值了。这样,相同的物品在国外市场上,用外币表示的我国物品相对价格上升,而他们的物品相对价格下降,我国的物品竞争能力削弱,出口减少。人民币不贬值对东南亚国家的经济恢复和保持我国金融稳定是有利的。但这样做的代价是我国经济衰退和低迷,这说明了经济学中的一个基本原则:天下没有免费的午餐。

3.答：如果一个小型开放经济削减国防支出,会增加公共储蓄,因此增加国民储蓄。储蓄的增加引起可贷资金供给曲线右移,实际利率下降,投资和资金净流出的数量都增加,因此在外汇市场上,本币供给增加,本币贬值,贸易余额增加。

4.答：这种政策不会影响净出口,因为该政策不会影响国民储蓄和投资。然而通过减少中国对外国的汽车需求会移动外汇市场上的本币需求曲线,由于净出口增加,本币需求曲线将右移,实际汇率将上升。此时出口将减少,抵消关税所直接导致的进口的减少,即进口量和出口量都会下降同样的数量,而净出口值保持不变。

这项政策还有很强的副作用。较高的汇率对进口企业有利,但是对出口企业不利。中国的出口商会因为高汇率而受到伤害,因为他们的货相对于外国货变贵了。外国的一般消费者将会从人民币的升值中受到伤害,这将使他们买到更贵的商品。

5.答：资本外流是一国大量而突然的资金流出。资本外流会使得该国国外净投资大量增加,国外净投资增加使得该国可贷资金市场上的可贷资金需求增加,从而实际利率上升。由于在任何一种利率时国外净投资增加,使得在外汇市场上该国货币的供给增加,该国货币的供给增加又引起该国货币贬值,从而汇率下降。

6.答：假设政府通过投资税收优惠,对国内投资进行补贴,将会吸引更多的企业和居民增加国内投资,可贷资金的需求增加引起可贷资金市场上实际利率上升,实际利率上升意味着储蓄的收益增加,从而又吸引了更多的人增加储蓄。本国实际利率上升就抑制本国人购买外国资产,而鼓励外国人购买本国资产,由于这两个原因,本国实际利率高就减少了本国的国外净投资。由于国外净投资减少,人们需要用来购买外国资产的本国通货少了,这种减少使本币供给曲线左移,本币供给减少使实际汇率上升。这就是说,与外国通货相比,本币变得更值钱了。这种升值又使本国物品与外国物品相比变得更为昂贵。由于国内外人们不再购买更昂贵的本国物品,本国的出口减少了,进口增加了。由于这两个原因,本国净出口减少了。因此,在开放经济中,政府通过的投资税收优惠鼓励了国内投资,提高了实际利率,刺激了储蓄,但利率上升也减少了国外净投资,引起汇率上升,贸易余额减少。这一政策有利于进口商,但是不利于出口商。

7.答：

(1)澳大利亚的国外净投资会下降,在可贷资金市场上,可贷资金的需求曲线左移,实际利率水平下降,因此澳大利亚的国内投资会增加,储蓄会下降。

(2)这会增加澳大利亚的长期资本存量。

(3)资本存量的这种变化会增加澳大利亚劳动力市场的劳动力需求。这种中国在澳大利亚的投资使澳大利亚工人状况变好。

(4)这将使中国工人状况变坏。因为中国共同基金增加在澳大利亚的投资增加了澳大利亚公民的投资利润,但由于国内投资下降,中国工人的情况变坏。

8.答:这种"力争安全性"对中国经济是件好事。当外国人增加了对中国政府债券的需求时,这种行动减少了中国的国外净投资。国外净投资减少时,中国可贷资金市场上的可贷资金需求减少,可贷资金的需求减少使利率下降,利率下降增加了国内投资,减少了国民储蓄。国外净投资减少使得中国外汇市场上的美元供给减少,外汇市场上美元供给的减少引起实际汇率上升,实际汇率上升使贸易余额倾向于赤字。

9.答:中国政府实行的贸易限制政策只影响某些企业、行业,并不影响中国的总体贸易余额。中国取消其贸易限制最初影响进口,由于净出口等于出口减去进口,净出口是外汇市场上人民币需求的来源,所以这项政策会影响外汇市场上的人民币需求曲线。由于取消进口的贸易限制,所以净出口在任何一种既定实际汇率时减少了,人民币需求减少了。人民币需求减少引起外汇市场上人民币实际汇率下降,当外汇市场上人民币的价值下降时,相对于外国物品,国内物品变得更便宜了,这种贬值又鼓励中国的出口。由于中国取消其贸易限制只会增加某些企业和行业的进口,而人民币贬值引起的中国出口增加却有利于整个的中国出口行业。因此中国的出口行业可以从减少对中国的进口限制中得到好处。

10.答:

(1)这将增加香港的资本净流出。因为在存在题中担心的情况下,外国人将选择不购买香港的资产,而香港居民将选择购买外国的资产——资本外逃。

(2)日本的资本净流出下降,在可贷资金市场上可贷资金需求曲线左移,实际利率水平下降;在外汇市场上外汇供给曲线左移,实际汇率水平上升。

(3)随着实际汇率的上升,日本生产者在国外的竞争力削弱,但将使进口品变得便宜。

(4)由于实际利率水平下降,国内投资将增加,增加了日本的资本存量,这将使日本有更快的经济增长率。

11.答:

(1)政府购买减少了国民储蓄,可贷资金供给曲线左移,均衡利率上升。这导致国内投资和资本净流出减少。资本净流出减少导致了可兑换外币的人民币的供给减少,因此人民币汇率升值,贸易余额下降。

(2)由于可贷资金市场并没有改变,因此储蓄、投资、利率、资本净流出的值都不变。随着净出口的增加,对人民币的需求增加,人民币汇率升值,这就减少了出口、刺激了进口。从总量上说,净出口的值将也不发生改变。

(3)投资减少,可贷资金需求曲线左移,均衡利率下降,储蓄减少。均衡利率的下降刺激了资本净流出。资本净流出的增加导致外汇市场上人民币的供给增加,汇率贬值,净出口增加。

(4)私人储蓄增加,可贷资金供给曲线右移,均衡利率下降,投资增加和资本净流出增加。资本净流出的增加导致外汇市场上人民币的供给增加,汇率贬值,净出口增加。

(5)出口旅游减少导致进口下降,从而净出口增加,外汇市场上人民币的需求曲线右移。由于可贷资金市场没有变化,所以利率不变,资本净流出也不变。因此外汇市场上人民币的供给曲线也不发生移动,综合来看,汇率升值,净出口的大小没有发生改变。

(6)资本净流出曲线和可贷资金的需求曲线都发生左移。因此均衡利率下降,投资增加,储蓄减少。在外汇市场上,人民币的供给曲线左移,人民币的汇率上升,净出口减少。

(三)计算题

1.解:

(1)贸易前中国汽车的产量1680单位,价格为1.6万美元。

(2)自由贸易下中国的汽车产量为1500单位,进口量为300单位,自由贸易使国内消费者的福利增加1044万美元,厂商的福利减少954万美元。

(3)若中国对汽车征收每辆3000美元的进口税,则中国汽车的产量为1590单位,进口量为150单位;与自由贸易相比,国内消费者福利损失531万美元,厂商的福利增加463.5万美元。

(4)若中国对汽车进口设定150单位的配额限制,则国内汽车的价格为1.3万美元,产量为1590单位,进口量为150单位;与自由贸易相比,消费者的福利损失531万美元,政府的福利没有变化,厂商的福利增加463.5万美元。

(5)若中国给国内汽车制造商每辆3000美元的生产补贴,这时国内汽车的产量为1590单位,进口量为210单位;与自由贸易相比,消费者的福利不变,政府的补贴支出为477万美元,厂商的福利增加463.5万美元。

(6)如果政府的政策目标是保护国内汽车制造业,政府应该实行生产补贴的政策,因为生产补贴政策只引起生产效率的损失,而关税和配额除引起生产效率的损失外,还会引起消费效率的损失。但在实践中,生产补贴容易受到政府财政能力的制约,而关税不仅不会增加政府支出,还可以使政府收入增加,政府掌握的配额如果进行拍卖,拍卖的收入若上缴国库,也可增加政府的财政收入。

本题图形省略。

2.解:

(1)汇率变动之前,该中国产品的美元价格是:1200/8=150(美元),

汇率变动之后,该中国产品的美元价格是:1200/6=200(美元)。

(2)汇率变动之前,该美国产品的中国价格是:400×8=3200(人民币),

汇率变动之后,该美国产品的中国价格是:400×6=2400(人民币)。

(3)这种变动有利于增加美国对中国的出口,不利于中国向美国的出口。

3.解:

总需求指一个经济中对物品与劳务的需求总量,包括消费需求、投资需求、政府需求与国外的需求(用出口减进口的净出口表示)。根据题意,C=8000亿元,I=1800亿元,NX=1000-800=200(亿元),因此:

YD=C+I+NX=8000+1800+200=10000(亿元)。

消费需求在总需求中所占的比例为:8000/10000=0.8,即80%。

投资需求在总需求中所占的比例为:1800/10000=0.18,即18%。

国外需求在总需求中所占的比例为:200/10000=0.02,即2%。

4.解:升值前1美元能换的人民币为:8.11元×(1+2%)=8.2722元。则100元人民币能换的美元为:100/8.2722=12.1美元。

这种变动有利于增加美国对中国的出口,不利于中国向美国的出口。

5.解:贬值前,小张要付5×10=50(元人民币)

贬值后,汇率变为10×(1−10%)=9(元人民币)

此时小张要付5×9=45(元人民币)

小张要付的钱比一个月之前少5元。

这种变动有利于增加欧洲对中国的出口,不利于中国向欧洲的出口。

6.解:

(1)国民储蓄=Y−C−G=5000−[250+0.75(5000−1000)]−1000=750

投资I=1000−50r=1000−50×5=750

国民储蓄=投资+净出口

因此,净出口(即贸易余额)=S−I=0

根据NX=500−500ε,以及NX=0,可得ε=1。

(2)用同样的方法可得:

国民储蓄=Y−C−G=5000−[250+0.75(5000−1000)]−1250=500

投资I=1000−50r=1000−50×5=750

国民储蓄=投资+净出口

因此,净出口(即贸易余额)=S−I=−250

根据NX=500−500ε,以及NX=−250,可得ε=1.5。

政府购买的增加减少了国民储蓄,但是由于世界利率不变,投资仍不变,因此国内投资现在超过了国内储蓄,超出部分必须从国外金融市场贷款。

(3)国民储蓄=Y−C−G=5000−[250+0.75(5000−1000)]−1000=750

投资I=1000−50r=1000−50×10=500

净出口(即贸易余额)=S−I=250

根据NX=500−500ε,以及NX=250,可得ε=0.5。

储蓄并没有发生改变,而投资由于世界利率的上升而减少了,因此国内储蓄超出了国内投资,超出部分用于对国外金融市场贷款。

(四)辨析题

1.答:对。

2.答:错。资本净流出是资本流出减去资本流入,是国内居民购买外国资产减去外国居民购买本国资产。

3.答:错。降低配额,进口增加,但是汇率会变动,本国货币贬值,出口也增加,使贸易余额不变。

4.答:错。都会引起贸易摩擦。

5.答:错。有人受益,有人因为收入下降而受害。

6.答:错。有的生产者受进口产品冲击而受害。

7.答:对。

8.答:对。

9.答:对。

10.答:错。预算赤字会引起本国货币升值,进而造成贸易赤字。

第十一章

总需求与总供给

一、本章概述

到现在为止,我们一直在分析长期内经济中的各个变量。比如,经济为何能够在长时期增长,为何社会中总是会有失业问题。长期经济中都有的失业问题称为自然失业率,长期的产出水平为自然产出水平。在长期,这样的判断是对的:货币变化对产出没有影响,只会影响价格,即货币中性:货币供给不影响实际变量。但是,我们能够有这么长远的规划和保持这种高瞻远瞩的视野吗?我们更多的是生活在短期之中,感受到短期的变化,如经济周期从繁荣到萧条在波动,再如经济危机产生、蔓延和复苏……重要的是,长期内被验证的理论,放在短期内却未必还是正确。在长期,政府保证经济稳定增长的办法是诸如吸引外资、鼓励储蓄、强化教育、促进研发等较长时期才能对经济有促进的办法,但是现实里,政府能够做到并且被希望做到的是如何让物价短时期内降下来,或者失业率能够短时期内控制在 6% 以内。短期内,政府要保证经济处于合意的状态,需要一些特殊的短期政策,比如财政政策、货币政策。在短期,货币变化对实际产出就会有影响,货币中性不再成立。短期和长期差别是如此之大,举一个例子:短期为了经济复苏,政府的政策可能是鼓励消费,而不是长期为了鼓励物质资本积累所希望的少消费、多储蓄。

总需求—总供给模型是分析短期经济有效且简便的模型。在其他条件不变的情况下,当价格水平提高时,总需求水平就下降;当价格水平下降时,总需求水平就上升。总需求曲线的这种形状由财富效应、利率效应和汇率效应决定。总供给是指经济社会在每一价格水平上提供的商品和劳务的总量。在长期,总供给曲线是一条垂线,与横轴的交点位置由自然产出水平决定,取决于物质资本、人力资本、技术和自然资源。短期总供给曲线是一条向右上方倾斜的曲线,物价水平越高,短期总供给越大。短期总供给曲线的形状由黏性工资、黏性价格和错觉这三个理论来解释。

同学们要重点掌握 AD-AS 模型的两个应用。一是悲观情绪导致总需求曲线向左平移,物价水平下降和产出下降,失业上升。为了解决短期内经济萧条,支持干预经济的学者认为要使用总需求调控的办法,以政府支出增加等财政政策来扩张需求,或者减税、降息来增加消费需求和投资需求,使得总需求曲线重新向右移动。不支持干预经济的学者认为只要时间够长,人们对价格的预期会赶上经济萧条导致的物价下降,短期总供给曲线右移,增加产品,同时进一步降低了物价。第二个应用是石油危机导致的供给冲击,总供给曲线向左平移,出现了价格上涨而产出下降、失业上升的滞涨经济。要解决滞涨经济,没有两全其美的好办法。主张干预经济的凯恩斯主义学者陷入两难,扩张财政或者货币,都会使总需求右移,产出增加、失业下降的同时是物价更高,通货膨胀严重。如果为降通胀,紧缩财政或者货币政策的后果是产出下降,失业率更高。

(一)短期经济波动

任何社会都经历过围绕长期趋势的短期经济波动。当衰退发生时,实际 GDP 和收入、支出与生产的衡量指标都下降,失业上升。此时,更多的情形是物价下降。但是也有衰退同时物价上升的情况,这就是滞涨。

(二)总需求—总供给模型

AD-AS 模型是分析短期经济的有效工具。根据这个模型,物品和劳务的产量和物价总水平调整使得总需求和总供给水平实现平衡。如图 11-1 所示。

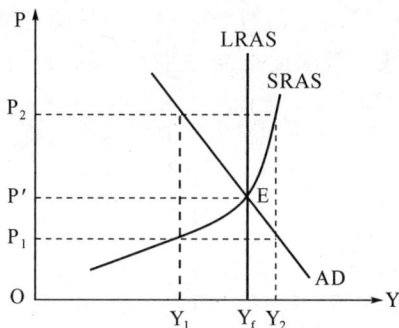

图 11-1 总需求—总供给模型

所谓总需求是指整个经济社会在每一个价格水平下对产品和劳务的需求总量,它由消费需求、投资需求、政府支出和国外需求构成。在其他条件不变的情况下,当价格水平提高时,总需求水平就下降;当价格水平下降时,总需求水平就上升。总需求曲线向下倾斜,其机制在于:当价格水平上升时,实际财富水平下降,消费者减少消费需求——财富效应。当价格水平上升,导致可贷资金供给下降,利率水平上升,限制了投资需求——利率效应;利率水平上升,导致本国货币升值,限制了出口,降低了净出口——汇率效应。

总供给函数表示总产出量与一般价格水平之间的依存关系,描述这种关系的曲线称为总供给曲线。所谓总供给是指经济社会在每一价格水平上提供的商品和劳务的总量。在长期,总供给曲线是一条垂线,与横轴的交点位置由自然产出水平决定,取决于物质资本、人力资本、技术和自然资源,所以长期产出与物价无关。当自然产出水平变化时,长期总供给曲线发生平移。因此,长期总供给水平的移动是由下述四个变量变化导致的:物质资本、人力资本、技术和自然资源。短期总供给曲线是一条向右上方倾斜的曲线,物价水平越高,短期总供给越大。这里有三大原因:黏性工资、黏性价格和错觉。重点分析黏性工资理论。所谓黏性工资,又称刚性工资,工资往往是具有向下的刚性即只能涨不能降。这时,现实经济中即使存在失业,工资水平也不会下降;但当劳动力处于过度需求状况时,工资却可向上调整。短期内,工资水平是由前期劳动合同决定的,当时确定工资时是参照当时定的物价水平。所以,在较低物价预期水平时,确定了工资水平,并保持一定时间内的刚性。这样,在刚性的工资水平下,如果物价上升,实际工资水平就会下降,劳动力需求就会扩大,经济的就业量和总产出就会增加,总供给曲线就会向上倾斜。总产出随着价格水平的提高而提高。可把这条供给曲线称为短期总供给曲线,或凯恩斯主义供给曲线。随着价格水平的上升,对劳动力需求增加,劳动力市场上失业率逐渐减少。当劳动力市场达到充分就业状态时,价格水平的上升就会导致对劳动力的过度需求的出现,这样,过高的物价会推高保持了较长时期的工资水平,工资就会随物价同比例上升,使就业量始终维持在充分就业水平,从而物价水平上升时,产出也始终保持在充分就业的产出水平上。经济的总供给曲线在短期内向右上方倾斜,在长期就变为一条位于充分就业产出水平上的垂直线。物价和产出的正相关关系,可以用短期总供给曲线的数学表达式来概括:$Y = Y^* + \alpha(P - P^e)$。

(三)总需求—总供给模型的应用

本文还重点介绍了 AD-AS 模型的两个应用。一是悲观情绪——由股市崩溃、战争、丑闻、恐怖事件引起——导致总需求曲线向左平移,从 AD_0 到 AD_1,物价水平下降和产出下降,失业上升。如图 11-2 所示。

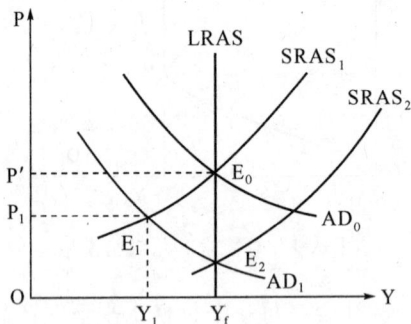

图 11-2　总需求—总供给模型的比较静态分析一

为了解决短期内的经济萧条,经济学界存在分歧,一派观点认为要使用总需求调控,以政府支出增加等财政政策来扩张需求,或者减税、降息来增加消费需求和投资需求,使得总需求曲线重新向右移动,均衡点回到 E_0。另一派观点认为,不用干预经济,只要时间够长,人们对价格的预期会赶上经济萧条导致的物价下降,那么 P^e 下降,因此 $Y = Y^* + \alpha(P - P^e)$ 表示的短期总供给曲线右移到 $SRAS_2$,均衡点为 E_2,此时增加产出,同时进一步降低了物价(见图 11-2)。

第二个应用是石油危机导致的供给冲击。诸如石油、铁矿石、粮食等原材料价格、工资水平出现上升时,企业的供给能力大为下降,总供给曲线向左平移,均衡点到了 E_1,出现了价格上涨而产出下降、失业上升的滞涨经济(图 11-3)。

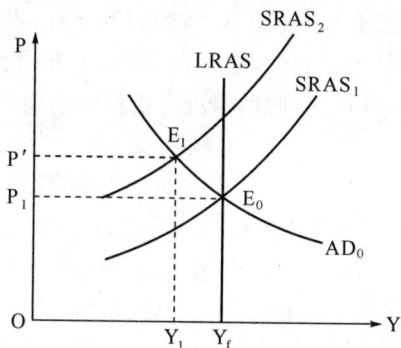

图 11-3 总需求—总供给模型的比较静态分析二

要解决滞涨经济,没有好办法。主张干预经济的凯恩斯主义学者陷入两难,扩张财政或者货币,都会使总需求右移,产出增加、失业下降的同时是物价更高,膨胀严重。如果为降通胀,紧缩财政或者货币政策的后果是产出下降,失业率更高。因此,20 世纪 70 年代的石油危机使声称高举凯恩斯主义的新古典综合派由于政策无能而声誉大打折扣。

二、本章重要名词

衰退 萧条 经济周期 总需求 总供给

短期总供给 长期总供给 自然产出率 菜单成本

刚性工资 错觉 滞胀 抵消性政策

三、复习题

(一)单项选择

1.关于经济波动,错误的说法是( )。

A.当产量低于自然产出水平时存在衰退

B.经济学家有时将产出和就业的波动称为商业周期

C.经济波动之所以成为经济周期,是因为产出和就业的波动是正常的,是可以预测的

D.可以用收入、支出、失业率和产量来衡量经济波动,因为大多数宏观经济变量往往同时波动

2.黏性工资模型中的黏性要素是( )。

A.实际工资 B.名义工资 C.产出 D.通货膨胀

3.当失业率低于自然率,通货膨胀上升,这被称为( )。

A.需求拉动型通货膨胀 B.成本推动型通货膨胀

C.供给冲击 D.滞胀

4.根据利率效应,总需求向右下方倾斜,主要原因是( )。

A.低物价增加了货币持有量的价值和消费支出

B.低物价减少了货币持有量的价值和消费支出

C. 低物价减少了货币持有量,增加了贷款,利率下降,投资增加

D. 低物价增加了货币持有量,减少了贷款,利率上升,投资减少

5. 在黏性工资模型中,当GDP增加但没有供给冲击时,实际工资(　　)。

A. 上升　　　　　　　　　　　　B. 下降

C. 保持不变　　　　　　　　　　D. 可能上升、下降或保持不变

6. 除了出现(　　)时,长期总供给曲线发生平移。

A. 劳动力增加　　　　　　　　　B. 资本增加

C. 物价预期上升　　　　　　　　D. 技术增加

7. 在黏性价格模型中,(　　)。

A. 所有企业都不时地调整价格以回应需求的变换

B. 没有企业调整价格以回应需求的变换

C. 一些企业不时的调整价格以回应需求的变换,但另一些并不是这样

D. 产出是不变的

8. 如果经济中所有企业都有短期固定价格,则(　　)。

A. 短期与长期总供给曲线相同　　B. 短期总供给曲线垂直

C. 短期总供给曲线呈现水平　　　D. 以上全都不对

9. 传统经济学、新古典经济学派以及货币主义学派都认为长期的就业率与短期的就业率无关。但是这种观点无法解释滞胀现象。新凯恩斯学派失业滞后理论研究了劳动力市场中失业与工资的相关性,通过局内—局外人模型阐明:工资调整在很大程度上取决于在职工人而不是失业工人,而且长期失业者对工资调整几乎没有任何影响。根据这个失业滞后性的假设,一个长期衰退将会(　　)。

A. 提高自然失业率　　　　　　　B. 降低自然失业率

C. 对自然失业率没有影响　　　　D. 永远不会发生

10. 政府购买增加将使(　　)。

A. AD曲线向左移动,物价和收入水平降低

B. AD曲线向右移动,物价和收入水平增加

C. AD曲线向右移动,收入水平增加,但是物价降低

D. AS曲线向下(向右)移动,收入水平增加,但是物价降低

11. 税收增加将使(　　)。

A. AD曲线向左移动,物价和收入水平降低

B. AD曲线向右移动,物价和收入水平增加

C. AD曲线向右移动,收入水平增加,但是物价降低

D. AS曲线向下(向右)移动,收入水平增加,但是物价降低

12. 货币供给增加将使(　　)。

A. AD曲线向左移动,物价和收入水平降低

B. AD曲线向右移动,物价和收入水平增加

C. AD曲线向右移动,收入水平增加,但是物价降低

D. AS曲线向下(向右)移动,收入水平增加,但是物价降低

13. 下列情况中,当(　　)出现时,AD 曲线会向右移动。

A. 经济体中的消费者信心增加

B. 企业对经济更乐观,在每个利率水平上都觉得增加投资

C. 政府增加转移支付

D. 以上全部

14. 在以下表述中,(　　)解释了总需求曲线为什么向下倾斜。

A. 财富效应　　　　　　　　B. 利率效应

C. 汇率效应　　　　　　　　D. 以上全部

15. 下列各项都可以使总需求曲线向左移动,除了(　　)。

A. 政府购买减少　　　　　　B. 转移支付增加

C. (名义)货币供给减少　　　D. 税收增加

16. 下列说法中错误的是(　　)。

A. 产出达到自然率的古典假设最适用于描述长期的情况

B. 短期中,产出可能偏离自然率

C. 在 AD-AS 模型中,价格在短期中被认为是黏性的

D. 在 AD-AS 模型中,总需求即使在长期中,从来不等于自然产出率

17. 以下关于长期总供给曲线的表述中,(　　)是错误的。

A. 当自然失业率下降时长期总供给曲线向右移动

B. 长期总供给曲线是垂直的,因为所有物价和名义工资相等的变化并不影响产量

C. 长期总供给曲线向右上方倾斜,因为价格预期和工资在长期是固定的

D. 当政府放弃最低工资法时,长期总供给曲线向右移动

18. 假设物价水平上升,但由于名义工资合约固定,实际工资下降,而企业增加了产出。这是以下理论中的(　　)试图说明的。

A. 黏性工资理论　　　　　　B. 黏性价格理论

C. 货币中性　　　　　　　　D. 错觉性论

19. 假设物价水平下降,但供给者只注意到自己的产品价格下降。由于认为自己产品的相对下降,他们削减了产量。这是以下理论中(　　)的证明。

A. 黏性工资理论　　　　　　B. 黏性价格理论

C. 货币中性　　　　　　　　D. 错觉理论

以下 20~22 题,经济处于长期均衡。假设发生了摧毁大部分农作物的洪涝灾害,根据总需求—总供给模型,有如下问题:

20. 短期中物价和产量会发生(　　)的变动。

A. 物价上升,产量增加　　　　B. 物价上升,产量减少

C. 物价下降,产量减少　　　　D. 物价下降,产量增加

21. 发生灾害后,政策决策者让经济自行调整到长期均衡,那么长期中物价和产量会产生的变化是(　　)。

A. 物价上升,产量回到初始值

B. 物价回到初始值,产量回到初始值

C. 产量比初始值高,物价回到初始值

D. 产量比初始值低,物价回到初始值

22. 根据经济统计资料,经济周期性波动最大的一般是(　　)。

A. 资本品的生产　　　　　　　　B. 农产品的生产

C. 日用消费品的生产　　　　　　D. 没有一定的规律

23. 下列关于经济特征的描述中,(　　)是错误的。

A. 实际 GDP、就业、价格水平和金融市场变量等是理解经济周期的重要变量

B. 经济周期一般可以分为波峰和波谷两个阶段

C. 经济周期具有循环

D. 经济周期的长短具有较大的差别

24. 测度经济周期的宏观经济指标是(　　)。

A. GDP 绝对值的变动

B. GDP 增长率的变动

C. 包括 GDP 在内的多种指标的综合指标

D. 失业率与通货膨胀率

25. 下列选项中,(　　)属于供给冲击。

A. 自然灾害和能源价格的显著变化

B. 战争、政治动荡或者劳动者的罢工

C. 政府调控如进口配额等,破坏了激励,使拥有企业家才能的人专项寻租活动

D. 上述都是

26. 经济周期的四个阶段依次是(　　)。

A. 繁荣、衰退、萧条、复苏　　　　B. 繁荣、萧条、衰退、复苏

C. 复苏、萧条、衰退、繁荣　　　　D. 萧条、衰退、复苏、繁荣

以下 27~28 题,用图 11-4。

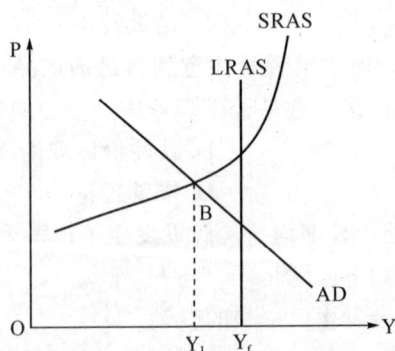

图 11-4　总需求—总供给模型

27. 假设经济在 B 点运行,如果政府希望产量变动到自然产出率水平,他们采取的政策要实现(　　)。

A. 使总需求右移　　　　　　　　B. 使总需求左移

C. 使短期总供给曲线左移　　　　D. 使短期总供给曲线右移

28. 假设经济在 B 点运行,如果政府放任经济自行恢复和调整到长期自然产出率水平,那么(　　)。

　　A. 人们将提高自己的物价预期,而且短期总供给将向左移

　　B. 人们将降低自己的物价预期,而且短期总供给将向右移

　　C. 人们将提高自己的物价预期,而且短期总供给将向右移

　　D. 人们将降低自己的物价预期,而且短期总供给将向左移

29. 自然产出率是指(　　)。

　A. 经济处于自然失业率时生产的实际 GDP 量

　B. 经济处于自然总需求率时生产的实际 GDP 量

　C. 没有失业时生产的实际 GDP 量

　D. 经济处于自然投资率时生产的实际 GDP 量

30. 以下事件中,(　　)会使短期总供给曲线向右移动。

　A. 政府军备支出的增加　　　　　B. 物价预期的上升

　C. 石油价格的下降　　　　　　　D. 货币供给的减少

(二)问题与论述

1. 短期总供给曲线为什么向右上方倾斜?

2. 解释以下每一个事件将使长期总供给增加、减少还是没有影响:

(1)我国大量劳动力移民到国外;

(2)INTEL 公司生产出更快更强劲的电脑芯片;

(3)人民银行增发货币超过正常水平;

(4)对未来的乐观使老百姓大胆消费,储蓄率明显下降。

3. 解释下列每个事件将使短期总供给曲线和总需求曲线如何变动?

(1)家庭决定把大部分收入储蓄起来;

(2)连续的旱情是稻田产量锐减;

(3)国内多余的劳动力纷纷出国去寻求国外的工作机会;

(4)技术进步。

4. 根据下列每个事件,解释假设决策者不采取行动时对产量和物价水平的长期影响。

(1)股市大涨,增加了消费者的财富;

(2)政府增加对国防的支出;

(3)技术进步提高了生产率;

(4)国外的经济增长引起外国人进口本国的商品增加。

5. 假设经济处于长期均衡。应用短期总供给曲线的黏性工资理论,如果总需求减少,实际工资如何变化?如果经济自行调整回到长期均衡的产量水平,实际工资如何变动?

6. 总需求曲线向右下方倾斜的三个原因是什么?解释之。

7. 长期总供给水平为什么是一条垂线?

8. 如果经济处于衰退之中,政府决策者为什么选择调整总需求以消除衰退,而不是

让经济自行调整?

　　9.在长期,总需求的移动改变产量吗?为什么?

　　10.为什么货币中性原则在短期内不再成立?

(三)应用分析题

　　1.有人提出这样的观点:"通货膨胀是一个自我实现的过程。如果雇员认为物价会继续走高,他们就要求加工资。这增加了雇主的生产成本,因此企业会增加产品价格。预期更高的物价会引起更高的物价。"

　　(1)这种观点正确吗?

　　(2)如果政府没有干预经济,允许经济自行调整到自然产出率,在长期中,预期的高物价会引起高物价吗?

　　(3)如果政府为了抵消不利的供给冲击,采用了积极的政府干预措施,高物价的预期在长期中会引起高物价吗?

　　2.假设经济处于图 11-5 中的 A 点,后由于总需求不足,经济在衰退中。根据三种理论中的每一种,分别说明经济要自身调节,没有政府干预下,到达 C 点的过程。

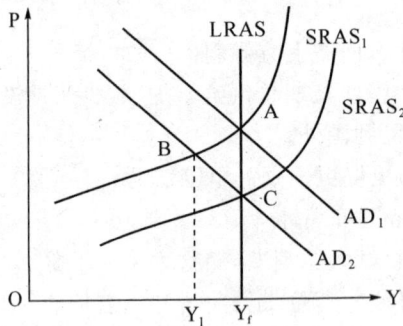

图 11-5　总需求—总供给模型

　　(1)利用黏性工资理论说明;

　　(2)利用黏性价格理论说明;

　　(3)利用错觉理论说明;

　　(4)结合上述理论,过热的经济自行恢复容易还是像 B 点这种衰退的经济自行恢复容易?

(四)辨析题

　　1.耐用消费品是经济周期中最易于变动的部分。

　　2.预期的物价水平上升,导致短期总供求曲线右移。

　　3.预期的物价水平下降,导致长期总供求曲线左移。

　　4.如果央行通过发行央票,总需求曲线右移。

　　5.错觉理论解释了总需求曲线为何向右下方倾斜。

　　6.如果经济处于衰退之中,随着工资和物价预期上升,经济将自行调整到长期均衡。

　　7.原油价格上升会引起经济衰退和物价下降。

　　8.政府支出增加会增加产出和物价上升,在长期和短期都是成立的。

9.在短期,政府为了平衡其预算而削减支出,这将可能引起衰退。

10.经济在长期和短期内都呈现货币中性的特性。

四、文献链接

金融危机前后的美联储[①]

席卷全球的金融危机将美联储推上了风口浪尖,这个诞生将满百年(成立于1913年)的中央银行,面对的是一个更加复杂多变的金融市场:货币危机层出不穷,周期变短;全球化浪潮将危机传导速度提升;对大型金融机构的监管愈加困难;美元作为世界货币遭到挑战……如何客观评价美联储在这次金融危机中的功与过?美联储作为美国经济的舵手,能否把握方向,维护金融安全?在经济日益发展的今天,这些都是需要我们深思的问题。本文将以时间为轴,将2008年金融危机为原点,分成危机前、中、后三个时期,审视20世纪70年代"滞胀"后美联储在美国经济发展中的作用。

一、2008年金融危机之前的美联储

1.美联储的身世之谜

根据联邦储备委员会的官方定义,美联储系统不隶属于任何机构,同时它也不是一个私有的、追求利润的机构。美联储和它的任何一个联邦储备银行都不隶属于美国政府。美联储是由长达数年的法律论证和筹备,融合美国独特政治传统文化的一套精细的权力制衡机制,它主要由三大部分构成。(1)决策机构:联邦储备委员会,由7位理事组成,主席由总统任命,任期四年,可连任。(2)组成机构:联邦储备银行,在全国划分12个储备区,每区设立一个联邦储备银行分行。每家区域性储备银行都是一个法人机构,拥有自己的董事会。(3)执行机构:公开市场委员会(FOMC),公开市场委员会决议和执行公开市场操作,是联储体系中最重要的部门,每年要开8次会议。这三个有机部分各司其职:联储主席是美联储的"形象代言人",每一任都对其任职时代的金融和经济活动留下深刻烙印;联邦储备银行的会员银行是私有银行,它们购买联储银行的股份,必须在联储银行缴纳准备金,而美联储为其存款做担保;FOMC的利率决议和公开市场操作是美联储控制货币供应量最重要的政策工具。

研究美联储的出发点在于分清它的所有权和控制权。纯粹从所有权来看,联邦储备银行都是私人商业银行机构,将联储银行理解成私人机构拥有并没有错。但从实质控制权上来看,美联储系统是一个由国会与联邦政府双重控制并接受公众监督的统一的中央银行。联邦储备委员会是美联储系统的中枢神经,是纯粹的公立机构。联邦储备委员会控制着FOMC,并通过向联邦储备银行推荐行长(通常为经济学家)来影响和制约各地区的联储银行,实质上掌控着整个美联储。

我们应该关注的是,美联储作为最发达国家的中央银行,其决策层(联邦储备委员会)是否履行了其央行的责任,而非拘泥于其货币发行权:宏观上是否执行了正确的货币

---

①　原稿发表于《红旗文稿》2010年第5期,作者罗熹,曾任中国工商银行股份有限公司副行长。

政策以稳定通胀,保持充分就业;微观上是否对金融机构实施必要监管以维持金融市场稳定;是否为本国和跨境的资金流动提供高效的支付系统。从近百年的历史上看,美联储屡次将美国经济从崩溃边缘挽救回来,其作用是功不可没的。

2. 美联储与治理通货膨胀

中央银行与通货膨胀是天生的死敌,但在与通胀的抗争中,许多历史值得回味。与欧洲央行坚定的通胀目标2%相比,美联储的政策目标并不是这么单一,通胀当然是首要考量,同时还需兼顾就业率甚至迎合大选。但是,历史上美联储曾经对通胀下过猛药,这要从第十二届美联储主席保罗·沃尔克说起。

美国经济在20世纪70年代陷入滞胀,通胀率在1981年高达13.5%。沃尔克刚一上任,就将联邦基金利率从1979年的11.2%猛地调高至1981年6月的20%,一举将通胀这头猛兽压制下去,再于1983年回到3.2%的水平。沃尔克的理论依据是:当时美国经济痼疾在于通胀—工资螺旋上升的怪圈,由于物价不断上涨,所以民众不断要求加薪,不断贷款买房买车买东西(贷款也将继续贬值),导致物价继续上涨。这一提高利率的强硬手段即是要改变美国人"和通胀共存"的生活心态,恢复经济的良性增长。

然而代价却不小。短期之内,数百万人失业,失业率在1982年底达到近11%(比2008年金融危机更甚),美国经济在20世纪80年代初陷入萧条。大幅加息刺穿泡沫策略的两面性在理论学派中产生分野,使得美联储在之后对其的使用有所忌惮。美国的法律制度保障了美联储主席不会因为决策不受欢迎而在任期届满前下台,联储主席任期长于总统的特性保证了政策的延续性和独立性。为了减少联储主席一人专断的情况产生,沃克尔还改变了美联储调整利率的方式,即不再是每次开会讨论表决直接调整利率,而是通过决定货币供应量来控制利率的升降。

3. 格林斯潘与"有形的手"

按照西方经济学理论,一国经济由市场调节,只有在偏离航线的时候,才需要政府通过货币或财政政策"有形的手"进行干预扶正。可回顾一下格林斯潘作为在任时间最长的美联储主席(1987—2006年),是如何履行这一理念的。

格林斯潘是一个坚定的自由市场经济主义者。他坚信市场经济作为"无形的手"能够给予宏观经济最好的调控,而美联储只是作为"看门人"对经济进行相机抉择的微调并防范风险,这种作风贯穿于其在位的19年。而在面临危机时,他仍会用"有形的手"拉市场一把。在他刚上任的1987年,美国股市暴跌,格林斯潘发表了为市场增加流动性的演说,控制了危机的扩散;1993年,他宣布重新回到调控基准利率来影响资产价格,原因在于由于货币供应量口径定义扩充,全球资本流动频繁,以货币供应量为监控目标变得难以实现,必须回到对资产价格的控制上。1997年亚洲金融风暴,美联储在两难境地下选择了为缓解危机连续三次下调利率,同时协调组织了拯救长期资本管理公司的行动,为2008年金融危机处理办法提供了范本;2000年,美联储连续提高基准利率,被视为刺穿IT泡沫的信号,然而在"9·11"事件之后,美联储又将利率不断调低至2003年的1%,直接导致了2004—2006年房地产泡沫的形成。

格林斯潘是一位在任期间饱受赞誉,而卸任后又充满争议的人物。他将目光专注于控制通货膨胀,看起来卓有成效:CPI指数有14年维持在4%以下(1991—2004年),失业率一直保持 4%～8% 的低水平。美国经济在相当长一段时间内保持了稳定发展。但如将这一切归功于美联储的货币政策显然是片面的,这期间全球经济的两大变化帮助了美联储:(1)高科技革命提高了生产力,给美国乃至世界经济带来增长动力。(2)中国作为世界工厂的崛起,吸收了过剩的美元,在全球化的浪潮中中国较为廉价的劳动力等生产要素起到了通胀稳定器的作用。而格林斯潘在 2000 年后期对世界金融市场的变化认识不足:首先,他过分拘泥于消费者物价指数,CPI 指数虽然看似平稳,但是由于没有将房地产价格计入其中,在全社会实际资产价格(消费者物价指数＋房地产等资产价格)攀升的情况下仍然释放过剩的流动性;其次,在金融监管上忽视了大规模的金融创新,特别是在金融衍生产品的问题上袖手旁观,数十年的货币政策无视其对货币供求的影响,为金融危机的到来埋下伏笔。格林斯潘在金融危机爆发后承认,他固守自由市场理论而忽视必要的监管是一个"错误"。这些都是值得我们借鉴的。

二、2008 年金融危机中的美联储

中央银行在金融危机中起到至关重要的作用。在 1929 年金融危机中,最具影响力的纽约联储主席(相当于今天的美联储主席)本杰明·斯特朗突然逝世,导致群龙无首,在危机处理当中作出了一系列错误决定,尤其是美联储的货币紧缩加剧了危机的扩张,几乎摧毁了实体经济。因此,大萧条不仅是一次经济危机,也是一次央行管理的危机。美联储在 2008 年金融危机当中反应迅速,有一点恐怕是最苛刻的批评家也难以否认:在伯南克的带领下,美国经济避免了最可怕的情形,即长期的通货紧缩。

伯南克在担任美联储主席之前已经做好了理论准备,表现在两个方面:(1)他提出了"金融加速器"理论,即信贷市场的信息不完全对称导致金融市场在经济周期衰退时加速拖累实体经济。衰退初期,银行过度反应,收缩信贷活动推高融资成本;信贷紧缩进一步抑制了投资消费,导致资产价格大幅下降,形成金融市场与实体经济同时紧缩的恶性循环。对策是宽松的货币政策可以降低资金成本,稳定金融市场和资产价格,打破金融市场在经济衰退时加速收缩的恶性循环。(2)他在 2002 年就发表了一篇著名讲话,该讲话被视为后来的行动指南,即《通货紧缩:如何避免它的发生》。在文中他打破传统观点,即在基准利率降至零后,中央银行就失去了控制货币供应量的能力。伯南克开创性地指出,中央银行可以通过扩大购买资产数量和种类提高货币供应量;与财政部配合向银行提供低息贷款;购买长期国债将市场利率维持在低位。

我们看看美联储是如何实践这两个理论的:(1)金融危机爆发后,在 15 个月内将基准利率从 5.25% 降至 0,速度和力度前所未有。(2)美联储与布什政府花上万亿美元紧急救助大量银行、投资银行和保险公司等。从中央银行所信奉的自由市场经济角度看,政府干预力度前所未有,并助长了道德风险,给人一种"大而不能倒"的感觉。(3)在雷曼兄弟倒闭之后,美联储采取更加激进的"量化宽松"政策,直接向不同的金融市场放贷,买入大量有毒资产,美联储资产负债表规模从 1 万亿美元急速扩张至 2.3 万亿美元。(4)2009 年 3 月,为维护所谓的"绿芽"经济,美联储宣布直接购买财政部发行的美国长期国债 3000 亿美元打压长期利率,市场认为财政部可能予取予求,要求美联储对发行更多的长期国债埋单,货币政策独立性大打折扣,受到极大的争议。

声称危机中"可用直升机向民众洒钱"的美联储主席本杰明·伯南克,从理论到实践

都极大地丰富了中央银行学,因此被戏称为"直升机大本"。然而,这些理论和实践在美国都有相当大的争议,尤其是拿纳税人的钱去拯救银行,给华尔街赌徒卷土重来的机会,受到了猛烈抨击。

三、2008 年金融危机后的美联储

1. 两个困境:泡沫识别和金融监管

随着经济全球化和金融市场深化,金融工具创新层出不穷,金融泡沫导致金融危机在过去的十年变得越来越频繁。伯南克称,金融泡沫是进入新世纪以来货币政策遇到的最难解决的问题。

过去,美联储在指导实践中,信奉自由市场经济理论,认为不要试图管理泡沫膨胀与破灭的周期,央行在这一方面是无能为力的。第一,泡沫很难界定。泡沫的形成,往往处于当市场普遍预期资产价格处于"上升期"时,以货币政策手段干预降低投资者预期收益率会遇到很大阻力。泡沫不会无端形成,在初期表现为投资对市场条件变化的正常反应,而在此后,究竟到了哪个程度则是最为棘手的问题。第二,通过提高利率来抑制泡沫,可能会让其他健康的实体经济受损。加息好比一个大锤子,将泡沫砸碎的同时,也可能伤及无辜,甚至会将孱弱的经济又一次拖回泥沼。这是伯南克获得连任后面对的最大挑战,即甄别泡沫重起和真正复苏的区别,为其激进的"量化宽松"政策制实施有效的"退出策略"。美联储过去的策略是在泡沫破灭之后,通过降息来收拾残局,以恢复增长。而在泡沫之前的不作为引来不少批评,摩根士丹利亚洲区主席斯蒂芬·罗奇表示,伯南克获得连任"好比医生失职给病人带来病患,却因补救措施的表现而受到表彰"。

现在,美联储开始反思这种做法,更倾向于通过加强对金融机构监管来抑制泡沫。在奥巴马政府的金融监管改革议案中,第一项内容就是授权美联储监管所有可能对整个金融系统造成风险的机构。美联储的监管对象,从目前的银行和银行控股公司,扩大到投资银行,保险公司等"规模足够大,关联足够深,杠杆率足够高,以至于对金融市场影响足够显著"的一切金融机构。这一决定看似自然,因美国最大的金融机构早已在美联储的监管之内,而且"超级监管者"在危机中的统领作用不容小觑。但是其实际作用有待确认:(1)央行的监管从本质上来说是被动的,而金融创新顾名思义是从前没有的,所以创新不应受到过多监管,否则在逻辑上就会存在矛盾。美联储官员不从事金融交易,而真正懂得规避风险的却是一线的金融机构的从业人员,美联储在专业知识和对市场的理解上落后于金融机构,这也是为什么格林斯潘在金融衍生产品大行其道时没有予以重视的原因。(2)在新监管体制下,参照过往金融危机的经过,金融机构必将竞相扩大资产规模,争取成为"大而不能倒"的系统性机构,以获得隐性的政府支持,而投资者在新框架下对系统性机构的风险考察会弱化,使得这些机构融资成本更低,变成"大而不能管"的银行。而这其中,提高资本充足率,也许是美联储监管大型复杂金融控股公司与全球性金融机构的关键一环。

2. 美联储是"世界央行"?

鉴于美国金融市场和金融机构在世界金融市场中的地位,美联储货币政策和监管体系的发展方向,在很大程度上将影响未来各国央行的货币政策制定以及全球监管的标准和准则。

　　美元作为世界最大储备货币和流动性最广的交易货币,其在金融危机中所起到的融资作用迅速缓解了对"危机震中"美国经济的冲击,可以说若不是这一条件,美国将无从恢复,或从一个极端掉入另一个极端,因为在任何其他国家,央行如果这样大规模地印钞将导致剧烈的通货膨胀。我们希望美国享受"铸币红利"的同时,也需要尽到义务,在中国等国家大量吸收美元计价国债的同时,美联储则不能仅仅代表华尔街的金融利益,也不能仅仅代表华盛顿的美国利益,更应该承担世界性的责任。

　　但是世界不是平的,各国经济冷暖不一。在美联储继续量化宽松的情况下,亚洲国家却出现了资产过热的迹象,房地产和股票市场在热钱的追击中甚至有泡沫之嫌。我们无法约束美联储,要求美联储承担"世界央行"的义务不切现实,2009年3月美联储宣布购买美国长期国债的消息后,美元指数2天内暴跌5%,直接威胁到我国2万亿美元外汇储备的投资安全。如何减少美联储货币政策对别国经济的冲击? 我国央行行长周小川提出的建立以特别提款权(SDR)为基础的"超主权储备货币"是非常好的建议,这消除了国家经济之间的隔阂和各国央行政策的利己主义,代表未来世界货币体系的发展方向。

　　市场揣测美元将选择继续贬值以减少美国贸易逆差,甚至美联储会选择通胀来减少美国国债天量本金和利息的偿还压力。如此对内和对外的货币贬值,不一定是美联储所设想的。美国作为世界上最发达的市场经济国家,其自我修复能力较强,如果美联储真正能够做到以抑制通货膨胀为目标,负责任地将经济重新恢复到正常轨道,那么在可以预见的加息情况下,美元会有所反弹,通胀将在出现苗头之前得以遏制。这其中,美联储非常规手段的退出策略至关重要,而在2008年经历多次由美联储发起的各国央行联合行动中,各国纷纷将利率调至历史低位,并配合刺激性的财政政策,促进了世界经济从危机中复苏。未来,美联储仍旧将在协调各国央行中扮演不可缺少的重要角色。

这次金融危机似乎对我国影响不大,那么下次呢?[①]

　　2007年美国次贷危机以至后来演变成全球金融危机,到今天,危机还没有过去。关于危机的讨论也还方兴未艾。金融危机最早从什么时候就有了? 为什么会有金融危机? 我们怎么应对? 能够预测和避免金融危机吗? 这一系列问题,恐怕既是普通小民偶尔想到的,更是那些政策制定者、经济学家们要做的功课。英国女王就曾经毫不客气地问过伦敦经济学院的教授们:你们咋就预测不了危机? 较早对这些问题作出权威回应的是金融史学家金德尔伯格。他的那本《疯狂、惊恐和崩溃:金融危机史》从17、18世纪的金融危机开始讲起。他提到,对1600年以前的事件进行研究已非其能力所及。而莱因哈特和罗格夫的《这次不一样:800年金融荒唐史》,则从14世纪中期佛罗伦萨金融家给英国国王爱德华三世和那不勒斯国王罗伯特贷款说起。那两位大牌债主不愿意偿还贷款,导致了当时银行业的倒闭。他们将金融危机史又向前推进了三四百年。事实上,金融危机是自从信用、借贷、货币以及后来所谓金融产生以来一个自然的伴生品。

---

　　① 　原文出自《经济学茶座》2013年第4期,第73—76页,作者张晓晶,系中国社会科学院经济学部研究员。引入本书时作了删减和修改。

　　大约 5000 年前,古代美索不达米亚人就开始用泥版记录交易,涉及大麦羊毛或白银等金属。这提醒我们,当人类第一次开始书面记录他们的活动的时候,他们不是在写历史、诗歌或哲学,而是在做生意。有了交易,有了借贷或者说信用关系的产生,哪怕没有货币,就已经埋下了危机的种子。只是,在交易还不太普遍、涉及范围还不太广泛,相互关联还不那么紧密的情况下,一个信用链条断裂所产生的也只是一些微澜,而不会是洪水滔天。因此,真正的金融危机,基本上与银行以及金融市场的产生相关联。当然,如果我们可以更多地挖掘史料,或许可以将金融危机的历史回溯到更久远的年代。从这个角度,金融危机的前世(或前传)今生也就会变得更长。

　　为什么会有金融危机?从金融体系本身当然可以找到一些线索,但更重要的原因恐怕还在金融体系之外这从美国的"占领华尔街"运动就可以看得出来。那种 99% 与 1% 之间的不平等与对抗,反映出收入差距问题或许正是导致危机的重要导火索。经济趋向于金融化的发展,导致收入分配差距拉大,一方面劳动生产率在增长,另一方面与之相关的劳动报酬却未能相应提高,从而出现无分享的增长,并埋下了危机的种子。我们来看一组数据:2005 年美国的劳动生产率相当于 1959 年的 2.7 倍,增长了 170%,而 2005 年的劳动报酬却是 1959 年的 1.5 倍,只增长了 50%。这导致贫富差距的急剧扩大。如果我们将时间追溯到 20 世纪 30 年代的大萧条,发现历史何其相似!在大萧条之前,也发生了劳动生产率增长与劳动报酬增长的不同步。第一次世界大战后,由于有了各种大规模生产的技术,美国工人每小时的劳动生产率已经提高了 40% 以上。而在 20 世纪 20 年代,工人的收入并没有随着生产率的提高而相应增加。就是在黄金时代的 1929 年,布鲁金斯研究所的经济学家也已计算过,一个家庭如果想取得最低限度的生活必需品,每年要有 2000 元的收入才行,但当年美国家庭 60% 以上的进款是达不到这个数字的。正因为如此,大萧条之前,贫富差距达到顶峰,只是经过罗斯福新政,贫富差距才有大幅度缩小。从这个角度,说过大的收入分配差距是危机的一个根源也并不为过,尤其当这个收入分配差距很大程度上与金融业的过度膨胀相关的时候,就更是如此。

　　关于金融危机原因,还可以归结为人性的贪婪、反复无常以及健忘症(好了伤疤忘了疼),可以归结为制度的不完善、金融产品的复杂性以及经济学家设计的金融产品定价模型的脆弱性等等。显然,这个清单可以拉得很长。但最终仍是,金融危机是经济发展和演进过程中一个自然的伴生物,难以避免。危机是繁荣时期播下的种子;危机也是清洁剂,为下一轮繁荣鸣锣开道。经济社会就是在这一波又一波的危机浪潮中前进,就像少年 Pi 的海上漂流。人类知识和理性的边界在扩展、危机的掌控能力在提高的时候,其所面对的未来的不确定性或许也在同量级地甚至是更快地增加。金融就是应对不确定性的产物。因此,这种较量将是没有止境的。少年 Pi 的海上漂流或许已经结束,但他还需要继续他新的人生旅程——在那里,他仍会遇到暴风雨、老虎等等。

　　幸运的是,我们只是金融危机的旁观者,因为中国并没有爆发金融危机。我们或许还在这个时候去过美国、欧洲,去过那些危机的重灾区,但并未感受到危机的可怕:因为失业的并不是我们,并且还"享受着"国外旅游购物价格的一直下降。然而,我们决不可忘了,真正的危机是多么可怕。因此,"重温"一下危机时普通老百姓生活的变化,或许对于我们每一个人都是有益的。不仅如此,我这么说还因为现在不少探讨金融危机的书,其中的主角都是银行家或政治家,或者大的投行和金融公司,而较少触及到小民的日常生活。

这里主要讲一下大萧条的故事,本轮危机的故事还有待后人去总结。大萧条时期,中产阶级是破落得迅速而令人痛心的。在加利福尼亚州水库工地上干粗活的工人当中,有好些先前是农场主、牧师、工程师,还有一位中学校长和一个密苏里州某银行的前任行长。那个曾写出《愤怒的葡萄》的美国著名作家约翰·斯坦贝克用猪油加草木灰和盐做成肥皂来洗衣服,他连寄稿件的邮费也付不起,是代理人代付了,可是稿件却没人要。后来他回忆说,那时的流民,一想到害病就不寒而栗。"生病也要有钱才生得起。看牙医我看不起,所以牙齿一颗颗烂掉了。"在芝加哥市,有两百名妇女在格兰达公园和林肯公园露宿。夜间敲门讨饭的,"可能几个月或一年前在银行里爽快地签发过你的贷款,或者在你所读的报纸上写过社论,或者是某家大地产公司的副经理"。1932 年 6 月,美国东北各名牌大学的应届毕业生步 21974 名老学长的后尘,也在拼命找工作了。那时连在纽约百货公司开电梯也要有学士学位,而且对他们当中好些人说来,这已是最好的差使了。由于劳动力供过于求,所以航空公司竟能要求机上所有女招待员都由注册护士充当。1932 年,有 27.3 万户人家被房东撵走。重工业的关键美国钢铁公司,当时的开工率只达 19.1%。各银行门前无不人山人海,争提存款。纽约市布朗克斯区有一位少妇,把孩子出租给排队提款的妇女,每次收两角五分,因为抱着孩子排队,能排在前头。在全国居民中,有一半以上每星期看一次电影(成人票价两角五分,儿童一角)。吸纸烟的人逐年增加,当时谁也不知道这个习惯是有害的。不过有些行业却是分外兴隆。出售避孕药物的行业一年赚了 2.5 亿元(当时的青年后来做了爸爸妈妈,早把这事忘了)。并且,经济衰退使婚姻更加稳固了,收入的下降促使许多夫妻加倍努力拯救他们的婚姻。数据表明,在整个 20 世纪 30 年代的时候,离婚率大约为 16%～19%,最低时甚至达到过 13%。但进入 20 世纪 40 年代,随着经济的逐步复苏,离婚率上升到百分之二十几到三十几,二战结束后的 1946 年更是达到 43%。这样比较来看,大萧条期间的离婚率是相当低的。与之类似的是,在 2008 年经济最萧条的时期,平均每 1000 名已婚的美国女性中,离婚率下降到 16.9%。在 2007 年,这个数字是 17.5%。不过,在经济衰退期夫妻双方决定互相克制、暂且不离婚的状况不是一成不变的。2009 年,随着经济的缓慢恢复,那些"被压制的离婚需求"瞬间释放,离婚率又开始上升。这意味着离婚存在"顺周期性",当经济处于不景气的时期,离婚率会下降;当经济状况好转后,离婚率会上升。这些有意思的发现权且可以当作是金融危机研究的一个副产品。我们当然不期待通过危机来巩固婚姻。这也反映出人性的一大弱点:能共苦却不能同甘。

经济总供给冲击的新问题[①]

中国 30 年改革开放的经济史,可以说是一部反复抑制总需求过快膨胀的历史,但今天中国经济第一次遇到了总供给冲击的新问题。由于劳动用工、原材料、环保、税负等成

---

① 原文发表在 2008 年 8 月的《新财富》,作者李稻葵,教授,清华大学中国与世界经济研究中心主任。

本的上升，导致总供给曲线收缩，大部分生产者生产意愿下降。这种总成本的上升是中国经济升级换代、结构转型的过程中不能回避的战略课题。针对这一问题，当前的宏观调控应攻守兼备：一方面坚持总量从紧的货币政策，守住总需求管理，避免恶性通胀；但更重要的是攻，其根本出路在于通过一系列的改革，包括财税改革、户籍制度改革、资源型产品价格形成机制改革、中小企业融资渠道改革以及打破垄断的改革，帮助企业对冲成本上升的压力，增加总供给，从而提高经济活力，既控制住物价，又保住增长，为实现大国发展的宏图奠定坚实的基础。

最近半年以来，中国经济进入了一个新的发展阶段。从上半年的统计数据看，中国经济运行的基本态势还相当好，多年来困扰中国经济的一些结构性问题正在不断解决：比如，固定资产投资增长率远远超过消费增长率这一问题有所缓解，这两个增长率之差比去年同期减少了近9个百分点；再比如，外贸出口增速远低于进口增速，上半年贸易顺差与去年同期相比明显下降。可以说，这几年来，政府希望通过宏观调控达到的目标已经在相当程度上得到了实现。但同时不容忽视的是，当前的中国经济蕴含着非常显著的潜在问题乃至于风险，必须予以高度重视。这些宏观经济的问题无外乎来自于两个方面：第一就是总需求方面的波动，第二就是总供给方面受到的冲击。

需求膨胀之外，总供给收缩成为新问题

需求波动的原因可以是多方面的。改革开放30年来，中国经济在总需求方面受到的冲击主要体现为信贷膨胀、固定资产投资增长过快等。这些问题有深刻的体制原因，包括各级政府都有大干快上、以固定资产投资和物质投资为龙头来促进经济发展的动机。

最近一年多以来，随着以美国为首的西方金融体系遭遇自1929年大萧条以来最大的金融危机，造成国际游资纷纷逃离发达经济体而转向新兴市场国家。对于中国经济来说，这体现为"热钱"的涌入，而"热钱"涌入又通过各种形式表现为总需求过旺的压力。

这个由外部输入的总需求膨胀，构成了中国经济一年多以来从紧货币政策的基本背景。这种经济过热的趋势对于中国宏观经济政策的掌舵者来说是再熟悉不过的。中国30年改革开放的历史，可以说就是一部反复抑制总需求过快膨胀的历史，为此我们也付出过惨重的代价。1988年和1994年的两次高速通货膨胀对于中国经济政策的制定者们肯定还记忆犹新，由此带来的社会后果也是刻骨铭心的。

对于中国经济而言，总需求膨胀仅仅是问题的一个方面，另一个新的问题可以概括为总供给冲击，即经济中的大部分生产者都遇到了由于各种因素引发的成本上升的压力，而这些成本上升的压力又导致了社会上大部分生产者生产意愿下降的现实。用经济学术语来讲，就是宏观经济中总供给曲线的回缩，即在同样的出厂价格下，生产者愿意提供的产品数量下降了。这种总供给曲线收缩所带来的后果，既可以是供给下降带来的价格上涨（通货膨胀）或者整体经济活动的萎缩，当然也可能是两者的结合，也就是公众话语体系下的"滞胀"。

多方成本上升　压迫总供给曲线回缩

为什么中国经济的总供给正在遭受冲击呢？我们可以逐一分析其中的原因。

第一就是劳动用工成本的显著上升。据国家统计局发布的统计月报，今年1～5月

劳动用工工资的平均上涨幅度为 18％。而根据笔者去年和今年在广东地区的调研,该地区的劳动用工工资从 2006 年到今年一直是按照每年 14％～15％的速度在上涨。那么,工资上升是不是因为通胀带来工人加薪的要求所致呢?答案显然是否定的。中国劳动力的谈判能力整体来说还比较低,工资上升的趋势以及与此相关的"农民工荒"、"用工难"的本质,就是过去十几年来中国高达两亿的农村富余劳动力进城打工、由农业就业转变为非农业就业的进程开始出现了质的变化。中国社科院劳动与人口研究所蔡研究员所领导的研究组经过反复调查发现,目前农村剩余劳动力的存在状况已经和十多年前完全不同。这些剩余的劳动力已经基本上转移出去了。在这样的情况下,我们不难理解劳动用工工资上升的必然性,其根本原因是结构性的,不是流动性过剩,也不是经济过热,而是我们在经济发展所必须面对的过程。

总供给遭受的第二个冲击就是国际市场上以原油、铁矿石、氧化铝、原木和铜等为代表的原材料和大宗商品价格的不断上升。这些原材料价格的上涨不能完全归因于国际投机资本的炒作。以铁矿石为代表,铁矿石的价格在过去 5 年内不断上升,年平均复合涨幅在 30％以上。这种上涨与金融炒作无关,因为铁矿石的价格是供需双方,即矿山企业和钢铁生产企业直接谈判的结果,并没有金融资本炒作的空间和可能。再以石油为例,过去 5 年石油年均消费量的增长率为每年 1.7％,而产能的增长率仅为每年 0.7％,这意味着富余产能在持续减少。而短期内,国际原油需求的价格弹性很低,也就是说,非常高的价格上涨才能带来需求量的一个很小的降低。同时,最近的各种报道表明,在原油价格高涨的情况下,各主要产油国纷纷加强了对其油田的控制,反而大幅增加了石油公司的生产成本。所以,石油价格的高企很可能还将持续较长的时间。

第三大成本冲击是环境保护和节能减排的压力。环境保护和节能减排是我国经济和社会发展的必然要求,也是落实科学发展观的根本举措,但这种要求也必然在短期内带来企业运营成本的上升。

除了以上几点以外,还有一点必须说明的就是中国企业税负成本的上升。过去几年,财政收入的增长速度一直远远高于经济的整体增长速度。如今年上半年,GDP 的同比增长速度为 10.4％,而财政收入的增长速度则是 33％,这明确表明了企业税负成本的上升。

以上这一系列成本上升的情况下,总供给曲线无疑是在回缩,企业减产、停产、破产的例子越来越多。

宏观调控应攻守兼备

在总需求膨胀和总供给收缩这两者中,笔者认为后者更值得注意。因为总供给的冲击在中国改革开放 30 年来可以说是第一次遭遇,所以它更值得我们去跟踪研究。

更重要的是,这种总成本结构的冲击,将会持续相当长的一段时间。从根本上讲,这种总成本上升的过程就是中国经济升级换代的过程,也是中国从下中等收入国家上升为中等收入国家这一发展过程中所不能回避的重大难题。许多国家之所以在经济起飞一段时间以后就难以持续升级,如亚洲金融危机发生前的东南亚国家,就是没有妥善处理好这一问题,由此陷入了"中等收入水平陷阱"而不能自拔。所以,如何合理地解决总供给的冲击,是中国经济发展所面临的战略课题。

中国如果能把总供给的问题解决好，一方面可以保证避免经济的大幅下滑，因为企业的生产意愿会提高；另一方面也可以避免价格的上涨，因为可以帮助企业把生产成本降低。

基于以上分析，笔者认为，如果说宏观调控是一大战役，那么要取得全面的胜利，不仅要守，而且要攻，要攻守兼备。守，指的是坚持总量从紧的货币政策，货币总量控制好了，就可以避免目前的通货膨胀演变成恶性通胀。但是，光靠从紧的货币政策和相关的总需求管理，难以达到经济又好又快发展的目标，因此，更重要的是攻，攻的策略体现为总供给方的管理。政府要想方设法帮助企业对冲和缓解主要要素成本上升的压力，帮助企业提高生产水平，也就是把回缩的总供给曲线向右推。如果能做到这一点，不仅能保证企业的总产出不下降，而且总体价格水平也能得到有效控制。

财税、户籍、价格、融资等改革是增加总供给的根本出路

那么，如何才能帮助企业对冲和缓解成本的压力呢？答案的关键在于改革，要向改革要出路，向改革要思路。

首先，财税改革应该提到议事日程上来。通过适当给企业减税的方式来帮助企业缓解目前的危机，尤其是推动增值税从生产型向消费型转变，允许企业把更新改造投资和研发的投入从增值税的税基中脱离出来。

一些行业要打破垄断。允许更多企业的进入，这也是有效增加供给的方法。

户籍管理。可以在充分调研的基础上，给地方政府松绑，发挥地方政府的积极性，让地方政府探索适合本地区的、以打破城乡界限为目标的新的户籍管理制度，允许农民更加自由地进城工作，降低进城以后的生活成本，由此进一步提高农民务工的积极性，化解劳动用工成本上升的压力。

价格改革也是一个重要的方向。原材料、能源和粮食等大宗物资的价格改革如果能够在总体价格水平略有下降的有利时机逐步推出，将不仅能提高农民和企业的生产积极性，还可以同时增加农民收入、降低能耗，这是能提高效率和改善公平的改革。

中小企业融资方面也可以进行大量改革。如将一些贷款担保机构转为中小企业银行，以创业型中小企业为主要服务对象，会在很大程度上降低中国经济中最具活力的中小企业的融资成本，增加总供给。

总之，改革是增加总供给、降低成本、提高经济活力的根本出路。

里根时代的供给学派经验

如果说今天的中国经济同时面临着总需求膨胀和总供给萎缩的压力，那我们不妨参考一下其他经济体在不同历史阶段化解这种压力的成功经验。特别值得一提的就是20世纪80年代初里根政府时代的美国。

里根政府刚上台时，美国经济也面临着滞胀的难题，当时的里根政府采取了三项大刀阔斧的措施。第一是紧缩的货币政策，由沃尔克任主席的美联储大力收紧银根，以此抑制通货膨胀。第二是推动放松经济管制的改革，包括减税，从而在很大程度上提高了美国经济的活力。第三，推进了积极的财政政策，以军备竞赛为主要形式，极大地提高了美国的政府开支，刺激了美国的国内经济。这三项措施的推出，让美国经济比较快地走出了滞胀的困境，并为其后20多年的持久繁荣奠定了基础。里根也被誉为美国历史上

三个最值得百姓怀念的总统之一。

今天中国的经济当然比 20 世纪 80 年代初的美国经济更有活力,我们目前面临的经济问题远没有当年的美国严重。但是,我们的政策制定者们同样面临着重大的历史机遇。推进改革,以改革为核心,带动中国经济总供给的上升,这将为中国经济持续、长期的繁荣和发展,为中国经济再上一个台阶奠定基础。

一言以蔽之,当前中国经济滞胀的风险,呼唤着以改革为核心的新供给学派。

五、参考答案

（一）单项选择

1.C 2.B 3.A 4.C 5.B 6.C 7.C 8.C 9.A 10.B 11.A 12.B 13.D 14.D 15.B 16.D 17.C 18.A 19.D 20.B 21.B 22.A 23.B 24.C 25.D 26.A 27.A 28.B 29.A 30.C

（二）问题与论述

1.答:黏性工资、黏性价格和错觉理论。解释从略。

2.答:

(1)减少。

(2)增加。

(3)没有影响。

(4)减少。

3.答:

(1)供给不变,需求减少。

(2)供给减少,需求不变。

(3)供给不变,需求减少。

(4)供给增加,需求不变。

4.答:

(1)物价上涨,产量不变。

(2)物价上涨,产量不变。

(3)物价下跌,产量增加。

(4)物价上涨,产量不变。

5.答:刚开始,总需求减少,物价下降,但是在同一条短期总供给曲线上,由于工资黏性,实际工资上升。如果经济自行调整,预期的价格水平跟上了下降的物价,新的劳动合约就会将名义工资下调,这样实际工资水平会下降,经济回到自然产出率,失业回到自然失业率,此时实际工资水平与长期均衡时的初始状态一致。

6.答:财富效应、利率效应、汇率效应。总需求曲线向下倾斜,其机制在于:当价格水平上升时,实际财富水平会下降,消费者减少消费需求——财富效应。当价格水平上升,导致可贷资金供给会下降,利率水平上升,限制了投资需求——利率效应;利率水平上升,导致本国货币升值,限制了出口,降低了净出口——汇率效应。

7.答:所谓总供给是指经济社会在每一价格水平上提供的商品和劳务的总量。在长期,总供给曲线是一条垂线,因为根据古典二分法,任何货币变化引起的物价变化,对实际变量没有影响,物价与实际的自然产出水平无关,与横轴的交点位置由自然产出水平决定,取决于物质资本、人力资本、技术和自然资源,所以长期产出与物价无关。当自然产出水平变化时,长期总供给曲线发生平移。

结合 $Y=Y^*+\alpha(P-P^e)$ 公式,可以看到,在长期,由于时期跨度之长,最终看上去,任何对价格的预期都能赶上实际价格的变化,$P-P^e=0$。这样,就出现了 $Y=Y^*$。

8.答:时间更快,政府改变总需求的方法能够使得经济更快地回到长期的自然产出率。如果在不利的供给冲击下,可以通过积极的总需求管理,积极改善产出水平,而不是对通胀的特别关注。

9.答:不能。在长期,产量由自然产出率决定,也就是由物质资本、人力资本、技术和自然资源决定。总需求变动只能是在短期暂时改变了相对价格影响产量,长期这个相对价格的改变会恢复。因为长期是实际变量,相对价格取决于生产能力。

10.答:由货币供给变动引起的总需求变化,在短期内,以不可预期地速度改变了物价。一些物价和工资对这种变动的调整比其他物价和工资更快,这就引起了短期内相对价格的变动。

(三)应用分析题

1.答:

(1)在短期内是正确的,物价预期上升会使短期总供给曲线向左平移,这样均衡物价会上升。

(2)政府不干预经济的话,长期不会。因为刚开始时物价预期上升,短期总供给曲线左移,物价上升且产出下降,失业增加。这种高失业,会加大工人主动压低工资的压力,较低的工资又增加了供给量,短期总供给曲线回复到初始状态。这样,物价下降,产量接近自然率。所以在长期,预期的高物价不会引起真实的高物价。

(3)会。因为政府面对供给冲击,积极的政府干预措施,总需求曲线右移,这样物价会上升。高物价的预期在长期会引起高物价。

2.答:

(1)经济在正常情况下是在 A 点,由于经济衰退,经济目前处于 B 点位置。A 点和 B 点在同一条短期总供给水平,名义工资不变。但是 B 点比 A 点物价更低,导致目前的实际工资水平更高。工人就要被解雇,此时产出是 Y_1 水平,失业率高。政府不干预经济,让经济自行调整,随着时间推移,这种物价下降会使得预期的价格水平跟上这种更低的物价,新的劳动合约中将体现这种预期,而降低名义工资,实际工资水平下降,C 点和 B 点相比,就是体现了实际工资水平的下降。企业劳动成本下降会增加产出,就是短期总供给曲线右移。

(2)经济在正常情况下是在 A 点,由于经济衰退,经济目前处于 B 点位置。A 点和 B 点在同一条短期总供给水平,由于部分企业菜单成本的存在,没有降低价格。它们的产品变得昂贵,销售量减少。B 点比 A 点物价更低,此时产出是 Y_1 水平。政府不干预经济,让经济自行调整,随着时间推移,这种物价下降会使得预期的价格水平跟上这种更低的物价,企业就要改变"菜单",降低价格,在新的物价水平下,产量会随着需求增加而上升,就是短期总供给曲线右移。

(3)经济在正常情况下是在 A 点,由于经济衰退,经济目前处于 B 点位置。A 点和B 点在同一条短期总供给水平,一些企业错误地认为,只有它们产品的价格下降了,自身产品没有销路,因此它们削减了生产。如果,政府不干预经济,让经济自行调整,随着时间推移,这种物价下降会使得预期的价格水平跟上这种更低的物价,所有物价都下降,错觉打破,此时它们在每一种物价时将增加生产,就是短期总供给曲线右移。

(4)过热的经济自行恢复容易。因为上述理论运用时,B 点到 C 点,需要下调名义工资,需要下调菜单价格,现实生活中,这些价格上涨容易,下降难。价格更多地体现了一种向下的黏性。

(四)辨析题

1.答:错。是投资最易变动,而不是消费。

2.答:错。预期物价水平上升,短期总供给曲线左移。

3.答:错。预期物价水平下降,导致短期总供给曲线右移。

4.答:错。总需求曲线左移。发行央票是紧缩流动性的措施。

5.答:错。解释了总供给曲线向右上方倾斜。

6.答:错。经济陷入衰退的话,随着工资和物价预期下降,经济将自行调整到长期均衡。

7.答:错。原油价格上升会引起滞涨,物价上升产出下降。

8.答:错。在长期不成立。

9.答:对。

10.答:错。长期内货币中性,而短期内货币量对实际产出也有影响,货币不再是中性的了。

第十二章

货币政策和财政政策对总需求的影响

一、本章概述

上一章中我们介绍了总需求—总供给模型,该模型可以用于解释短期经济波动。当某一事件发生时,我们通过以下三个步骤来考虑该事件对经济中总产量和总体物价水平的影响:第一步,考虑该事件影响的是总需求曲线,还是总供给曲线;第二步,考虑影响的方向,即该曲线将会向左移还是向右移;第三步,考虑影响的结果,即曲线移动后对均衡点的影响,产量和物价分别会发生怎样的变化。

本章中我们将利用该模型分析财政政策和货币政策的作用,所涉及的核心问题包括:第一,当政策发生变动时,将会怎样移动总需求曲线,进而怎样改变包括总产量、物价总水平和就业在内的各宏观经济变量?其短期影响和长期影响分别是什么?第二,运用这些政策影响经济的过程中会遇到怎样的困难?是否应该应用政策来干预经济?

(一)货币政策

货币政策涉及的是中央银行对货币供应量的选择。凯恩斯的流动性偏好理论为货币政策提供了理论基础。这一理论认为,货币的供给由中央银行控制,中央银行可以通过公开市场业务、法定准备金率、贴现率等方式影响经济中的货币供给数量,换句话说,货币供给量由中央银行的政策决定,并不取决于经济中其他变量,特别是利率水平,因此货币供给曲线是一条垂线;货币的需求反映了人们想以流动性形式持有的资产的数量,利率是货币需求量的一个很重要的决定因素,利率水平上升,将提高人们持有货币的机会成本,从而减少了货币需求量,因此货币需求曲线是一条向右下角倾斜的直线;利率的调整能使货币的供求平衡。存在一种利率,即所谓的均衡利率,在这一利率时,货币的需求量正好与货币的供给量平衡。如果利率位于其他水平,货币市场的供求失衡将迫使利率发生调整,从而使利率趋向于均衡利率,货币供给量和货币需求量趋于相等(见图 12-1)。

回顾上一章,总需求曲线向右下方倾斜的原因中包括一条利率效应:物价的上涨会导致利率上升,利率上升会导致投资需求和总需求减少。流动性偏好理论可帮助解释为什么会存在利率效应,进而帮助解释为什么总需求曲线向右下方倾斜。根据这一理论,

利率

货币供给

r′

货币需求

O 货币量

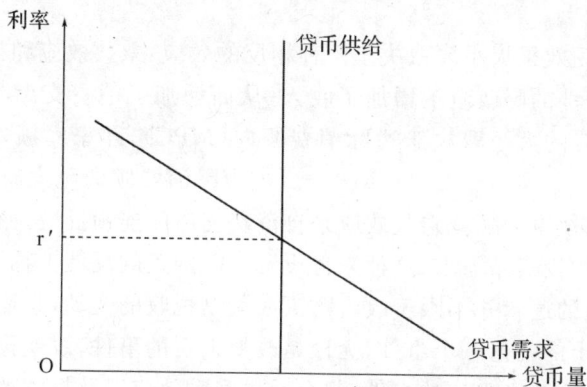

图 12-1 流动偏好理论

物价上涨对总需求的影响可以分解为以下三个步骤:第一步,物价上涨时,人们需要更多的货币用于日常交易,货币需求曲线右移;第二步,货币需求增加了,而货币供给是保持不变的,因此利率必定上升,来抑制额外的货币需求;第三步,较高的利率抑制了投资需求,从而导致总需求量减少。因此物价水平和总需求量之间存在负相关的关系,总需求曲线向右下方倾斜。

流动性偏好理论还可用于帮助分析货币政策的影响。对货币政策作用的分析同样可以分解为以下三个步骤:第一步,当中央银行增大货币供给时,货币供给曲线右移;第二步,由于货币需求曲线没有发生改变,因此利率将下降,以使货币供给和货币需求重新均衡;第三步,较低的利率将刺激投资需求,因此在既定的物价水平下,总需求将扩大。即在给定物价水平的情况下,货币的注入增加了每一物价水平时的物品和劳务的需求量,总需求曲线向右移动。

因此,旨在扩大总需求的货币政策将会扩大货币供给,降低利率,这一政策对经济的短期影响将体现为产量增加,物价上涨;旨在紧缩总需求的货币政策将减少货币供给,提高利率,这一政策的短期影响将体现为产量下降,物价下跌。当然,这一影响只是短期的,根据货币中性论的思想,在长期内,产量必然回到自然率,货币供给变动对经济的影响将仅体现在对长期中物价的影响方面。

(二)财政政策

财政政策指的是政府对政府购买或者是税收总水平的选择。财政政策的长期影响与短期影响是不同的。在长期中,财政政策将影响储蓄和投资进而影响长期经济增长。例如,当政府加大政府购买或者减少税收时,政府财政赤字增加,公共储蓄和国民储蓄减少,长期利率水平上升,这将抑制投资需求,导致长期经济增长放慢。反之,当政府减少政府购买或增加税收时,政府财政预算盈余增加,公共储蓄和国民储蓄上升,长期利率下降,这将刺激投资需求,刺激长期经济增长。

与长期中影响储蓄和投资不同,财政政策在短期中影响的主要是总需求。扩张性的财政政策(政府加大政府购买或者减税)将导致总需求曲线右移;紧缩性的财政政策(政府减少政府购买或者加税)将导致总需求曲线左移。总需求曲线的移动将导致短期经济均衡点发生改变。

财政政策的作用效果大小要取决于两种相反的效应：乘数效应和挤出效应。所谓乘数效应，是指当扩张性的财政政策增加了收入，从而增加了消费支出时引起的总需求的额外变动。乘数效应的大小取决于边际消费倾向（MPC），即家庭额外收入中用于消费而不用于储蓄的比例。乘数＝$1/(1-\text{MPC})$。当边际消费倾向越大时，消费对收入变动的反应越大，因此乘数也越大。乘数效应来自消费支出的连锁反应。有时候较高的政府需求还会刺激较高的投资品需求，这种来自投资需求的正的反馈被称为投资加速度。

当然，乘数效应的逻辑并不限于政府购买或者是税收的变动，它适用于改变 GDP 任何一个组成部分支出的任何一个事件，无论是改变消费的事件，改变投资的事件，改变政府购买的事件，还是改变净出口的事件，都会通过乘数效应以及投资加速度对 GDP 产生成倍数的影响。

所谓挤出效应，指的是当扩张性的财政政策引起利率上升，从而减少投资需求时，所引起的总需求减少。其作用过程可以描述如下：第一步，政府增大政府购买时，总需求将增加，随后通过乘数效应引起人们的收入成倍数地增加；第二步，当人们收入增加时，人们将提高对货币的需求；第三步，由于货币供给保持不变，因此货币需求增加时，利率水平将上升；第四步，利率上升会减少物品和劳务的需求。也就是说，政府购买增加对物品和劳务的需求时，将会挤出投资需求。

总之，当政府增大政府购买时，乘数效应和挤出效应同时发生作用，两者作用方向相反。政府购买对总需求的影响力度大小，以及相应的总需求曲线的移动幅度的大小，要取决于这两种效应哪种效应的作用大。类似的，除了政府购买以外，所有其他影响 GDP 的任何因素发生变化时，其作用力度的大小都会同时受到乘数效应和挤出效应的影响。

此外，税收变动对总需求变动的影响幅度还要取决于家庭对税收变动是持久变动还是暂时变动的感觉。如果家庭预期减税是持久的，那么减税将会对总需求产生重大的影响；反之，如果家庭预期减税只是暂时的，那么减税对总需求只有很少的影响。

（三）关于是否积极运用政策来稳定经济的争论

在政策运用上，有一个很普遍的争论：究竟是否应该运用政策工具来控制总需求并稳定经济。支持者认为，总需求会因为非理性的悲观主义和乐观主义情绪而发生任意的变动，如果政府不加干预的话，结果就是产量和就业不合意的和不必要的波动。政府应该调整货币政策和财政政策对这些乐观主义和悲观主义情绪作出反应，从而稳定经济。即宏观经济政策应该"逆经济风向而动"，当人们过于乐观时，政府应该推出紧缩性的经济政策，反之当人们过于悲观时，政府应该推出扩张性的经济政策。

另外一些经济学家虽然也承认货币政策和财政政策在理论上可以稳定经济，但是由于这些政策对经济的影响有相当长的时滞，当政策开始发挥作用时，经济环境早已发生改变，此时经济政策反而会加剧经济的波动。因此政府应该避免利用积极的货币政策和财政政策来干预经济。

有一些政策设计能起到自动稳定器的作用，即在经济进入衰退时，决策者不必采取任何有意的行动就可以刺激总需求。比方说，税收、失业保险、福利补助都可以起到自动稳定器的作用。自动稳定器能避免政策的时滞性问题，从而降低经济的波动程度。严格的平衡预算规则会消除税收、失业保险等自动稳定器的功能。

二、本章重要名词和经济理论

(一)重要名词

流动性偏好理论　　　利率效应　　　　货币政策　　　　财政政策　　　乘数效应

挤出效应　　　　　自动稳定器　　　平衡预算规则

(二)重要经济理论

流动性偏好理论。凯恩斯在其经典著作《就业、利息与货币通论》中提出流动性偏好理论。这一理论认为利率的调整能使货币供给与货币需求平衡。

三、复习题

(一)单项选择

1. 总需求曲线向右方移动的原因是(　　)。

A. 政府支出的减少　　　　　　　B. 货币供给量的减少

C. 货币供给量的增加　　　　　　D. 私人投资减少

2. 自动稳定器的功能是(　　)。

A. 缓解周期性的经济波动　　　　B. 稳定收入

C. 刺激经济增长　　　　　　　　D. 推迟经济的衰退

3. 货币供给的变动如果对均衡收入有更大的影响,是因为(　　)。

A. 私人部门的支出对利率更敏感　B. 私人部分的支出对利率不敏感

C. 支出乘数较小　　　　　　　　D. 货币需求对利率更敏感

4. 假定某国经济目前的均衡收入为 5500 亿元,如果政府要把收入提高到 6000 亿元,在边际消费倾向等于 0.9 的条件下,应增加支出(　　)亿元。

A. 500　　　　　　B. 50　　　　　　C. 10　　　　　　D. 30

5. 通常认为,紧缩货币的政策是(　　)。

A. 提高贴现率　　　　　　　　　B. 扩大货币供给

C. 降低法定准备金率　　　　　　D. 中央银行买入政府债券

6. 降低贴现率的政策(　　)。

A. 将增加银行的贷款意愿　　　　B. 将制约经济活动

C. 与提高法定准备金率的作用相同　D. 通常导致债券价格下降

7. 如果存在通货膨胀,应采取的财政政策是(　　)。

A. 增加税收　　　　　　　　　　B. 减少税收

C. 增加政府购买　　　　　　　　D. 增加转移支付

8. 在经济衰退时期,如果政府不加干预的话,则会导致(　　)。

A. 税收减少,政府支出减少　　　B. 税收减少,政府支出增加

C. 税收增加,政府支出减少　　　D. 税收增加,政府支出增加

9. 扩张性财政政策对经济的影响是(　　)。

A. 缓和了经济萧条但增加了政府债务

B.缓和了萧条也减轻了政府债务

C.加剧了通货膨胀但减轻了政府债务

D.缓和了通货膨胀但增加了政府债务

10.如果政府支出的增加和政府转移支付的减少相同,那么收入水平将（　　）。

A.增加　　　　　　B.减少　　　　　　C.不变　　　　　　D.不确定

11.下列不属于中央银行扩大货币供给的手段是（　　）。

A.降低法定准备金率以变动货币乘数

B.降低再贴现率以变动基础货币

C.公开市场业务买入国债

D.向商业银行卖出国债

12."挤出效应"发生于（　　）。

A.货币供给减少使利率提高,挤出了对利率敏感的私人部门支出

B.私人部门增税,减少了私人部门的可支配收入和支出

C.所得税的减少,提高了利率,挤出了对利率敏感的私人部门支出

D.政府支出减少,引起消费支出较少

13.当债券收益不变时,债券价格上升必然导致利率水平（　　）。

A.上升　　　　　　　　　　　B.下降

C.不变　　　　　　　　　　　D.可能上升,也可能下降

14.下列财政政策中,（　　）将导致国民收入水平有最大增长。

A.政府增加购买50亿元商品和劳务

B.政府购买增加50亿元,同时增加税收50亿元

C.税收减少50亿元

D.政府支出增加50亿元,其中30亿元由增加的税收弥补

15.如果边际消费倾向值为0.6,那么政府支出的乘数值应为（　　）。

A.4　　　　　　B.2.5　　　　　　C.5　　　　　　D.1.6

16.假设边际储蓄倾向为0.4,投资增加80亿元,可预期均衡GDP增加（　　）亿元。

A.400　　　　　　B.200　　　　　　C.80　　　　　　D.160

17.乘数的作用必须在（　　）条件下才可发挥出来。

A.总需求大于总供给　　　　　　B.政府支出等于政府税收

C.经济中存在闲置资源　　　　　　D.经济实现了充分就业

18.边际消费倾向是指（　　）。

A.在任何收入水平上,消费与收入的比率

B.在任何收入水平上,消费变化与收入变化的比率

C.在任何水平上,收入发生微小变化引起的消费变化与收入变化的比率

D.以上都不对

19.一个家庭当其收入为零时,消费支出为3000元,当其收入为8000元时,其消费支出为6000元,在图形上,消费和收入之间成一条直线,则边际消费倾向为（　　）。

A. 3/8 　　　　　　B. 2/3 　　　　　　C. 3/4 　　　　　　　　D. 1

20. 中央银行在公开市场上卖出政府债券是企图( )。

A. 收集一笔资金帮助政府弥补财政赤字

B. 减少商业银行在中央银行的存款

C. 减少流通中基础货币以紧缩货币供给,提高利率

D. 通过买卖债券获取差价利益

21. 下列关于财政政策和货币政策有效性的叙述中,正确的是( )。

A. 货币需求的收入弹性越大,货币政策的效果越明显

B. 货币需求的收入弹性越大,财政政策的效果越明显

C. 投资对利率变化越不敏感,货币政策效果越明显

D. 投资对利率变化越不敏感,财政政策效果越明显

22. 以下选项中,( )属于自动稳定器。

A. 军事支出　　　　　　　　　　B. 用于公立学校的支出

C. 失业津贴　　　　　　　　　　D. 用于航天飞机的支出

23. 中央银行提高贴现率会导致( )。

A. 货币供给量的增加和利率的提高

B. 货币供给量的减少和利率的提高

C. 货币供给量的增加和利率的降低

D. 货币供给量的减少和利率的降低

24. 下列情况中,( )不影响实际货币需求。

A. 信用卡　　　　　　　　　　　B. 可开支票的储蓄账户

C. 硬币的较低含银量　　　　　　D. 货币市场互助基金

25. 货币供给( )。

A. 与利率呈正相关

B. 随着对货币的资产需求的变化而变化

C. 由商业银行决定

D. 由中央银行决定,通常不受利率变动的影响

26. 当政府购买引起了企业购买增加的工厂和设备时,我们看到了( )的证明。

A. 乘数效应　　　　　　　　　　B. 投资加速度

C. 挤出效应　　　　　　　　　　D. 供给学派经济学

27. 如果中央银行认为通货膨胀压力太大,其紧缩政策为( )。

A. 在公开市场购买政府债券　　　B. 迫使财政部购买更多的政府债券

C. 在公开市场出售政府债券　　　D. 降低法定准备金率

28. 当政府购买增加了一些人的收入,而且这些人把他们收入增加的一部分支出用于增加的消费品时,我们看到了( )的证明。

A. 乘数效应　　　　　　　　　　B. 投资加速度

C. 挤出效应　　　　　　　　　　D. 供给学派经济学

29. 假如增加政府购买 4 万亿元人民币,如果乘数效应大于挤出效应,那么( )。

　　A. 总供给曲线向右的移动大于 4 万亿元人民币

　　B. 总供给曲线向左的移动大于 4 万亿元人民币

　　C. 总需求曲线向右的移动大于 4 万亿元人民币

　　D. 总需求曲线向左的移动大于 4 万亿元人民币

30. 假设投资者和消费者的悲观情绪减少了支出,致使现在的产量低于自然产量率。如果决策者选择采用积极的稳定政策,他们应该( )。

　　A. 增加税收,这使总需求向右移动

　　B. 增加税收,这使总需求向左移动

　　C. 增加政府支出,这使总需求向右移动

　　D. 增加政府支出,这使总需求向左移动

31. 在政府向公众借债弥补财政赤字的场合,若中央银行“盯住利率”,则中央银行证券持有( )。

　　A. 增加　　　　　　B. 减少　　　　　　C. 不变　　　　　　D. 不确定

(二)问题与论述

1. 经济中的自动稳定器有哪些? 它们是如何发挥作用的?

2. 为什么货币需求对利率越敏感,财政政策的效果越大?

3. 政府支出 30 亿元购买警车。解释为什么总需求的增加会大于 30 亿元。解释为什么总需求的增加会小于 30 亿元。

4. 为什么投资需求对利率变动越敏感,财政政策效果越小?

5. 假设经济处于衰退中。解释下列每一种政策会如何影响消费和投资。在每种情况下,指出任何一种直接效应,任何一种产生于总产量变动的效应,任何一种产生于利率变动的效应,以及总效应。如果有相互冲突的效应使答案不确定,说明这种情况。

　　A. 政府支出增加

　　B. 税收减少

　　C. 货币供给扩张

6. 减税加上紧缩性的货币政策可能对产出构成什么样的影响?

7. 如果中国人民银行希望让我国经济平稳增长,针对以下事件,它应该朝着什么方向变动货币供给,或者是朝着什么方向变动利率?

　　(1)悲观主义情况减少了企业投资和家庭消费;

　　(2)为了平衡预算,政府增税并增加政府购买;

　　(3)OPEC 提高原油价格;

　　(4)外国人对中国生产的服装的爱好减弱了;

　　(5)股市上涨。

8. 如果决策者要用财政政策积极地稳定经济,他们应按哪个方向变动政府支出和税收?

　　(1)乐观主义情绪刺激了企业投资和家庭消费;

　　(2)价格预期下降引起企业降低了新进员工的工资;

(3)外国人对中国产的东西产生抵触情绪;

(4)OPEC 提高原油价格。

9.设想中国经济已经疲软一年,实际 GDP 的增长处于较低水平(例如 5%),对外出口受到限制,通货膨胀率不高(例如 1%),但是居民储蓄仍然处于较高的水平,并且仍然显示出强劲增长的态势。如果宏观管理层决意扩大赤字,请问:

(1)政策意图何在?

(2)应采取何种方式?

(3)"挤出效应"是否显著?

(4)货币政策应如何配合财政政策?

10.请简述乘数的含义。

(三)计算题

1.某地区居民总是把相当于 GDP 60%的部分存起来,并且不用缴税也不购买外地商品。今年该地区将总值 2000 万元的汽车销往邻省,这对该地区的 GDP 产生影响,请回答:

(1)该地区的 GDP 增加了多少?

(2)假如当地政府同样增加 2000 万元购买本地汽车,是否会产生与(1)相同的结果?为什么?

(3)假如政府将 2000 万元以补贴形式发给居民,该地 GDP 是否会增加?与(1)相比如何?为什么?

2.假定法定准备金率是 0.12,没有超额准备金,对现金的需求是 1000 亿元。

(1)假定总准备金是 400 亿元,货币供给是多少?

(2)若中央银行把准备金率提高到 0.2,货币供给变动多少?(假定总准备金仍是 400 亿元。)

(3)中央银行买进 10 亿元政府债券(存款准备金率仍是 0.12),货币供给变动多少?

3.假设经济学家观察到,政府支出增加 100 亿元使物品与劳务的总需求增加了 300 亿元。

(1)如果这些经济学家不考虑挤出效应的可能性,他们估算的边际消费倾向(MPC)是多少?

(2)现在假设经济学家考虑挤出效应。对 MPC 新的估算大于还是小于原来的估算?

(3)投资对利率越敏感,那么挤出效应问题将会越大?还是越小?MPC 新的估算值将会越大?还是越小?

(4)如果决策者发现,财政政策时滞是两年,他们应该更可以把财政政策作为稳定工具,还是更可能让经济自行调整?为什么?

4.假设政府减税 500 亿元,没有挤出效应,而且边际消费倾向是 3/5。

(1)减税对总需求的最初影响是多少?

(2)这种最初影响之后额外的影响是多少?减税对总需求的总影响是多少?

(3)与政府支出增加 500 亿元的总影响相比,减税 500 亿元的总影响有什么不同?

为什么?

5.假定货币需求函数为 L＝0.2Y－5r。要求:

(1)画出收入为800、900和1000时的货币需求曲线。

(2)若名义货币供给量为150,价格水平不变,找出收入分别为800、900和1000时使货币需求与供给相均衡的利率。

6.假设政府对公共设施计划支出4万亿元,打算以此刺激总需求,如果挤出效应大于乘数效应,总需求曲线向右方的移动是大于还是小于4万亿元? 为什么?

7.如果把与收入相关的货币需求称为货币的交易需求,把与利率相关的需求称为货币的投机需求,下表给出了各种情况下对货币的交易需求和投机需求。

收入/元	货币需求量/元	利率/%	货币需求量/元
500	100	12	30
600	120	10	50
700	140	8	70
800	160	6	90
900	180	4	110

(1)求收入为700元时,利率为8%和10%时的货币需求;

(2)求600、700和800元的收入在各种利率水平上的货币需求;

(3)根据上述数据,写出货币需求函数的表达式;

(4)根据(2)做出货币需求曲线,并说明收入增加时,货币需求曲线怎样移动?

(四)辨析题

1.在萧条时为取得年度预算的平衡,政府必须降低税率。

2.在任何情况下,乘数原理都是适用的。

3.如果一个经济中货币乘数是5,如果中央银行想使货币供给量增加500万元时,只要在公开市场上购买100万元的政府债券就可以实现。

4.内在稳定器有自发稳定经济的作用,但其作用是十分有限的,并不能代替财政政策的运用。

5.失业保险制度如果能根据国民收入变化及时地调整失业人口的消费水平,那么对经济就具有内在稳定作用。

6.政府想刺激经济却不改变预算赤字规模是不可能的。

7.其他条件一定的情况下,货币需求对利率变动敏感性越大,货币政策的效果就越大。

8.通货膨胀缺口可以通过增加政府支出和减少税收来加以解决。

9.转移支付增加1元对总需求的影响总是与政府支出增加1元相同的。

10.如果中央银行希望降低利率,那么,它就可以在公开市场上出售政府债券。

四、文献链接

五问中国经济[1]
——权威人士谈当前经济形势

一问：经济增长速度回落

增速回落是经济进入新常态的一个重要特征，但这是一个让人"不难受"的速度，既有"面子"又有"里子"。总的看，今年以来的经济增速符合《政府工作报告》提出的预期目标，经济运行在意料之中，仍处合理区间。

问：年初以来，我国经济增速出现进一步回落。4月30日的中共中央政治局会议提出"一季度经济增长与预期目标相符"。对当前的增长速度究竟应当怎么看？

权威人士：增速回落是经济进入新常态的一个重要特征。今年以来，在错综复杂的国内外环境下，中央坚持稳中求进的工作总基调，创新宏观调控方式，以全面深化改革促发展、调结构、惠民生，赢得了来之不易的成绩。总的看，经济增速符合《政府工作报告》提出的预期目标，当前经济运行在意料之中，仍处合理区间。

以一季度为例，虽然增速有所回落，但这是一个让人"不难受"的速度，用老百姓的话讲就是既有"面子"又有"里子"。从主要经济指标看，一季度GDP增长7％，合乎预期，在全球范围是很快的，而且在基数较大的情况下，我们的增量也较大；城镇新增就业324万人，就业形势平稳；城乡居民收入水平同比增长8.1％，各项民生指标继续明显改善。一系列重大改革举措相继出台，一些新增长点破茧而出。经济金融风险总体可控，社会大局稳定。

尤其要看到，在增速放缓的同时，经济发展质量得到进一步提高，结构调整稳步推进，转型升级势头良好，出现了新的积极变化。产业结构方面，服务业跑出了"加速度"，经济结构由工业主导向服务业主导转型的趋势更明显。需求结构方面，投资增速虽有放缓，但消费增长比较稳健。收入分配结构也在持续改善，农民收入增速继续快于城里人，城乡居民的收入倍差在缩小。一季度单位GDP能耗同比降了5.6％。一些新主体、新产业、新业态、新产品、新动力在加快孕育。

经济发展中的一些问题，短周期看可能是严峻的，需要认真对待，但从更长周期看，又是不可避免的阶段性现象。我国经济发展基本面是好的，有世界最高的居民储蓄率和最大的宏观经济政策空间，经济韧性大，制度优越性明显。只要把握好，就出不了大问题。

问：对于目前的增长态势，社会反应总体上还比较从容，但也存在一些担忧和疑虑。如何判断中国经济前景？

权威人士：分析经济形势，要用历史的眼光，坚持短、中、长期结合，才能得出正确结论。"横看成岭侧成峰，远近高低各不同"，把一件东西摆近了看，往往会感觉很大，把它

---

[1] 原文出自《人民日报》2015年5月25日第2版，由人民日报记者龚雯、许志峰采写。

放远些看，就会显得很小。经济发展中的一些问题，短周期看可能是严峻的，需要认真对待，但从更长周期看，它们又是不可避免的阶段性现象。我国经济下行压力不小，但并未出现断崖式的急速下滑，历史上曾出现过的经济波动幅度也比现在大。我国经济发展基本面是好的，有世界最高的居民储蓄率和最大的宏观经济政策空间，经济韧性大，制度优越性明显。只要把握好，就出不了大问题。

经济增长说到底是为了让人民生活更美好，"有活干，有钱挣"，人民群众能够对当前增长态势充分理解，这是中国经济发展最大的底气。我们既要看到光明的前景，又要正视眼下的困难，一方面坚定信心，顶住压力，一方面积极应对，抢抓机遇，持续推进经济结构战略性调整。

二问：经济运行走势分化

"几家欢乐几家愁"，本质上是结构调整正逐步深化。综合看，凡是主动适应新常态，注重调整结构、需求分析、创新驱动和质量效益的，努力走向产业中高端的，发展势头都不错；反之，压力都比较大。

问：今年经济运行的另一个显著特征是走势分化，为什么会有这样的现象？

权威人士：当前确实存在经济运行走势分化，可谓"几家欢乐几家愁"。为何会这样？因为全球供求格局变化了，国内又进入"三期叠加"阶段，调整是不可避免的，也是必须的，调整必然带来分化。

从区域看，东部地区调结构动手较早，开始企稳向好，有的甚至较为乐观，对在新常态下爬坡过坎信心更足了；而部分地区，包括一些能源资源大省、前些年主要靠投资拉动增长的地区，经济下行压力持续加大。有的也知道要转方式，不转不行了，但还要一个过程。从产业看，产能过剩行业和"两高一资"行业用电、生产、投资、效益等指标下降，而高技术产业、现代服务业的增长相对强劲。从企业看，一些技术含量低、产品缺特色、调整不及时的企业生产经营普遍困难，有的已停产半停产；而善于捕捉市场机会，重视满足个性化需求、有品牌价值、搞技术创新的企业，日子比较好过。

走势分化，本质上是结构调整正逐步深化。综合看，凡是主动适应新常态，注重调整结构、需求分析、创新驱动和质量效益的，努力走向产业中高端的，发展势头都不错；反之，压力都比较大。

结构调整是新常态更本质的特征，等不得、熬不得，也等不来、熬不起。经济发展总是波浪式前进、螺旋式上升，我们要扭住调结构不放松，不必太纠结于一两个百分点的起落，更不能以焦虑心态稳增长，结果事与愿违。

问：目前，去库存、去产能、去杠杆的进程在继续，其间也伴随着痛苦，这对中国经济意味着什么？

权威人士：结构调整是新常态更本质的特征，调结构必然带来阵痛，需求结构、生产结构、企业组织结构、产品结构、商业模式等目前都在进行较大幅度的调整，产业重组加快。同时，部分领域、产业和地区经济风险有所加大。必须看到，结构调整是一个需要不断往前推的过程，也是一个不以人的意志为转移的过程，这一关我们不得不闯过去。结构调整等不得、熬不得，也等不来、熬不起，只能主动调、主动转。早调早转就主动，晚调晚转必然被动。这么多年来，我国经济就是在一次次闯关夺隘中发展壮大的，一年有一年的问题,不可能都一马平川、一帆风顺。经济发展总是波浪式前进、螺旋式上升,我们要扭住调结构不放松,不必太纠结于一两个百分点的起落,更不能以焦虑心态稳增长,结果事与愿违。

三问:经济下行压力较大

经济下行压力较大有其必然性,我们要高度重视应对,但也不必惊慌失措。宏观政策要保持定力,稳字当头,并注重"三个结合",即近期和长期相结合、发展和改革相结合、国内和国际相结合。

问:目前的经济下行压力备受关注,不少企业生产经营困难,有的问题还在发酵。您认为该如何应对?

权威人士:当前我国经济下行压力较大,要看到其必然性。这里面有经济发展进入新常态、新旧增长动力尚未完成转换的因素,也有外部需求收缩、内部"三期叠加"多种矛盾聚合的因素;有经济环境变化等客观因素,也有一些主观因素。从现状看,总需求低迷和产能过剩并存还会延续一段时间,对此要有充分的准备,拿出给力的措施。

我们要高度重视应对下行压力,但也不必惊慌失措。宏观政策要保持定力,稳字当头,并注重"三个结合":

一是近期和长期相结合。以牺牲资源环境为代价的老路子行不通了,继续加大对产能过剩行业投资、增加未来调整压力的增长也要不得,近期采取的稳增长政策要有利于长期发展政策目标,有利于经济结构战略性调整和产业优化升级,避免引发更多矛盾,调结构、促升级的政策也要有利于短期增长,二者应当结合起来。不能为了眼前刺激增长就不顾结构、质量和效益了,对调结构有好处的促发展措施也要该出手时就出手。

二是发展和改革相结合。发展政策要符合改革目标要求,也要通过改革举措来落实,改革举措要以发展为导向,多出台一些有利于经济持续健康发展的改革举措。有一些改革措施可以提早出台,有一些改革措施从长远讲是好的,但当前可能会加重企业负担或者产生一些负面影响,需要慎重权衡。

三是国内和国际相结合。在经济全球化的大背景下,我国经济与世界经济越来越相互依存,宏观政策既要考虑国内因素,也要统筹好国内国际两个大局。

投资本身要有可持续性,解决好投什么、钱从哪里来的问题。消费要立足我国基本国情,有针对性地挖掘潜力,使消费者敢花钱、愿花钱。

问:在外需低迷的情况下,投资和消费是拉动经济增长的两驾重量级"马车",能否在这方面释放更多动力?

权威人士:投资对经济增长具有关键作用,这就要求投资本身有可持续性,解决好投什么、钱从哪里来的问题。首先是方向,必须选对项目,力求有市场,有长期回报,把好钢用在刀刃上,投入到符合发展方向的地方。其次是资金来源,我国经济发展到现在这个阶段,能不能把储蓄转化为有效投资是支撑稳增长的关键。目前居民储蓄率很高,海量资金无处可去,人们难以获得可持续的财产性收入;可另一方面,实体经济和重大建设项目缺乏资金保障。所以,财税、金融、投融资体制改革必须整体推进,特别是要打通投融资渠道,挖掘民间资金潜力,让更多储蓄转化为投资。

消费对经济增长具有基础性作用。适当调工资、增收入、完善社保制度都是必须的,同时要立足我国基本国情,有针对性地挖掘消费潜力。在城镇化加快推进的过程中,大量人口由农村流向城镇,满足他们的生活需要,将会进一步扩大消费。数千万贫困人口消费倾向最高,加强精准扶贫,增加他们的收入,可以转化为新的消费热点。对于收入水平较高的人群,应提高消费品质量和社会服务水平,使消费者敢花钱、愿花钱。中国消费者的购买力是可观的,一个黄金周就能在境外刷新人家的销售纪录,关键是我们要有令人心动的有效供给,有让人心安的产品质量。现在,个性化、多样化消费渐成主流,对质量好、服务好的消费品和服务性产品需求很旺,如果能有效激活,会形成巨大的增长动力,留住宝贵的消费资源。

总需求收缩的局面短期内很难改变。走出困境,化危为机,归根到底靠创新,靠转方式调结构。要有"功成不必在我"的劲头。与其临渊羡鱼,不如退而结网。

问:除了适度扩大需求,缓解下行压力的根本之策是什么?

权威人士:无论从国内还是从全球看,总需求收缩的局面短期内很难改变。靠熬是熬不过去的,靠刺激也不可能完全克服。走出困境,化危为机,归根到底要靠创新,靠转方式调结构。中央就实施创新驱动发展战略作了多项部署,关键是抓好落实,抓紧推进。这要有"功成不必在我"的劲头,有的可能需要两三年,乃至更长的时间,在一定时期内不要说全面收获,可能早期收获都见不到。但是,与其临渊羡鱼,不如退而结网。"没有夕阳产业,只有夕阳技术"。创新是点燃经济发展的新引擎,现在势头很好,我们要浓墨重彩做好这篇大文章,激发全社会拥抱"创时代"。

四问:经济运行风险防控

从一定意义上说,防风险就是稳增长。当前经济风险总体可控,但对以高杠杆和泡沫化为主要特征的各类风险仍要引起高度警惕。实现今年经济发展预期目标,须把握好稳增长和控风险的平衡,牢牢守住不发生系统性、区域性风险的底线

问:随着经济增速放缓,各类隐性风险逐步显性化,呈现高杠杆状态。怎么看待这些风险?在防控风险中需要注意什么?

权威人士:风险防控对于经济持续健康发展意义重大。从一定意义上说,防风险就是稳增长。不出风险,经济就能保持稳定增长。

当前经济风险总体可控,但对以高杠杆和泡沫化为主要特征的各类风险仍要引起高度警惕,借债还钱,天经地义。我国广义信贷和GDP之比是176%,比2008年上升了63个百分点。从结构看,这几年债务增长最快的是非金融类企业,其债务余额已占到GDP的125%,在世界上处于高水平。高杠杆企业主要来自产能过剩行业、房地产行业、部分国有企业,要高度关注这些行业和地方政府债务增长的情况。在经济运行走势分化的大背景下,如果一些地区出现连续性下滑,也可能对就业带来较大影响。

实现今年经济发展预期目标,要把握好稳增长和控风险的平衡,特别注意防范和化解各类风险,牢牢守住不发生系统性、区域性风险的底线。中央已经对化解产能过剩作出全面部署,要继续稳步有序推进这项工作,有些不得不破产的企业应依法、规范、有序处置。化解产能过剩不能冒进求成,但也不能裹足不前,应当区别对待,积极稳妥。楼市正面临痛苦的去库存化阶段,有效消化房地产市场库存是一个现实问题,既关系到启动需求,又关系到化解风险。要抓住市场调整的有利时机,顺应推进新型城镇化的大势,建

立房地产市场健康发展的长效机制。从微观看,局部的风险该释放的也要及时释放,打破刚性兑付,反而有利于降低长期和全局风险。

五问:宏观调控着力点

把握好分寸,是宏观调控的关键,既不过头,也避免不及。在加大力度稳增长的同时,要坚定不移调结构、防风险、化解过剩产能、治理生态环境、努力改善民生,正确处理好这几者之间的关系。如果采取大规模强刺激和拼投资等老办法,可能会积累新的矛盾,使包袱越背越重

问:对于当前经济形势,也不乏认为要进行"强刺激"的声音。宏观调控应当如何着力?

权威人士:我国已进入经济发展新常态,现实中的经济现象、经济矛盾、经济特点,比我们已知的要复杂得多,宏观调控也需要适时转变思路、不断创新方式。总体上还是稳字当头,坚持稳中求进的总基调,坚持宏观政策要稳、微观政策要活、社会政策要托底的总体思路,同时注重统筹协调、均衡搭配。

把握好分寸,是宏观调控的关键,既不过头,也避免不及。今年的宏观政策主要注重两点:一是用多大力度,二是采取什么样的有效措施。宏观政策要有一定力度,达到稳增长的效果,确保经济运行处在合理区间。但是,如果采取大规模强刺激和拼投资等老办法,可能会积累新的矛盾,使包袱越背越重,结构调整步履维艰。我们不是不要GDP,而是要有质量、有效益的GDP,这是"发展是硬道理"战略思想的内在要求。

因此,既要加大力度稳增长,又要坚定不移调结构、防风险、化解过剩产能、治理生态环境、努力改善民生,正确处理好这几者之间的关系。通过实施积极的财政政策和稳健的货币政策,防止经济增速滑出底线。积极财政政策要名副其实,在增加公共支出的同时,加大降税清费力度。目前企业生产经营成本全面上升,财政政策要把为企业减负担、降成本作为政策重点,谨防出现经济放缓、企业利润减少但税负增加的"逆周期"现象。稳健货币政策要把好度,疏通货币政策向实体经济的传导渠道,把钱花到实体经济上去。现在价格总水平涨幅较低,常规性的财政货币政策空间有所加大,但也不能放水漫灌,而要注意"度",注重精准滴灌,既有利于经济增长和结构调整,又防止增加宏观经济的总负债率和杠杆率,在稳增长和降杠杆之间找到平衡点。

当前社会心理预期处于敏感阶段,明确的政策信号是稳预期的关键。要坚持"三个不变"。

问:稳定的经济离不开稳定的预期。请问在稳定社会预期方面,还需要做些什么?

权威人士:受复杂局面和多种因素影响,当前社会心理预期处于敏感阶段,稳定预期至关重要。市场预期与经济发展可以彼此促进、良性循环。预期稳,信心增,有利于激发全社会创业创新的热情,增强市场主体的活力,进而转化为经济发展的重要动力。明确的政策信号是稳预期的关键。应当看到,党和政府推进市场化改革的方向是明确的,对企业家的支持是一贯的。坚持以公有制为主体,多种所有制经济共同发展,是社会主义初级阶段的基本经济制度。中央坚持国有企业改革方向没有变,保护民营企业产权方针没有变,坚持对外开放和利用外资政策也没有变。

七问供给侧结构性改革①
——权威人士谈当前经济怎么看怎么干

去年底召开的中央经济工作会议,对"十三五"开局之年的经济工作进行了全面部署,强调要着力推进供给侧结构性改革,推动经济持续健康发展。如何认真学习、深刻领会、正确贯彻中央经济工作会议精神,围绕推进供给侧结构性改革这条主线,做好新一年经济工作?近日,权威人士接受本报独家专访,对"供给侧结构性改革"作了解读和阐释。

一问:如何正确理解"供给侧结构性改革"的政策含义?

推进供给侧结构性改革,既有明确的理念,也有清晰的思路,还有具体的任务。要坚定地干、大胆地干、扎实地干、精准地干、决不回头地干。不是实行需求紧缩,供给和需求两手都得抓,但主次要分明,当前要把改善供给结构作为主攻方向。不是搞新的"计划经济",而是为了更好地发挥市场在资源配置中的决定性作用,明确政府的权力边界。

权威人士:对于供给侧结构性改革,现在有各种解读。从国情出发,我们不妨用"供给侧十结构性十改革"这样一个公式来理解,即从提高供给质量出发,用改革的办法推进结构调整,矫正要素配置扭曲,扩大有效供给,提高供给结构对需求变化的适应性和灵活性,提高全要素生产率,更好满足广大人民群众的需要,促进经济社会持续健康发展。

推进供给侧结构性改革,既有明确的理念,也有清晰的思路,还有具体的任务。各地区各部门要按照创新、协调、绿色、开放、共享"五大发展理念"的要求,适应经济发展新常态,实行宏观政策要稳、产业政策要准、微观政策要活、改革政策要实、社会政策要托底的总体思路,围绕去产能、去库存、去杠杆、降成本、补短板"五大重点任务",坚定地干、大胆地干、扎实地干、精准地干、决不回头地干。

正确理解供给侧结构性改革,要消除两种误解:

一种误解是,认为推进供给侧结构性改革就是实行需求紧缩。供给和需求不是非此即彼的关系,两者互为条件,相互转化,两手都得抓,但主次要分明。当前经济周期性矛盾和结构性矛盾并存,但主要矛盾已转化成结构性问题。因此,必须在适度扩大总需求和调整需求结构的同时,着力加强供给侧结构性改革,把改善供给结构作为我们的主攻方向,实现由低水平供需平衡向高水平供需平衡跃升。当然,推进供给侧结构性改革过程中,需要营造稳定的宏观环境,在需求政策上,既不能搞强刺激,也要防止出现顺周期紧缩。

还有一种误解是,认为推进供给侧结构性改革是搞新的"计划经济"。恰恰相反,供给侧结构性改革就是要充分发挥市场在资源配置中的决定性作用,通过进一步完善市场机制,矫正以前过多依靠行政配置资源带来的要素配置扭曲。为此,要调整各类扭曲的政策和制度安排,进一步激发市场主体活力,更好发挥市场在资源配置中的决定性作用,这是社会主义市场经济在新形势下的完善和深化,决不是要回到计划经济的老路上。过去正是由于市场机制的作用发挥得不够,政府干预过多,导致市场不能及时出清,引发各

---

① 原文出自《人民日报》2016年1月4日第2版,由人民日报记者龚雯、许志峰、王珂采写。

种结构性矛盾。比如,一些没效益的"僵尸企业",有些地方非要硬撑着给贷款、给补贴。

当然,下好供给侧结构性改革这盘大棋,也要更好发挥政府这只手的作用。当前最重要的是明确政府的权力边界,以自我革命的精神,在行政干预上多做"减法",把"放手"当作最大的"抓手"。同时,"放手"不是"甩手",政府也要切实履行好宏观调控、市场监管、公共服务、社会管理、保护环境等基本职责。扩大开放是改革的题中之义,我们要创造更好的投资环境,吸引更多的外资。现在,美欧等发达国家都在吸引我国的投资,我们有什么理由认为我国的外资多了!

二问:当前为什么要强调供给侧结构性改革?

从"三期叠加"到"新常态",再到供给侧结构性改革,是一个不断探索、深化认识的过程推进供给侧结构性改革,是正确认识经济形势后选择的经济治理药方。不论主观上怎么想,都不能违背客观规律。不抓紧转变,总有一天会走进死胡同。"四降一升"等突出矛盾和问题主要是结构性的。在当前形势下,国民经济不可能通过短期刺激实现 V 型反弹,可能会经历一个 L 型增长阶段。解决中长期经济问题,传统的凯恩斯主义药方有局限性,根本之道在于结构性改革

权威人士:推进供给侧结构性改革,是以习近平同志为总书记的党中央在综合分析世界经济长周期和我国发展阶段性特征及其相互作用的基础上,集中全党和全国人民智慧,从理论到实践不断探索的结晶。

从"三期叠加"到"新常态",再到供给侧结构性改革,是一个不断探索、深化认识的过程。2013 年,中央认为我国经济进入"三期叠加"阶段,明确了我们对经济形势应该"怎么看"。2014 年,中央提出经济发展"新常态",对此作了系统性理论论述,既进一步深化了"怎么看",又为"怎么干"指明了方向。2015 年,中央财经领导小组第十一次会议提出要推进"供给侧结构性改革",既深化了"怎么看"和"怎么干"的认识,又进一步明确了主攻方向、总体思路和工作重点。2015 年 12 月召开的中央经济工作会议,对供给侧结构性改革从理论思考到具体实践,都作了全面阐述,从顶层设计、政策措施直至重点任务,都作出了全链条部署。

推进供给侧结构性改革,是大势所趋、形势使然。这是正确认识经济形势后,选择的经济治理药方。我国经济正从粗放向集约、从简单分工向复杂分工的高级形态演进,这是客观要求。我们不论主观上怎么想,都不能违背客观规律。粗放型经济发展方式曾经在我国发挥了很大作用,但现在再按照过去那种粗放型发展方式来做,不仅国内条件不支持,国际条件也不支持,是不可持续的。不抓紧转变,总有一天会走进死胡同。这一点,一定要认识到位。要发挥我国经济巨大潜能和强大优势,必须加快转变经济发展方式,加快调整经济结构,加快培育形成新的增长动力。通过转变经济发展方式实现持续发展、更高水平发展,这是中等收入国家跨越"中等收入陷阱"必经的阶段。

推进供给侧结构性改革,是问题倒逼、必经关口。处于转型期的中国,经济发展长期向好的基本面没有变,经济韧性好、潜力足、回旋余地大的基本特征没有变,经济持续增长的良好支撑基础和条件没有变,经济结构调整优化的前进态势没有变。但在前进的道路上,我们必须破除长期积累的一些结构性、体制性、素质性突出矛盾和问题。这些突出矛盾和问题近期主要表现为"四降一升",即经济增速下降、工业品价格下降、实体企业盈

利下降、财政收入增幅下降、经济风险发生概率上升。这些问题主要不是周期性的，而是结构性的。比如，如果产能过剩这个结构性矛盾得不到解决，工业品价格就会持续下降，企业效益就不可能提升，经济增长也就难以持续。目前，我国相当多的产能是在世界经济增长黄金期面向外需以及国内高速增长阶段形成的，在应对国际金融危机冲击中一些产能又有所扩大，在国际市场增长放缓的情况下，仅仅依靠刺激国内需求难以解决产能过剩问题，这就相当于准备了两桌饭，就来了一桌客人，使劲吃也吃不完。这个问题不仅我们遇到了，其他国家也遇到了。认识供给侧结构性改革，说到底，就是要看到在当前全球经济和国内经济形势下，国民经济不可能通过短期刺激实现 V 型反弹，可能会经历一个 L 型增长阶段。致力于解决中长期经济问题，传统的凯恩斯主义药方有局限性，根本解决之道在于结构性改革，这是我们不得不采取的重大举措。

三问：推进供给侧结构性改革是适应和引领经济发展新常态的重大创新，各项工作重点应该怎样转变？

以"十个更加注重"为标尺，对不上的事不能再干，对得上的事要加把劲干、创造性地干。化大震为小震，积小胜为大胜。

权威人士：中央经济工作会议提出，适应和引领经济发展新常态，推进供给侧结构性改革，要努力实现十个方面工作重点的转变。这就是：推动经济发展，要更加注重提高发展质量和效益；稳定经济增长，要更加注重供给侧结构性改革；实施宏观调控，要更加注重引导市场行为和社会心理预期；调整产业结构，要更加注重加减乘除并举；推进城镇化，要更加注重以人为核心；促进区域发展，要更加注重人口经济和资源环境空间均衡；保护生态环境，要更加注重促进形成绿色生产方式和消费方式；保障改善民生，要更加注重对特定人群特殊困难的精准帮扶；进行资源配置，要更加注重使市场在资源配置中起决定性作用；扩大对外开放，要更加注重推进高水平双向开放。

在工作实践中，各地区各部门都要以"十个更加注重"为标尺，对不上的事不能再干，对得上的事要加把劲干。比如，放水漫灌强刺激、盲目扩建新城区以及强化行政对资源配置的干预等事情不能再干了，投资没回报、产品没市场、环境没改善等项目不能再上了。相反，有利于引导社会心理、化解产能过剩、提升技术水平、加快人口城镇化、促进要素自由流动、提高扶贫精准度等事情要使劲地干，创造性地干，拙劲加巧劲地干，努力化大震为小震，积小胜为大胜。

四问：推进供给侧结构性改革，如何正确把握宏观经济政策的总体思路？

宏观政策要稳、产业政策要准、微观政策要活、改革政策要实、社会政策要托底。"五大政策支柱"整体融合、有机结合、相互配合，为推进供给侧结构性改革营造更好的环境和条件。

权威人士：前面说到，当前和今后一个时期，要在适度扩大总需求的同时，着力加强供给侧结构性改革，实施"五大政策支柱"，即宏观政策要稳、产业政策要准、微观政策要活、改革政策要实、社会政策要托底。这"五大政策支柱"的具体内容已经公布并得到各方面广泛认可，但如何更加准确地加以把握还需要进一步明确。"五大政策支柱"整体融合、有机结合、相互配合，旨在为推进供给侧结构性改革营造更好的环境和条件：

宏观政策要稳，就是要为结构性改革营造稳定的宏观经济环境。要坚持积极的财政政策和稳健的货币政策,但重点和力度有所调整。积极的财政政策要加大力度,对企业实行减税,并用阶段性提高财政赤字率的办法弥补收支缺口。稳健的货币政策要灵活适度,主要体现在为结构性改革营造适宜的货币金融环境,降低融资成本,既要防止顺周期紧缩,也绝不要随便放水,而是针对金融市场的变化进行预调微调,保持流动性合理充裕和社会融资总量适度增长。

产业政策要准,就是要按照结构性改革的方向和要求,通过功能性的产业政策加以引导,而不是政府去确定具体项目,或选择把钱投向哪一家企业,具体的投资机会还要由企业家来摸索和把握。实践证明,市场的选择是最有效益的。现在成功的民营企业有哪一家是政府扶持的? 都是在市场经济大潮中闯出来的。正所谓"有心栽花花不开,无意插柳柳成荫"。

微观政策要活,就是要把企业真正当作经济发展的主体,"放水养鱼",让企业去创造有效供给和开拓消费市场。

改革政策要实,就是要一项一项出台、一项一项督导,让各项具体改革举措落地,促进供给侧结构性改革重大决策的落实。

社会政策要托底,就是要从思想、资金、物资等方面有充分准备,切实守住民生底线,为供给侧结构性改革提供更和谐稳定的社会环境。

五问:供给侧结构性改革的重点任务是什么?

完成好去产能、去库存、去杠杆、降成本、补短板"五大重点任务",既要有绵绵用力、久久为功的韧劲,也要有立说力行、立竿见影的狠劲。做好"加减乘除"。长期看各项任务都有利于增强发展动力,短期看不同任务之间有"对冲"作用,必须全面推进,并把握好"度"。当务之急是斩钉截铁处置"僵尸企业",坚定不移减少过剩产能,让"僵尸"入土为安。病根都是体制问题,都要依靠改革创新来化解。

权威人士:推进供给侧结构性改革,战略上我们要着眼于打好持久战,坚持稳中求进,把握好节奏和力度;战术上我们要抓住关键点,致力于打好歼灭战,主要是抓好去产能、去库存、去杠杆、降成本、补短板"五大重点任务"。完成这"五大重点任务",既需要有绵绵用力、久久为功的韧劲,也需要有立说力行、立竿见影的狠劲,确保2016年过剩产能和房地产库存减少,企业成本上涨和工业品价格下跌势头得到遏制,有效供给能力有所提高,财政金融风险有所释放。

完成好"五大重点任务"要做好"加减乘除"。"五大重点任务"是一个系统设计,要着力在"优化存量、引导增量、主动减量"上下功夫。从长期看,各项任务都有利于增强发展动力;从短期看,不同任务之间又具有"对冲"作用。比如,化解房地产库存对增长是明显的"加法",可以减缓去产能带来的"减法"效应。而去产能又会调整供求关系,防止出现宏观经济通缩效应。因此,"五大重点任务"必须全面推进。当然,落实到一个地区,又会有所侧重,关键在于把握好"度"。当前,做"加法"相对容易理解,做"减法"困难会大一些,但必须做下去。当务之急是斩钉截铁处置"僵尸企业",坚定不移减少过剩产能,让"僵尸"入土为安,腾出宝贵的实物资源、信贷资源和市场空间。"僵尸企业"本来已"死"在那里,就不要再维持了。旧的不去,新的不来,这是事物新陈代谢的客观规律,是社会主义市场经济竞争性原则的要求,要敢于和善于进行这种"创造性创新"。

完成好"五大重点任务"要全面深化改革。"五大重点任务"的具体内容非常多,但病根都是体制问题。无论是处置"僵尸企业"、降低企业成本、化解房地产库存、提升有效供给还是防范和化解金融风险,解决的根本办法都得依靠改革创新。比如,降低企业制度性交易成本、减轻税费负担、降低资金成本,必须减少行政审批,改革财税、金融体制;扩大有效投资补短板,必须改革财税、金融、投融资体制,才能解决"钱从哪里来,投到哪里去"的问题。同时要看到,完成这些重点任务,本质上是一次重大的创新实践,只有进行顶层设计创新、体制机制创新,不失时机地进行技术创新,才可能有效推动这次重大的结构性改革。

六问:有人担心,推进供给侧结构性改革会带来一定的社会冲击,社会能否承受?

阵痛不可避免,但也是值得的。适当的后退是为了更好地前进。只有退够,才能向前。只要处理得当,阵痛不会很大,可以承受。但对于推进过程中产生的矛盾和冲击,切不可大意,具体政策要有序配套、稳妥实施。窗口期不是无休止的,问题不会等我们,机遇更不会等我们。供给侧结构性改革拖不得、等不起,否则"病情"会越来越严重

权威人士:推进供给侧结构性改革,特别是化解过剩产能、处置"僵尸企业",必然会带来一些冲击,而且这些冲击很可能会从经济领域延伸到社会领域。对此,我们可以从几个角度来把握:

阵痛是不可避免的,但也是值得的。我国处在结构调整的阵痛期,地区、行业、企业发展出现明显分化,可谓几家欢乐几家愁。在推进供给侧结构性改革过程中,不可能皆大欢喜,产业会此消彼长,企业会优胜劣汰,就业会转岗换岗。特别是眼下一些发愁的企业可能会更愁,甚至关门倒闭,引发职工下岗失业、收入降低等。但这种阵痛是一朝分娩的阵痛,是新的生命诞生和充满希望的阵痛,是新陈代谢、是凤凰涅槃,这是值得的!适当的后退是为了更好地前进。只有退够,才能向前。正如老子所言:"明道若昧,进道若退。"拿"僵尸企业"来说,是等着这类企业把行业中的优质企业拖垮,最后一起死,还是快刀斩乱麻,处置这类企业从而腾出必要的市场资源和空间?显然,必须尽快处置"僵尸企业",实现经济发展质量和效益的整体提升。

阵痛是可以承受的,但切不可大意。相比上世纪90年代,现在我国的实力相当雄厚,经济发展基本面好,新动力正在强化,新业态不断出现,前景是光明的,经济不会出现断崖式下跌。社会就业形势、财力规模、保障制度有了很大进步,抗风险能力强,只要处理得当,虽有阵痛,但不会很大,不会出现大规模的下岗失业问题。特别是人民群众对我们优化产业结构、提升发展效益是理解的、支持的,对我们改善发展质量、产品质量、空气质量是充满期待的,这是我们最大的底气。同时,对于推进过程中产生的矛盾和冲击,切不可大意。具体推进的政策要有序配套、稳妥实施。比如,处置"僵尸企业",要尽可能多兼并重组、少破产清算,对破产企业尽量实行"安乐死"。要高度重视、全力做好职工安置工作,防范引发社会风险。更加细致地做好社会托底工作,比如,个别产能过剩严重的地区会出现职工集中下岗和财政支出困难,要深入细致地研究和实施配套措施,认真拿出因应之策。

需要强调的是,供给侧结构性改革有一个窗口期,但窗口期不是无休止的,问题不会等我们,机遇更不会等我们。今天不以"壮士断腕"的改革促发展,明天就可能面临更大

的痛苦。所以,供给侧结构性改革是不得不迈过的坎,是不得不闯过的关,这项改革拖不得、等不起,必须加快步伐、加紧推进,避免"病情"越来越严重。

七问:如何确保供给侧结构性改革取得预期成效?

目前对于新常态的认识有三种情况,大家都要照照镜子,认识不到位的要尽快抓提高,思想不适应的要尽快换脑筋。当断不断,必受其乱。要勇于做得罪人的事,否则过得了初一过不了十五,把包袱留给后面,将来会得罪天下老百姓。排除干扰,心无旁骛,学好用好中国特色社会主义政治经济学,牢牢把握几个重大原则,形成推进供给侧结构性改革的整体合力。

权威人士:毫无疑问,这不是一件轻松的事,也不可能一蹴而就,更要避免投机取巧。我们只有深化认识、下定决心,硬碰硬地干下去,才能取得实实在在的成效。

认识新常态、适应新常态、引领新常态,是当前和今后一个时期我国经济发展的大逻辑。从目前情况看,对这个大逻辑的认识有三种情况:

第一种是认识逐步深入,适应更加主动,引领已经开始。这种情况在不断增加,这是好的。

第二种是认识还不到位,一知半解,适应不太主动,引领基本无为,流于口号化。这种情况还比较普遍。

第三种是很不适应,没有摆脱"速度情结""换挡焦虑"的思维定势,结果行动上自觉不自觉地逆向而行。

大家都要照照镜子,往第一种靠拢,认识不到位的要尽快抓提高,思想不适应的要尽快换脑筋。提高认识后,还要靠扎实的工作和顽强的毅力来完成这个历史责任。当断不断,必受其乱。在推进过程中,要勇于做得罪人的事,否则过得了初一过不了十五,结果延误了窗口期,把包袱留给后面,将来会得罪天下老百姓。1998年我们也面临外需低迷、内需不足、产能过剩的困境,当时顶住压力,纺织业实行大规模限产压锭,才有了后来经济的强劲增长,才有了今天综合国力的持续增强。

推进供给侧结构性改革,必须加强和改善党对经济工作的领导,排除干扰,心无旁骛,牢牢把握住中国特色社会主义政治经济学的几个重大原则:

一是坚持解放和发展社会生产力。社会主义初级阶段的最根本任务就是解放和发展社会生产力,这是中国特色社会主义政治经济学的核心,任何束缚和阻碍社会生产力发展的言行都背离社会主义本质要求,必须坚决反对。要始终坚持以经济建设为中心不动摇,主动研究发展规律,不断推进科学发展,持续改善人民生活。

二是坚持社会主义市场经济改革方向。深化经济体制改革的主线,是让市场在资源配置中起决定性作用,这是生产力能否解放好、发展好以及供给侧结构性改革能否取得成效的重大原则性问题。对于政府作用,强调"更好发挥",不是"更多发挥",要集中精力抓好那些市场管不了或管不好的事情。

三是坚持调动各方面积极性。人是生产力中最活跃的因素,必须充分调动人的积极性,充分调动中央和地方两个积极性,这是改革开放以来的重要经验。当前,要注重调动企业家、创新人才、各级干部的积极性、主动性、创造性。为企业家营造宽松环境,用透明的法治环境稳定预期,给他们吃定心丸。要为创新人才建立完善激励机制,调动其积极性。对各级干部，要坚持激励和约束并举，既坚持党纪国法的"高压线"，也要重视正面激励，完善容错纠错机制，旗帜鲜明给那些呕心沥血做事、不谋私利的干部撑腰鼓劲。

总之，我们要学好用好中国特色社会主义政治经济学，把各方面的力量凝聚起来，形成推进供给侧结构性改革的整体合力。

开局首季问大势①
——权威人士谈当前中国经济

2016年是全面建成小康社会决胜阶段和"十三五"的开局之年，也是推进供给侧结构性改革的攻坚之年。一季度，面对错综复杂的国内外形势，我国实现了经济发展、结构优化、民生改善的较好开局，同时也面临一系列深层次矛盾和问题。对于调整中的中国经济怎么看、怎么干？本报记者近日再次独家采访了权威人士，为中国经济问诊把脉。

一、经济形势怎么看？

■经济运行的总体态势符合预期，有些亮点还好于预期。但经济运行的固有矛盾没缓解，一些新问题也超出预期。很难用"开门红""小阳春"等简单的概念加以描述

■综合判断，我国经济运行不可能是U形，更不可能是V形，而是L形的走势。这个L形是一个阶段，不是一两年能过去的

■"退一步"为了"进两步"。我国经济潜力足、韧性强、回旋余地大，即使不刺激，速度也跌不到哪里去

■对一些经济指标回升，不要喜形于色；对一些经济指标下行，也别惊慌失措

问：今年一季度，我国GDP同比增长6.7%，仍运行在合理区间，好于市场预期。同时，其他一些经济指标也明显出现暖色。有人认为，中国经济实现了"开门红"，有人认为是进入了"小阳春"，更有乐观者认为中国经济已触底，将呈现U形反转。这是不是说明经济发展大趋势发生了变化？对于中国经济短期和中长期的走向，您的判断是什么？

权威人士：总的看，今年开局的经济形势平稳。经济运行的总体态势符合预期，有些亮点还好于预期。但是，经济运行的固有矛盾没缓解，一些新问题也超出预期。因此，很难用"开门红""小阳春"等简单的概念加以描述。到底怎么看？还是要坚持两点论，还是要结合发展阶段和国际背景来看。

从一季度形势看，我们希望稳的方面，稳住了，有些甚至还出现意想不到的回升。一季度GDP增长6.7%，就业形势总体稳定，居民收入平稳增长。经济金融风险总体可控，社会大局稳定。部分工业品价格有所回升，工业企业效益由降转升；固定资产投资加快，新开工项目大幅增长；房地产市场供销两旺，去库存明显加速。

我们希望进的方面，也有了新进展。服务业比重继续提升，新模式、新业态竞相涌现，一些高附加值、高技术含量的产品快速增长，居民消费不断升级，"五一"小长假国内旅游火爆，长三角、珠三角等主动适应新常态、注重需求分析、追求创新和质量效益的地区，经济增长的稳定性加强。尤其是各地区各部门对供给侧结构性改革重要性的认识不

---

① 原文出自《人民日报》2016年5月9日第1版，由人民日报记者龚雯、许志峰、吴秋余采写。

断提高,按照中央的要求主动开展工作,成效正在逐步显现。

然而,不可否认,我们面临的固有矛盾还没根本解决,一些新的问题也有所暴露。"稳"的基础仍然主要依靠"老办法",即投资拉动,部分地区财政收支平衡压力较大,经济风险发生概率上升。特别是民营企业投资大幅下降,房地产泡沫、过剩产能、不良贷款、地方债务、股市、汇市、债市、非法集资等风险点增多。一些市场化程度较低、产业低端、结构单一的地区,经济下行压力还在加大,就业问题凸显,社会矛盾有所加剧。因此,在面临的主要矛盾是结构性而不是周期性的情况下,"进"才是"稳"的根基。"进",就是解决经济运行中的供给侧、结构性、体制性问题,这需要时间,目前还处在起步期,新动力还挑不起大梁。

综合判断,我国经济运行不可能是 U 形,更不可能是 V 形,而是 L 形的走势。

我要强调的是,这个 L 形是一个阶段,不是一两年能过去的。今后几年,总需求低迷和产能过剩并存的格局难以出现根本改变,经济增长不可能像以前那样,一旦回升就会持续上行并接连实现几年高增长。"退一步"为了"进两步"。我们对中国的发展前景充满信心,我国经济潜力足、韧性强、回旋余地大,即使不刺激,速度也跌不到哪里去。对此,一定要内化于心、外化于行。对一些经济指标回升,不要喜形于色;对一些经济指标下行,也别惊慌失措。

■分化是经济发展的必然。有的资源开始寻找新去处,这就产生了创新;有的比较迟钝,还停留在原处等着熬着,指望着什么时候"风水轮流到我家"

■在新常态下,我们最需要优化资源配置,培育新动力、形成新结构,这意味着分化越快越好

■无论是地区、行业还是企业,总有一部分在"二八定律"的分化中得到"八"的好处,脱颖而出,前景光明

问:在经济回暖的同时,我们也注意到,当前经济运行分化趋势愈益明显,东部沿海地区经济企稳回升势头强劲,但东北和中西部地区一些资源型省份的经济依然比较困难,有外电称为"两个世界"。这种走势分化传递出什么信号?

权威人士:分化是经济发展的必然。

在市场经济条件下,资源往往向高收益领域集中,出现产业同构化趋势,一段时间后,就会形成产能过剩,产生过度竞争,超额利润消失。此时,有的资源开始寻找新去处,这就产生了创新;有的比较迟钝,还停留在原处等着熬着,指望着什么时候"风水轮流到我家"。这两种情况形成的分化趋势,是规律使然。

在新常态下,我们最需要优化资源配置,培育新动力、形成新结构,这意味着分化越快越好。无论是地区、行业还是企业,总有一部分在"二八定律"的分化中得到"八"的好处,脱颖而出,前景光明。还有一部分,尝到苦头,但也汲取了教训,知道下一步该怎么办了。我看也不是什么坏事。

改革开放以来,我国经济开始加速分化,在此过程中,涌现出一批有活力的地区、有竞争力的行业企业、叫得响的知名品牌。国际金融危机后,世界经济分化加快,我国进入新常态,国内的经济分化进一步加剧。去年,中央在分析一季度经济形势时提出,凡是主动适应新常态、重视创新和质量效益的,发展态势都比较好;反之,压力都比较大。今年

这个趋势还在延续,甚至在加剧,确实是"几家欢乐几家愁"。在可预见的未来,在经济分化中,我国将不断冒出更有活力的地区、更具国际竞争力的行业和企业,但有些地区、行业和企业日子也会越来越难熬。与其苦熬,不如苦干。现在这些地区、行业和企业的干部群众正在抛弃幻想,自立自强,主动促改革抓创新,力争迎头赶上。

二、宏观调控怎么干?

■促进宏观经济健康发展,供给侧和需求侧的招数都要用,但在不同阶段,侧重点和着力度是不一样的。

■当前及今后一个时期,供给侧是主要矛盾,供给侧结构性改革必须加强、必须作为主攻方向。需求侧起着为解决主要矛盾营造环境的作用,投资扩张只能适度,不能过度,决不可越俎代庖、主次不分

问:从一季度情况看,固定资产投资的回升,对于经济企稳发挥了关键引领作用。有一种观点认为,短期刺激仍然好用、管用、还要继续用。对此您怎么看?做好经济工作的总基调、总思路如何把握?

权威人士:这是大家议论比较多的一个问题,也是国际上高度关注的问题。能不能把握好这个问题,既影响眼前,又涉及长远。

促进宏观经济健康发展,供给侧和需求侧的招数都要用,但在不同阶段,侧重点和着力度是不一样的。当前及今后一个时期,最重要的是正确理解中央提出的"在适度扩大总需求的同时,着力加强供给侧结构性改革"这句话,也就是说,供给侧是主要矛盾,供给侧结构性改革必须加强、必须作为主攻方向。需求侧起着为解决主要矛盾营造环境的作用,投资扩张只能适度,不能过度,决不可越俎代庖、主次不分。

做好经济工作,必须按照中央经济工作会议的决策部署,认真贯彻党的十八届五中全会精神,牢固树立和贯彻落实创新、协调、绿色、开放、共享的发展理念,坚持稳中求进工作总基调,坚持实行"宏观政策要稳,产业政策要准,微观政策要活,改革政策要实,社会政策要托底"的总体思路。当前,落实好以上新理念、总基调、大思路,宏观政策要突出三个要求:

一是适度扩大总需求,坚持实行积极的财政政策和稳健的货币政策,注重把握重点、节奏、力度。

二是坚定不移以推进供给侧结构性改革为主线,着眼于矫正供需结构错配和要素配置扭曲,全面落实"去产能、去库存、去杠杆、降成本、补短板"五大重点任务。

三是注重引导良好发展预期,增强各方面对经济发展的信心。

在工作中要做到"两个确保":

一是确保中央已定的政策不走样、不变形。要全面、准确、不折不扣地贯彻中央经济工作会议精神,稳健的货币政策就要真正稳健,积极的财政政策就要真正积极,供给侧结构性改革的主线就要更加突出。

二是确保中央的政策落地生根。中央多次强调,一分部署、九分落实。要发扬钉钉子精神,把今年的经济政策真正落地。适度扩大总需求和推进供给侧结构性改革已得到各方广泛认可,只有扎实向前迈进,才能解决制约经济社会发展的难点问题,使经济形势不断朝着好的方向转化。

■树不能长到天上,高杠杆必然带来高风险,控制不好就会引发系统性金融危机,导致经济负增长,甚至让老百姓储蓄泡汤

■不能也没必要用加杠杆的办法硬推经济增长。最危险的,是不切实际地追求"两全其美",盼着甘蔗两头甜,不敢果断做抉择

■我们明确了股市、汇市、楼市的政策取向,即回归到各自的功能定位,尊重各自的发展规律,不能简单作为保增长的手段

■保持战略定力,多做标本兼治、重在治本的事情,避免用"大水漫灌"的扩张办法给经济打强心针,造成短期兴奋过后经济越来越糟

■要把控好"度",既不过头,也防不及。即使方向正确、政策对路,一旦用力过猛,不但达不到预期目的,还会酿成风险

问:一季度的成绩单显示,一些问题正在得到化解,另一些问题又露出苗头;经济工作面临"两难""多难"和"一果多因""一因多果"的复杂性。那么,宏观调控的着力点究竟应该放在哪里?

权威人士:俗话讲,"家家有本难念的经"。不同国家有不同的困难,不同时期也有不同的困难,这很正常。问题在于如何准确判断困难的性质,采取正确措施加以解决。改革开放以来,我们秉承"只要精神不滑坡、办法总比困难多"的理念,坦然正视困难、积极克服困难,勇于闯关夺隘、爬坡过坎,一点一点攻坚破冰,一年一年发展壮大,一步一步走了过来。

当前,确实存在一些"两难"或"多难"的问题。最突出的表现是,一方面经济面临下行压力,另一方面实体经济高杠杆,如果急于克服下行压力,杠杆率就会进一步提高,怎么办?那就要具体分析问题的性质,看看哪个问题更是要害。

我国劳动力总量逐年减少,产业结构在优化调整,即使经济出现较大幅度下行,社会就业也能保持总体稳定,何况我国经济也下行不到哪里去!所以中央一直强调不以增速论英雄。但是,杠杆问题就不一样了。树不能长到天上,高杠杆必然带来高风险,控制不好就会引发系统性金融危机,导致经济负增长,甚至让老百姓储蓄泡汤,那就要命了。这么一比较,就知道工作的着力点应该放在哪儿,就知道不能也没必要用加杠杆的办法硬推经济增长,"两难"也就成了"一难"。最危险的,是不切实际地追求"两全其美",盼着甘蔗两头甜,不敢果断做抉择。比如,一些国家曾长期实施刺激政策,积累了很大泡沫,结果在政策选择上,要么维持银根宽松任由物价飞涨,要么收紧银根使泡沫破裂,那才是真正的"两难",左右不是!

按照这个思路,我们就明确了股市、汇市、楼市的政策取向,即回归到各自的功能定位,尊重各自的发展规律,不能简单作为保增长的手段。股市要立足于恢复市场融资功能、充分保护投资者权益,充分发挥市场机制的调节作用,加强发行、退市、交易等基础性制度建设,切实加强市场监管,提高信息披露质量,严厉打击内幕交易、股价操纵等行为。汇市要立足于提高货币政策自主性、发挥国际收支自动调节机制,在保持汇率基本稳定的同时,逐步形成以市场供求为基础、双向浮动、有弹性的汇率运行机制。房子是给人住的,这个定位不能偏离,要通过人的城镇化"去库存",而不应通过加杠杆"去库存",逐步完善中央管宏观、地方为主体的差别化调控政策。

找到了着力点，在操作上还要把握好两点：

一是避免短期化行为。全球经济要从国际金融危机中走出来，需要经历一个较长过程。我国经济进入新常态，结构调整是一个绕不过去的坎，是一场绵绵用力、久久为功的持久战。在这样的形势下，必须保持战略定力，要树立信心，坚定战胜困难的决心，保持滴水穿石的耐心，多做标本兼治、重在治本的事情，避免用"大水漫灌"的扩张办法给经济打强心针，造成短期兴奋过后经济越来越糟。

二是避免不适度。无论是需求政策还是供给政策，无论是财政政策、货币政策还是结构政策，无论是发展政策、改革政策还是社会政策，都要把控好"度"，既不过头，也防不及。即使方向正确、政策对路，一旦用力过猛，不但达不到预期目的，还会酿成风险。比如，恢复房地产市场正常运行，去掉一些不合时宜的行政手段是必要的，但假如搞大力度刺激，必然制造泡沫，这个教训必须汲取。

三、供给侧结构性改革怎么推？

■推进供给侧结构性改革是当前和今后一个时期我国经济工作的主线，往远处看，也是我们跨越中等收入陷阱的"生命线"，是一场输不起的战争

■目前，一些方案已基本成型。接下来中央还要专题研究，并尽快推动贯彻落实

■"五大任务"是一个系统设计，每项任务都很吃重。从具体操作看，饭要一口一口吃，路要一步一步走

问：对于供给侧结构性改革，国际社会高度评价，国内社会普遍关注。这项改革是否已形成一揽子成熟的工作方案？从一季度经济运行情况看，下一步推进供给侧结构性改革的重点和难点是什么？

权威人士：中央提出，推进供给侧结构性改革是当前和今后一个时期我国经济工作的主线，往远处看，也是我们跨越中等收入陷阱的"生命线"，是一场输不起的战争。从全球看，越来越多的国家认识到，结构性改革才是走出眼前困境的根本之策，但这是需要付出代价的。西方国家多党执政的痼疾，没几个政治家敢于真正付诸行动，结果是"心想"而"事不成"。我们有制度优势，一定要形成共识、狠下决心，马不停蹄向前走，千方百计抓落实，扎实作为见成效。

去年以来，中央对供给侧结构性改革从理论思考到具体实践，都作了全面深刻阐述，从顶层设计、政策措施直至重点任务，都进行了全链条部署。在今年1月份召开的中央财经领导小组第十二次会议上，专题研究了供给侧结构性改革思路，提出了"五个搞清楚"，即搞清楚现状是什么，搞清楚方向和目的是什么，搞清楚到底要干什么，搞清楚谁来干，搞清楚怎么办。

按照这样的要求，中央各部门紧锣密鼓，认真细致开展调查研究，制定具体工作方案。目前，一些方案已基本成型，针对性较突出、政策措施较明确，可操作性也较强。接下来中央还要专题研究，并尽快推动贯彻落实。同时，各地也主动积极开展工作，广东、重庆、江苏、浙江、山西等陆续发布了本省的供给侧结构性改革方案。不少企业已迈出实质性步伐，主动抑制盲目扩张冲动，收缩战线、突出主业，有的已从"减量提质"转为"量质双升"。

供给侧结构性改革的五大任务是一个系统设计，每项任务都很吃重，各项任务之间

有关联互补作用,都要统筹兼顾,动态优化,积极推进。从具体操作看,饭要一口一口吃,路要一步一步走,各阶段也要有不同的着力点。年初以来,一些政策已陆续出台,比如,降成本的措施不断充实,补短板的力度不断加大。下一段,化解过剩产能、处置"僵尸企业"等措施也会向纵深推进。这项工作的"减法"色彩较浓,不可避免地涉及人和钱,即就业和债务问题,难度和要求都比较高。

■我们的目的是为了更多地减少行政干预,让市场机制更多地发挥好决定性作用。但"解铃还须系铃人",减少行政干预离不开政府自我革命

■那些本身没有行政干预、市场机制发挥较好的领域,就别再去指手画脚了

问:年初至今,去产能、去库存开始在一些地方初显成效,但行政干预在其中担当着重要角色,由此引发一些争论,甚至有舆论质疑"去产能"是"一刀切""搞摊派""计划经济老一套"。在供给侧结构性改革进程中,行政手段是否必要? 政府与市场的关系应当怎么摆?

权威人士:这里要厘清目的和手段的关系问题。我们的目的是为了更多地减少行政干预,让市场机制更多地发挥好决定性作用。但是靠什么手段能做到这一点?"解铃还须系铃人",减少行政干预离不开政府自我革命。比如,减少对"僵尸企业"的补贴,不靠行政命令、单靠市场行吗?

当然,那些本身没有行政干预、市场机制发挥较好的领域,就别再去指手画脚了。比如,消费品领域市场化程度高、竞争相对充分,市场能够自动出清,他们去不去产能完全可以依靠市场调节。一句话,不管用哪种手段,最终都是为了有效发挥市场在资源配置中的决定性作用和更好发挥政府作用,这是推进供给侧结构性改革必须把握好的关键点。

完成"五大任务",各级政府要积极作为、主动作为、带头作为:

去产能,各地要明确具体任务和具体目标,加大环保、能耗、质量、标准、安全等各种门槛准入、制度建设和执法力度;处置"僵尸企业",该"断奶"的就"断奶",该断贷的就断贷,坚决拔掉"输液管"和"呼吸机"。

去杠杆,要在宏观上不放水漫灌,在微观上有序打破刚性兑付,依法处置非法集资等乱象,切实规范市场秩序。

去库存,要加大户籍制度改革力度,建立健全农民工进城的财税、土地等配套制度。

降成本,就要把整体税负降下来,把不合理的收费取消掉,把行政审批减下来。

补短板,就要注重脱贫攻坚的精准度,扎实推进科技创新和生态文明建设,完善基础设施建设"钱从哪里来、投到哪里去"的体制机制。

■短期内,稳增长与调结构之间可能存在矛盾。处理好"稳"与"调"的关系,关键是把握好"度",掌握正确的方法论,把深化改革作为主要抓手

■依靠过剩产能支撑的短期经济增长不仅不可持续,而且承受的痛苦比去掉这些产能要更大、痛的时间会更长

■要加减乘除并用。在去掉无效产能的同时,也要增加有效供给,培育新的发展动力

■旧的不去,新的不来。相当多的地区包括一些中西部地区,让人感觉"士别三日当

刮目相看"

问：现在对去产能、去杠杆有些疑虑，认为与稳增长存在一定冲突，会加大经济下行压力，这个问题怎么看？市场出清了，后面能否接得住接得好？

权威人士：这个问题的实质是如何处理短期和中长期的关系。

从长期看，稳增长与调结构是一致的，结构调整是经济可持续增长的重要动力和保障，去产能、去杠杆有助于结构优化和经济的长期健康发展。对这一点，大家有很强的共识。但在短期内，稳增长与调结构之间可能存在矛盾。例如，去产能或许会影响一些地方的 GDP 和财政收入，去杠杆会使一些风险显性化。但如果不去，不要说长期稳不住，短期效果也越来越差，"僵尸企业"会越来越多，债务越积越重，加剧财政金融风险。处理好"稳"与"调"的关系，关键是把握好"度"，掌握正确的方法论，把深化改革作为主要抓手。

必须明确，依靠过剩产能支撑的短期经济增长不仅不可持续，而且承受的痛苦比去掉这些产能要更大、痛的时间会更长。比如，一些产能过剩领域的企业，亏损加大，拖欠的工资增多，银行很痛苦，职工也很痛苦，而且越拖越痛苦。怎么办？长痛不如短痛。对这些企业进行"清盘"，既可以释放出土地、信贷等稀缺资源，也使这些企业的职工在纳入社保、接受培训后走上新岗位，看到新希望。

推进供给侧结构性改革要加减乘除并用。在去掉无效产能的同时，也要增加有效供给，培育新的发展动力。这既需要决心，也需要咬定青山的努力、实实在在的政策。实践证明，旧的不去，新的不来。相当多的地区包括一些中西部地区，在这轮发展中，孕育了一大批新动力，显现出生机勃勃的景象，让人感觉"士别三日当刮目相看"。不过，个别地方旧的矛盾、历史负担较大，短期调整确实难以见效，但也得迈开步子，"与其临渊羡鱼，不如退而结网"。

四、预期管理怎么办？

■稳预期的关键是稳政策，不能摇来摆去

■要善于进行政策沟通，加强前瞻性引导，提高透明度，减少误读空间，及时纠偏，避免一惊一乍，不搞"半夜鸡叫"

■我们的成绩和不足都摆在那里。对成绩不能说过头，对问题不能视而不见，甚至文过饰非，否则会挫伤信心、破坏预期

问：这几年，对于经济发展前景的预期不是很稳定，乐观情绪与悲观论调并存。从中可见，对经济现状和市场行为的深入研究还不够，存在"观点偏执"的现象。在这种情况下，应当如何透过现象看本质，引导好社会心理预期？

权威人士：预期并非无中生有，也不是无关痛痒，它来自现实，又影响着现实。在社会主义市场经济条件下，宏观调控本质上是预期管理。国际金融危机后，世界经济更加复杂多变，导致预期不确定性加大。在这种情况下，我们更要注重加强预期引导。

怎么稳预期？关键是稳政策。

首先，大政方针不能动摇，核心是坚持中国特色社会主义制度，坚持"一个中心、两个基本点"的基本路线。这一点，中央从来没变过，而且多次重申，内涵越讲越清楚，各地各部门都要准确把握，不折不扣落到实处。

其次，宏观经济政策不能摇来摆去。推进供给侧结构性改革的政策导向越明确，落实越有力，市场预期就越好。反之，如果我们还走需求刺激的老路，市场就会担心迟疑、无所适从。

第三，要善于进行政策沟通，加强前瞻性引导，提高透明度，说清政策目的和涵义，减少误读空间，及时纠偏，避免一惊一乍，不搞"半夜鸡叫"。

还有，提高舆论引导的可信度也很重要，必须实事求是，拿捏好分寸。我们的成绩和不足都摆在那里，适当的正面宣传对引导预期、提振信心是必要的，但是，对成绩不能说过头，对问题不能视而不见，甚至文过饰非，否则会挫伤信心、破坏预期。对学术上、专业性的不同意见，要允许各抒己见，鼓励从专业层面展开讨论，真理越辩越明，对稳定预期也会起到积极促进作用。

■不但要肯干、敢干，还要能干、会干，这就需要更好地发挥三个"关键少数"的积极性、主动性、创造性

■让企业家既有"恒产"又有"恒心"。建立"亲"和"清"的新型政商关系，把企业家当作自己人，让他们充分体会到权利平等、机会平等、规则平等。在一些具体政策执行上，不要盲目翻旧账，使创业者有安全感

问：在当前经济大环境下，人的作用更为重要，特别是"三种人"，即企业家、创新人才、各级干部。在您看来，这些群体的积极性有没有激发出来？怎样形成全面推动供给侧结构性改革的合力？

权威人士：人是生产力中最活跃的因素。适应和引领经济新常态，不但要我们肯干、敢干，还要我们能干、会干，这就需要更好地发挥企业家、创新人才、各级干部的积极性、主动性、创造性。现在，推进供给侧结构性改革让大家有了方向，有了希望，工作积极性越来越高，能干、会干的人越来越多，成效也会越来越明显。同时，也要看到，不理解、不适应的现象依然存在，发挥上述三个"关键少数"的作用，还要做大量工作。

企业家是优化资源配置、提高供给体系适应能力的主导力量。推进供给侧结构性改革，亟须发挥企业家的创新精神，包括面广量大的民营企业家。现在最关键的是通过保护产权、知识产权，使企业家既有"恒产"又有"恒心"。要建立"亲"和"清"的新型政商关系，把企业家当作自己人，让他们充分体会到权利平等、机会平等、规则平等。在一些具体政策执行上，不要盲目翻旧账，使创业者有安全感。

五、经济风险怎么防？

■今年伊始发生的股市汇市动荡，反映出一定的脆弱性。要避免把市场的这种"超调"行为简单理解成只是投机带来的短期波动，而要从整个金融市场的内在脆弱性上找原因

■在现实情况下，要彻底抛弃试图通过宽松货币加码来加快经济增长、做大分母降杠杆的幻想。对各类金融市场存在的风险隐患，监管部门要密切配合，摸清情况，做好预案

问：去年至今，银行业利润下滑和不良资产率上升颇受关注。一季度资本市场也一度发生较大波动。面对经济下行压力，我们能否守住不发生系统性区域性金融风险的底线？

权威人士：金融是现代经济的核心，这个核心出了问题会拖累全局，会拖累全面小康的实现。尽管我国金融风险整体可控，特别是银行体系总体抗风险能力较强，但今年伊始发生的股市汇市动荡，也反映出一定的脆弱性。要避免把市场的这种"超调"行为简单理解成只是投机带来的短期波动，而要从整个金融市场的内在脆弱性上找原因。其中，高杠杆是"原罪"，是金融高风险的源头，在高杠杆背景下，汇市、股市、债市、楼市、银行信贷风险等都会上升，处理不好，小事会变成大事。

当前，最重要的是按照供给侧结构性改革要求，积极稳妥推进去杠杆。在利用货币扩张刺激经济增长边际效应持续递减的情况下，要彻底抛弃试图通过宽松货币加码来加快经济增长、做大分母降杠杆的幻想。对各类金融市场存在的风险隐患，金融监管部门要密切配合，摸清情况，做好预案。目前银行坏账处于上升趋势，是经济问题在金融部门的必然反映。只要我们勇于面对，主动应对，不掩盖和拖延风险，结果就没那么可怕。

■对那些确实无法救的企业，该关闭的就坚决关闭，该破产的要依法破产，不要动辄搞"债转股"，不要搞"拉郎配"式重组，那样成本太高，自欺欺人，早晚是个大包袱

■"保人不保企"，把人员的安置作为处置"僵尸企业"、化解过剩产能的重中之重。能培训的培训，能转岗的转岗，确实不能转岗的要做实做细托底工作

问：伴随"去产能"，部分地区和企业出现人员下岗，这在钢煤行业更突出，甚至有一些地方出现群体性事件。请问"去产能"是否会给就业带来冲击，进而引发影响社会稳定的风险？应该怎样妥善处置？

权威人士：稳定和扩大就业是宏观经济政策的重要目标。从目前情况看，我国就业形势总体是稳的，没出现大的波动。同时，也存在一些深层次结构性问题，随着产业结构调整，高技能人才短缺，技能较差的简单劳动力有所过剩，劳动力市场正发挥调整功能，但更要紧的是加强对劳动者的技能培训。当前就业领域最突出的问题是，对"僵尸企业"的处置、对产能过剩行业的调整会引起下岗压力显性化。这轮下岗的行业和地区较集中，大部分是国有企业，其中很多是40~50岁职工。我们要坚持以人为本，完善相关政策，讲究工作方法，稳妥审慎地去产能：

一是坚定不移推进供给侧结构性改革，"保人不保企"，勇于处置"僵尸企业"。我们强调要多兼并重组、少破产清算，但对那些确实无法救的企业，该关闭的就坚决关闭，该破产的要依法破产，不要动辄搞"债转股"，不要搞"拉郎配"式重组，那样成本太高，自欺欺人，早晚是个大包袱。

二是要把人员的安置作为处置"僵尸企业"、化解过剩产能的重中之重。能培训的培训，能转岗的转岗，确实不能转岗的要做实做细托底工作。要有人文关怀，带着感情，将心比心，设身处地为他们着想，既帮他们解决好生活困难，又助他们提高再就业能力。这次产能过剩带来的一大教训是，距离上一轮国企改革10多年后，国企"人浮于事"仍很严重，职工"下不来""裁不掉"，企业办社会、政企不分、企社不分的问题依然突出。本轮国企改革一定要在这方面取得实质性突破，真正把国企建成能面对市场竞争、以质量效益为导向的现代企业。

■社会上认为通胀的人在增加，认为通缩的也不少，各有各的理由，还不能匆忙下结论

■保持警觉,密切关注价格的边际变化,尤其是工业品、消费品、资产的价格及其相互作用。对部分食品涨价问题,既要加强调配、保障供给,也不能反应过度,干扰价格信号

问:今年以来,肉价菜价走高,老百姓很关注,也有担忧。如何既防范可能出现的通胀风险也注重防范通缩风险?

权威人士:处理好物价问题,是宏观调控的永恒主题。

从全球经济看,美国开始警觉通胀的迹象,而欧洲、日本都在全力反通缩,新兴市场国家的情形各不一样,大宗商品价格波动加剧。从我国来看,价格形势也趋于复杂。在工业生产者出厂价格指数(PPI)下降的过程中,钢材、煤炭等价格明显反弹。在居民消费价格指数(CPI)总体稳定的情况下,猪肉、鲜菜价格大幅上涨且在春节后仍居高不下,这段时间鲜菜价格已大幅回落,猪肉价格受"猪周期"影响可能还会延续一阵。此外,一二线城市房地产价格上涨较快,部分服务领域价格持续上涨。面对这样的形势,社会上认为通胀的人在增加,认为通缩的也不少,各有各的理由。

依我看,还不能匆忙下结论。一方面,产能过剩依然严重,工业品价格总体下降的趋势一时难以根本改变,物价普遍大幅上涨缺乏实体支撑;另一方面,市场流动性充裕,居民消费能力旺盛,出现严重通缩的可能性也不大。但是,我们必须保持警觉,密切关注价格的边际变化,尤其是工业品价格、消费品价格、资产价格及其相互作用。对部分食品涨价问题,既要加强调配、保障供给,也不能反应过度,干扰价格信号,对城市低收入群体,各级政府要及时跟进补贴政策,做好托底工作。

五、参考答案

(一)单项选择

1. C　2. A　3. A　4. B　5. A　6. A　7. A　8. B　9. A　10. A　11. D　12. C
13. B　14. A　15. B　16. B　17. C　18. C　19. A　20. C　21. D　22. C　23. B　24. C
25. D　26. B　27. C　28. A　29. C　30. C　31. A

(二)问题与论述

1. 答:自动稳定器主要有两种:(1)税收的变动。在经济扩张时有遏制作用,在经济萧条时有缓解的作用。(2)政府的转移支付。与税收作用相同。

2. 答:货币需求对利率越敏感,则政府支出增加使货币需求增加一定量时,只会使利率上升较少,在其他情况不变时,对私人投资的挤出也就较少,从而会有较大的财政政策效果。

3. 答:当政府支出30亿元购买警车时,直接增加警车生产企业的利润,这种增加又使该企业雇用更多工人,并增加生产。随着工人看到收入更多,企业所有者看到利润更多,他们对这种收入增加的反应是增加他们自己对消费品的支出。结果,政府对警车的购买还增加了经济中许多其他企业产品的需求。由于政府支出的每元钱可以增加的物品与劳务的总需求大于一元,所以说政府购买对总需求有一种乘数效应。在这第一轮之后,这种乘数效应还会继续。当消费支出增加时,生产这些消费品的企业雇用了更多工人,并有更高的利润。更高的收入和利润又刺激了消费支出,以此类推。因此,当政府支

出 30 亿元购买警车时,总需求的增加会大于 30 亿元。

当政府增加 30 亿元购买警车刺激了物品与劳务需求时,它也引起了利率上升,而且较高的利率往往减少了物品与劳务需求。这就是说,当政府购买增加了 30 亿元时,它也会挤出投资。这种挤出效应部分抵消了政府购买增加对总需求的影响。总之,当政府增加 30 亿元的购买时,总需求的增加可以大于或小于 30 亿元,这取决于乘数效应大还是挤出效应大。

4. 答:投资对利率变动越敏感,则政府扩张财政使利率上升时对私人投资的挤出就越多,从而财政政策效果就越小。

5. 答:

(1)政府支出增加会直接增加经济中的消费和投资,这是一种直接效应,它是一种产生于总量变动的效应,它的总效应是增加社会总需求。

(2)税收减少增加了储蓄的收益、减少了投资的成本,但税收减少对储蓄和投资的影响要视情况而定。储蓄的增加取决于储蓄的税收弹性,如果储蓄的税收弹性大,则消费会大量减少,反之,消费不会减少许多;投资的增加也取决于投资的税收弹性,如果投资的税收弹性大,则投资会大量增加,反之,投资不会增加多少。它的总效应不确定,这要看储蓄的税收效应和投资的税收效应的大小。

(3)货币供给扩张降低了利率,利率下降意味着投资成本和消费下降,因此会刺激消费和投资增加,这是一种产生于利率变动的间接效应。它的总效应是增加社会总需求。

6. 答:

减税会增加消费,紧缩货币供给会减少投资,总需求的变动要取决于这两种力量哪种更大。即使总需求不变,但是产出结构也会发生改变。

7. 答:

(1)增加货币供给,降低利率;

(2)减少货币供给,提高利率;

(3)增加货币供给,降低利率;

(4)增加货币供给,降低利率;

(5)减少货币供给,提高利率。

8. 答:

(1)减少政府支出,提高税收;

(2)减少政府支出,提高税收;

(3)增加政府支出,减少税收;

(4)增加政府支出,减少税收。

9. 答:

(1)扩大赤字,是扩张性财政政策的一个表现。政府管理层这样做主要是为了刺激经济复苏。首先,经济疲软,实际 GDP 处于较低水平,此时应该实行扩张性的财政政策,加大政府投资,目的在于促使经济复苏,提高 GDP 的增长速度。其次,由于对外出口受限,可以通过基础设施建设等,促进国内需求,减少对外出口的依赖。居民的储蓄处于较高水平,如此多的资金集中在商业银行手中,如果不拿出来投资增值,会给银行带来巨大的压力和风险。采取扩张性的财政政策以后,银行的资金有了投资的机会,可以减轻商业银行的盈利压力。如果通货膨胀率不高,采取积极的财政政策不会造成通货膨胀压力,可以使经济维持一段时间的"高增长、低通胀"的时期。

(2)扩张性的财政政策包括增加支出和减少税收两个方面。

(3)挤出效应将不太明显。因为储蓄率高,且仍显示较强的增长态势,资金来源充裕,利率偏低,政府投资不会引起利率上升,私人投资成本没有增加,因此,政府投资的"挤出效应"不会很明显。

(4)中央银行可以采取扩张性的货币政策,如扩大货币供给,降低利率,促进消费和投资,提高 GDP 的增长率。

10. 答:

(1)乘数是指总支出最初的增加所引起的国内生产总值增加的倍数,或者说是国内生产总值增加量与引起这种增加量的总支出的最初增加量之间的比率。

(2)乘数的大小取决于边际消费倾向。边际消费倾向越高,乘数就越大;边际消费倾向越低,乘数就越小。这是因为边际消费倾向越大,增加的收入就有更多的部分用于消费,从而使总支出和国内生产总值增加得更多。

(3)乘数发生作用是需要有一定条件的,只有在社会上各种资源没有得到充分利用时,总支出的增加才会使各种资源得到利用,产生乘数作用。如果社会上各种资源已经得到了充分利用,或者某些关键部门存在着制约其他资源利用的"瓶颈状态",乘数也无法发挥作用。此外,乘数的作用是双重的,即当最初总支出增加时,所引起的国内生产总值的增加要大于最初总支出的增加;当最初总支出减少时,所引起的国内生产总值的减少也要大于最初总支出的减少。

(三)计算题

1. 解:

(1)将总值 2000 万元的汽车销往邻省,首先导致国民收入的第一轮增加 2000 万元,在边际消费倾向为 $1-60\%=40\%$ 的前提下,该地区将把其中的 800 万元用于消费,导致国民收入的第二轮增加,这样一直继续下去,便导致了国民收入数倍的增加。

$$Y = 2000 \times 1 + 2000 \times 40\% + 2000 \times (40\%)^2 + 2000 \times (40\%)^3 + \cdots$$
$$= 2000/(1-40\%)$$
$$= 2000/60\% = 3333.3(万元)。$$

(2)会产生相同的效果,因为政府支出中对商品和劳务的支出是国民收入中的一部分,具体解释如下:当政府向厂商购买商品和劳务的时候,在私人消费支出和投资支出中并没有包括对这些劳务的支出,因而应该加上政府的这部分支出,当政府向居民购买生产要素的服务而生产出物品和劳务的时候,它们也构成社会产品的一部分,因而应该加上政府的这部分支出,因此在国民收入第一轮中增加 2000 万元,由于边际消费倾向为40%,受此影响,第二轮增加 $2000 \times 40\%$,这样一直继续下去,和(1)的效果是一样的。

(3)该地 GDP 会增加,与(1)相比 GDP 增加的幅度要少一些,第一轮的增加为 $2000 \times 40\%$,第二轮的增加为 $2000 \times (40\%)^2$,于是增加的国民收入为:

$$Y = 2000 \times 40\% + 2000 \times (40\%)^2 + 2000 \times (40\%)^3 + \cdots$$
$$= 800/60\% = 1333.3(万元)$$

因为政府以补贴的形式发给居民,实际上是一种没有换取生产要素服务的单方面的转移支付,社会产品没有相应增加,因而计算国民收入时不应该算上这部分的政府支出。

2. 解:

(1)货币供给 $M = 1000 + 400/0.12 = 4333$(亿元)。

(2)当准备金率提高到 0.2,则存款变为 $400/0.2 = 2000$(亿元),现金仍是 1000(亿元),因此货币供给为 $1000 + 2000 = 3000$(亿元),货币供给减少了 1333(亿元)。

(3)中央银行买进 10 亿元债券,即基础货币增加 10 亿元,则货币供给增加:$\Delta M = 83.3$(亿元)。

3. 解:

(1)乘数 $= 1/(1 - MPC)$

$3 = 1/(1 - MPC)$

$MPC = 2/3$

如果不考虑挤出效应的可能性,他们估算的边际消费倾向(MPC)是 2/3。

(2)如果考虑挤出效应,对 MPC 新的估算大于原来的估算。

(3)投资对利率越敏感时,挤出效应将会越大。对 MPC 的新的估算值也将越大。

(4)更可能让经济自行调整。因为如果经济在财政政策的影响起作用之前就已自行调整,财政政策是不利于稳定的。

4. 解:

(1)政府减税对总需求的最初影响是 $500 \times (3/5) = 300$(亿元)。

(2)乘数 $= 1(1 - 3/5) = 2.5$。减税对总需求的总影响是 $300 \times 2.5 = 750$(亿元)。

最初影响之后额外的影响是 $750 - 300 = 450$(亿元)。

(3)政府支出增加 500 亿元的总影响是增加社会总需求 $500 \times 2.5 = 1250$(亿元),而政府减税 500 亿元增加的社会总需求是 750 亿元。因为政府支出增加 500 亿元直接对社会总需求发生作用,而政府减税对社会总需求的增加是间接发生作用的。当政府减税 500 亿元时,最初是家庭、企业收入增加了 500 亿元,而他们增加的最初支出是 $500 \times (3/5) = 300$(亿元)。

5. 解:

(1)收入为 800 时的货币需求曲线为:$L = 160 - 5r$;

收入为 900 时的货币需求曲线为:$L = 180 - 5r$;

收入为 1000 时的货币需求曲线为:$L = 200 - 5r$。

(2)收入为 800 时,根据货币供给 = 货币需求,即 $150 = 160 - 5r$,可得:$r = 2$;

收入为 900 时,根据货币供给 = 货币需求,即 $150 = 180 - 5r$,可得:$r = 6$;

收入为 1000 时,根据货币供给 = 货币需求,即 $150 = 200 - 5r$,可得:$r = 10$。

6. 答:小于 4 万亿元,因为有挤出效应,它减少了总需求的移动,比抵消的乘数效应更大,因此总需求向右方的移动应该小于 4 万亿元。

7.解：

(1)收入 Y＝700,利率 r＝8 时的货币需求 L＝140＋70＝210(元)；

收入 Y＝700,利率 r＝10 时的货币需求 L＝140＋50＝190(元)。

(2)收入 Y＝600,利率 r＝12 时,L＝120＋30＝150(元)；

利率 r＝10 时,L＝120＋50＝170(元)；

利率 r＝8 时,L＝120＋70＝190(元)；

利率 r＝6 时,L＝120＋90＝210(元)；

利率 r＝4 时,L＝120＋110＝230(元)。

收入 Y＝700,利率 r＝12 时,L＝140＋30＝170(元)；

利率 r＝10 时,L＝140＋50＝190(元)；

利率 r＝8 时,L＝140＋70＝210(元)；

利率 r＝6 时,L＝140＋90＝230(元)；

利率 r＝4 时,L＝140＋110＝250(元)。

收入 Y＝800,利率 r＝12 时,L＝160＋30＝190(元)；

利率 r＝10 时,L＝160＋50＝210(元)；

利率 r＝8 时,L＝160＋70＝230(元)；

利率 r＝6 时,L＝160＋90＝250(元)；

利率 r＝4 时,L＝160＋110＝270(元)。

(3)从上述数据中可知,货币需求函数为:L＝0.2y＋150－10r。

(4)收入增加时,货币需求曲线向右移动。

(四)辨析题

1.答:错。在经济萧条时,税收自动减少,转移支付自动增加,财政预算朝赤字方向发展,为取得年度预算的平衡,政府必须提高税率。

2.答:错。在极端情况下存在完全挤出的可能。

3.答:对。

4.答:对。

5.答:对。

6.答:错。增加政府支出 1 个亿,增加税收 1 个亿,会使预算收支盈余不变,但国民收入将增加。

7.答:错。货币需求对利率变动的敏感性越大,利率微小的上升引起货币需求大幅减少,货币政策效果越差。

8.答:错,政府支出增加和税收减少,导致通货膨胀更严重。

9.答:错。政府支出乘数更大。

10.答:错。买入政府债券。

第十三章

通货膨胀与失业的短期权衡取舍

一、本章概述

这个章节是短期分析工具的最后一个章节。第 11 章介绍了 AD-AS 模型,第 12 章借助总需求—总供给模型介绍了政府干预经济、影响总需求的财政和货币政策。这一章节介绍经济中两个非常重要的变量之间的关系:失业率与通货膨胀率。

这两个变量的研究是宏观经济学家一直有兴趣的课题。1958 年在伦敦经济学院任教的新西兰学者菲利普斯(A. W. Phillips)发现了英国在 1861—1957 年失业率和货币工资变动率之间的负相关关系。1960 年,美国的萨缪尔森和索洛揭示出失业率与通货膨胀之间的负相关关系。利用这个关系,新古典综合派认为通过改变货币和财政政策来影响总需求,决策者可以选择菲利普斯曲线上的任何一个点,或者是高失业、低通胀,或者是低失业、高通胀,通胀率与失业率权衡取舍,决策者不能两全。1968 年,弗里德曼和菲尔普斯几乎同时发表了文章,分别否认通货膨胀和失业之间存在长期权衡取舍。长期菲利普斯曲线是一条垂线,与横轴相交的位置由自然失业率决定。

(一)菲利普斯关于英国失业率和货币工资增长率的研究

1958 年,新西兰经济学家菲利普斯根据英国近百年的资料作出了一条失业率与货币工资变化率之间关系的曲线,可称之为"失业—工资"菲利普斯曲线。如图 13-1 所示。其表现形式是:在以失业率为横轴、货币工资变化率为纵轴的坐标图上,由右下方向左上方倾斜的、具有负斜率的一条曲线(图 13-1)。它表明:失业率与货币工资变化率二者呈

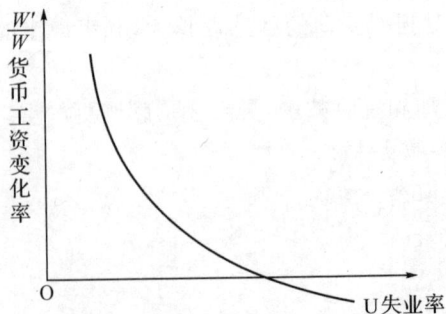

图 13-1　英国失业率与货币工资变化率的关系

反向的对应变动关系,即负相关关系。当失业率上升时,货币工资变化率则下降;当失业率下降时,货币工资变化率则上升。在一轮短期的、典型的经济周期波动中,在经济波动的上升期,失业率下降,货币工资变化率上升;在经济波动的回落期,失业率上升,货币工资变化率下降。

（二）萨缪尔森和索洛关于美国失业率与通货膨胀率的研究

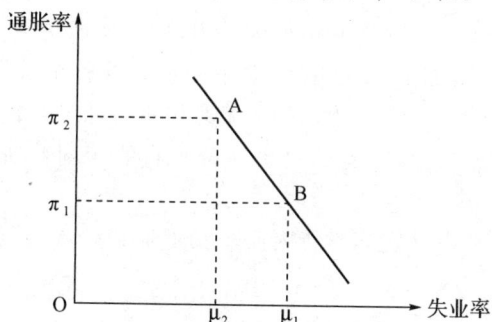

图 13-2　美国失业率与通胀率的关系

由美国经济学家萨缪尔森和索洛于 1960 年提出了美国失业率与通货膨胀率之间的负相关关系,如图(13-2)所示。萨缪尔森和索洛以物价上涨率代替了原菲利普斯曲线中的货币工资变化率。这一代替是通过一个假定实现的。这个假定是:产品价格的形成遵循"平均劳动成本固定加成法",即每单位产品的价格是由平均劳动成本加上一个固定比例的其他成本和利润形成的。这就是说,物价的变动只与货币工资的变动有关。这种菲利普斯曲线的表现形式与上述最早期的菲利普斯曲线相同,只不过纵轴改为物价上涨率。这条曲线表明:失业率与物价上涨率二者亦呈反向的对应变动关系。在一轮短期的、典型的经济周期波动中,在经济波动的上升期,失业率下降,物价上涨率上升;在经济波动的回落期,失业率上升,物价上涨率下降。

从政策建议上看,政府如果采取扩张的财政或者货币政策,如图 13-3 所示:总需求曲线从 AD_1 向右平移到 AD_2,此时均衡从 A 点变化到 B 点,产出从 Y_1 上升到 Y_2,同时物价水平上升。相应地,在菲利普斯曲线上,A 点沿着菲利普斯曲线到膨胀更高、失业率更低的 B 点。

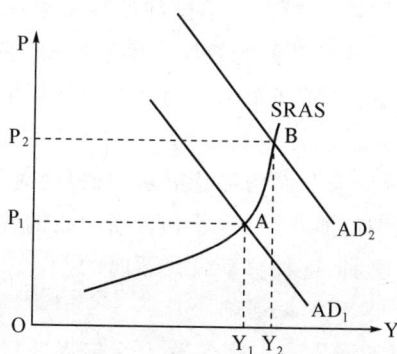

图 13-3　总需求—总供给模型

（三）弗里德曼和菲尔普斯关于附加预期的菲利普斯曲线

弗里德曼认为：首先，理性的工人将根据实际工资而不是名义工资决定其劳动力的供给。所以用菲利普斯曲线去讨论失业率和名义工资变动率的关系纯粹是一种误导。其二，菲利普斯曲线所宣扬的通货膨胀和失业之间的替换关系只在短期才存在。由于短期内了解一般价格水平的信息成本太高，所以工人会有暂时的"货币幻觉"，错把名义工资的提高误认为是实际工资的提高而增加劳动力供给，而雇主会沾沾自喜于他所生产的那种产品价格上升，从而增加工人雇用量，孰不知这时候整个价格水平都在上升。长期内，工人和雇主都会调整预期，使得预期的通货膨胀率等于实际的通货膨胀率。这时，斜率为负的菲利普斯曲线不再存在，有的只是一条垂直的菲利普斯曲线。综合以上分析，菲利普斯曲线的方程：

失业率＝自然失业率－α（实际通货膨胀－预期通货膨胀）。如图 13-4 所示。

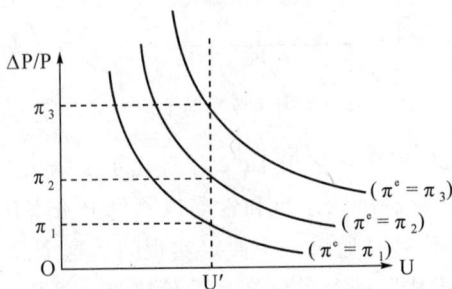

图 13-4　附加预期的菲利普斯曲线

在长期，预期通胀率跟上了实际通货膨胀，所以失业率＝自然失业率，这时的菲利普斯曲线为一条垂线 LRPC。

这意味着失业率完全不受通货膨胀政策影响，弗里德曼称之为"自然失业率"。弗里德曼断言，用通货膨胀换取就业增加的凯恩斯式需求政策，犹如扬汤止沸，每一次都只能暂时有效，下一轮再想增加就业，除非用更高的通货膨胀率。

（四）菲利普斯曲线的应用之一：供给冲击分析

供给冲击是直接改变企业的成本和价格，使得经济的总供给曲线和菲利普斯曲线移动的事件。20 世纪 70 年代发生石油危机，当国际原油价格成倍上涨时就发生了供给冲击。工人工资水平的集体提高也有类似的效应。供给冲击，首先使得短期总供给曲线向左上方移动，物价更高、产出更低，滞涨发生。决策者面临更不利的通货膨胀和失业之间的权衡取舍。决策者现在能做的选择很棘手，如果为了对付通胀而减少总需求，就必然面对更高的失业；如果为了减少失业而增加总需求，就得面对更高的通货膨胀。

如果供给冲击提高了预期的通货膨胀，菲利普斯曲线的移动就是"持久的"。如果供给冲击没有提高预期的通货膨胀，这种移动就是暂时的。

（五）菲利普斯曲线的应用之二：牺牲率

在 1979 年，美国联邦储备委员会主席保罗·沃尔克选择实行反通货膨胀政策。货币供给的减少降低了总需求，减少了生产并增加了失业。降低通胀率的代价是失业和产量损失。

牺牲率是每降低一个百分点膨胀而失去的每年产量的百分点数。一些学者认为牺牲率是5左右。但是,一群经济学教授在这个时候领导了一场向以牺牲率为基础的传统智慧挑战的知识革命,他们提出了理性预期理论。该理论认为,当经济政策改变时,人们就会调整他们的通货膨胀预期,力图估算牺牲率的通货膨胀与失业研究没有考虑到政策制度对预期的直接影响。因此,牺牲率是不可靠的。

当时的历史事实是:美联储主席沃尔克的反通货膨胀政策的确带来了暂时高失业的代价,但这种代价没有许多经济学家所预期的那样大。还有一个让我们不能否定理性预期理论的原因是,当决策者宣布了一项反通货膨胀的政策时,人们并不会马上相信他们,这是因为决策者的失信与相机决策的前后不一致性导致人们对决策者的不信任。

二、本章重要名词

菲利普斯曲线　　　A. W. 菲利普斯　　　保罗·萨缪尔森　　　罗伯特·索洛
米尔顿·弗里德曼　　埃德蒙·菲尔普斯　　预期菲利普斯曲线　　短期菲利普斯曲线
自然率假说　　　　供给冲击　　　　牺牲率　　　　理性预期

三、复习题

(一)单项选择

1.菲利普斯曲线说明(　　　)。

A.通货膨胀由过度需求引起

B.通货膨胀导致失业

C.通货膨胀与失业率之间呈正相关

D.通货膨胀与失业率之间短期内的负相关

2.以下情况中,不会同时产生的是(　　　)。

A.结构性失业与成本推动通货膨胀

B.结构性失业与结构性通货膨胀

C.摩擦性失业和需求拉动型通货膨胀

D.需求不足的失业和需求推动型通货膨胀

3.“滞胀”理论用菲利普斯曲线表示(　　　)。

A.一条垂直的菲利普斯曲线

B.一条斜率为正的直线

C.短期菲利普斯曲线的不断外移

D.一条斜率为负的曲线

4.在下列引起通货膨胀的原因里,(　　　)最有可能是成本推动的。

A.自然灾害导致农产品价格大幅上扬

B.工会要求增加劳动力工资

C.国际大宗商品的上涨

D.以上都可能

5.菲利普斯曲线揭示了失业率和（　　　）关系。

A.收入水平之间的同方向变化 　　　　B.货币工资增长率之间的同方向变化

C.收入水平之间的反方向变化 　　　　D.货币工资增长率之间的反方向变化

6.如果经济已形成通货膨胀压力，但因价格管制物价没有上涨，则此时经济（　　　）。

A.不存在通货膨胀 　　　　B.存在抑制性的通货膨胀

C.存在恶性的通货膨胀 　　　　D.存在温和的通货膨胀

7.下列导致需求推动型通货膨胀的是（　　　）。

A.中东战争导致石油价格上涨

B.中国西部发生干旱，导致农业歉收

C.厂商以快于成本增加的速度来提高产品的价格，以增加利润

D.在不增加税收的情况下，增加政府购买支出

8.产生需求推动型通货膨胀的经济现象与（　　　）。

A.总需求的变化无关 　　　　B.自然资源的上涨有关

C.工资和物价向下的刚性有关 　　　　D.以上说法都不正确

9.如果实际通货膨胀率高于预期的水平，那么（　　　）。

A.债权人以损害债务人的利益而获利，工人以损害雇主的利益而获利

B.债务人以损害债权人的利益而获利，工人以损害雇主的利益而获利

C.债权人以损害债务人的利益而获利，雇主以损害工人的利益而获利

D.债务人以损害债权人的利益而获利，雇主以损害工人的利益而获利

10.根据菲利普斯曲线，降低通货膨胀的办法是（　　　）。

A.减少货币供给量 　　　　B.降低失业率

C.提高失业率 　　　　D.增加财政赤字

11.总需求的增加与原油价格的上涨对菲利普斯曲线的影响是（　　　）。

A.均使该曲线平移

B.均使均衡点沿曲线运动

C.前者使该曲线平移，后者使均衡点沿曲线运动

D.前者使均衡点沿着曲线移动，后者使曲线平移

12.如果菲利普斯曲线的关系成立，那么（　　　）。

A.用以减少失业的货币和财政政策也会降低通货膨胀率

B.如果社会不能接受现在的通胀和失业的组合，政府政策必须设法使曲线向外移动

C.石油危机导致菲利普斯曲线向内平移

D.政府为降低通胀而削减财政赤字的尝试将增加失业率

13.效率工资理论认为，厂商在面临持续失业时可能不会降低工资，因为厂商（　　　）。

A.相信劳动供给曲线是完全富有弹性的

B.受最低工资法的限制而不能这么做

C.已经签订了固定工作的工会合同

D.降低工资会失去更多的工人，而培训新工人需要花费成本

14. 失业发生在（　　）。

A. 劳动力供给在现行实际工资下超出劳动力需求时

B. 劳动力需求在现行实际工资下超出劳动力供给时

C. 实际工资低于均衡工资时

D. 以上都不正确

15. 根据菲利普斯曲线，通货膨胀率取决于（　　）。

A. 预期通货膨胀　　　　　　　　　　B. 失业的实际水平和自然率的差别

C. 原油价格和可能的供给冲击　　　　D. 以上全对

16. 下列选项中出现（　　）时，菲利普斯曲线立即向上平移。

A. 通货膨胀上升　　　　　　　　　　B. 失业率下降

C. 供给冲击，比如石油价格上涨　　　D. 以上全对

17. 当货币不再具有储存价值时，则存在（　　）。

A. 真正的通货膨胀　　　　　　　　　B. 潜在的通货膨胀

C. 恶性的通货膨胀　　　　　　　　　D. 抑制的通货膨胀

18. 如果政府想要降低通货膨胀而不造成衰退，所有以下情况都必须满足，除了（　　）。

A. 工人和企业所形成的预期必须是理性的

B. 政策必须在预期形成之前宣布

C. 政策必须让工人和企业相信

D. 政策必须提高税收

19. 政府用收入政策降低通货膨胀的一个问题是它们（　　）。

A. 会提高失业率，因为工资水平被严格控制了

B. 会干扰市场的自动调节机制

C. 往往会通过转移支付降低工人的工作积极性

D. 与货币政策、财政扩张政策配合一起使用效果更好

20. 实际上，为了抑制恶性通货膨胀，政府除了停止货币扩张外，还必须（　　）。

A. 降低税收和提高政府支出　　　　　B. 提高税收和减少政府支出

C. 发行一种新的货币代替原来的货币　D. 政治层面的变革

21. 遗憾指数是指（　　）。

A. GDP 增长率与通胀率之和　　　　　B. 失业率与贷款利率之和

C. 通胀率与失业率之和　　　　　　　D. 自然失业率和实际失业率之和

22. 下述论断中正确的是（　　）。

A. 价格水平越高，货币的购买力就更高

B. 生产成本上升能导致需求拉动的通货膨胀

C. 较高的通货膨胀率一般是源于较快的货币供给的增长

D. 非预期的通货膨胀将固定金额支付者的收入被重新分配到固定收入者的手中

23. 当经济中存在大量闲置资源时，名义货币供给增长率的上升会（　　）。

A. 使总需求曲线右移，使均衡水平位于更高的通货膨胀率和产量水平上

B.使总需求曲线和总供给曲线右移,使均衡水平位于更高的通货膨胀率和产量水平上

C.使总需求曲线和总供给曲线左移,使均衡水平位于更高的通货膨胀率和产量水平上

D.使总需求曲线右移,使均衡水平位于更高的通货膨胀率水平上而产量不变

24.通货膨胀对收入和财富进行再分配的影响会（　　）。

A.造成收入结构的变化　　　　　　　　B.使收入普遍上升

C.使债权人收入上升　　　　　　　　　D.使收入普遍下降

25.弗里德曼批评菲利普斯曲线是因为他认为（　　）。

A.该曲线关系只存在于长期

B.该曲线不随时间的变化而变动

C.提高价格来降低失业率会导致利率下降

D.提高价格来降低失业率的企图在长期无效

26.弗里德曼认为降低通货膨胀率的唯一办法是（　　）。

A.降低自然失业率　　　　　　　　　　B.管制工资和物价

C.政府举办公共工程　　　　　　　　　D.以上说法均不正确

27.预期的通货膨胀上升,则（　　）。

A.短期菲利普斯曲线向上移动,而且,失业—通胀的权衡取舍更加不利

B.短期菲利普斯曲线向下移动,而且,失业—通胀的权衡取舍更加不利

C.短期菲利普斯曲线向上移动,而且,失业—通胀的权衡取舍更加有利

D.短期菲利普斯曲线向下移动,而且,失业—通胀的权衡取舍更加有利

28.当失业率低于自然失业率时,此时的通货膨胀是（　　）。

A.需求拉动型通货膨胀　　　　　　　　B.成本推动型通货膨胀

C.供给冲击　　　　　　　　　　　　　D.滞胀

29.将从非预期到的通货膨胀中获益的群体是（　　）。

A.贷款者　　　　　　　　　　　　　　B.固定收入者

C.债务人　　　　　　　　　　　　　　D.薪水与CPI挂钩的工人

30.在充分就业的情况下,最可能导致通货膨胀的是（　　）。

A.出口减少　　　　　　　　　　　　　B.进口增加

C.工资不变,但劳动生产率提高　　　　D.税收不变,但政府支出扩大

31.以下选项中,（　　）会使长期菲利普斯曲线向右移动。

A.国外石油价格上升　　　　　　　　　B.预期的通货膨胀上升

C.总需求增加　　　　　　　　　　　　D.最低工资提高

32.当实际通货膨胀率大于预期的通货膨胀率时,（　　）。

A.失业大于自然失业率　　　　　　　　B.失业小于自然失业率

C.失业等于自然失业率　　　　　　　　D.人们降低自己对未来通胀的预期

33.外国石油价格下降,则（　　）。

A.短期菲利普斯曲线向上移动,而且,失业—通胀的权衡取舍更加不利

B. 短期菲利普斯曲线向下移动,而且,失业—通胀的权衡取舍更加不利

C. 短期菲利普斯曲线向上移动,而且,失业—通胀的权衡取舍更加有利

D. 短期菲利普斯曲线向下移动,而且,失业—通胀的权衡取舍更加有利

34. 如果人们有理性预期,宣布并实施可信的货币政策收缩能(　　)。

A. 降低通胀率,但会使失业极大增加

B. 降低通胀率,但失业增加很少或者没有什么增加

C. 通胀上升,但极大地减少了失业

D. 提高了通胀,失业减少很少、甚至没有什么减少

35. 如果中央银行一直使用扩张性货币政策以使失业率保持在自然失业率之下,长期后果是(　　)。

A. 产量水平提高 　　　　　　　　B. 遗憾指数很低

C. 通胀率会上升 　　　　　　　　D. 贸易顺差减少

(二)问题与论述

1. 中医学有"热者寒之,寒者热之"的治疗原则,利用财政和货币政策进行总需求管理亦需如此。请做出评论。

2. 说明下列情况的发生对短期和长期菲利普斯曲线的影响:

(1)自然失业率上升;

(2)进口石油价格下降;

(3)政府支出增加;

(4)预期通货膨胀下降。

3. 假设经济处于长期均衡,要求:

(1)画出经济的长期和短期 PC。

(2)假设企业界的悲观情绪减少了总需求。说明这种冲击对图形的影响。如果美联储采用了扩张性政策,它可以使经济回到原来的通货膨胀和原来的失业率吗?

(3)假设经济回到了长期均衡,石油危机的供给冲击发生。说明这种冲击对图形的影响。如果央行扩张性货币政策,它能使经济回到原来的通胀率和失业吗?

4. 假设美联储宣布,它要实行紧缩性货币政策来降低通货膨胀率。下列条件会使衰退更加严重还是有所缓和?

(1)工资合约变短;

(2)很少有人相信美联储降低通胀的决心;

(3)通胀预期迅速对实际通胀作出调整。

(三)应用题

1. 根据图 13-5 菲利普斯曲线,回答问题:

(1)请标示出纵轴通胀率上的 X、Y、Z 三点坐标;

(2)如果预期通货膨胀率在 10%,实际通胀率也是 10%,经济处于哪一点? 此时失业率是高于、低于还是等于自然率?

(3)如果人们预期通货膨胀率在 10%,而实际通胀率在 15%,经济处于哪一点? 随

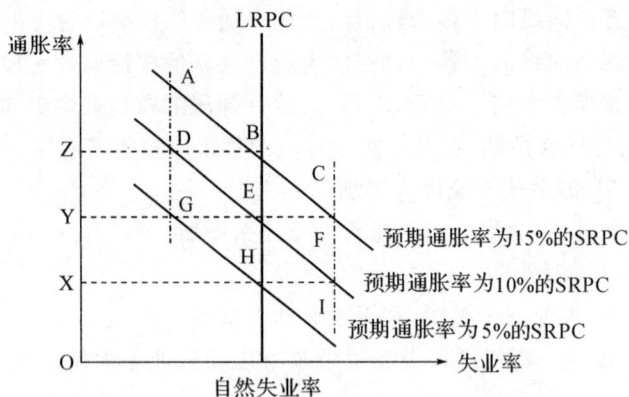

图 13-5　附加预期的菲利普斯曲线

着时间推移,人们向上还是向下改变自己的通胀预期?

（4）假如经济在 E 点运行。在短期,总需求突然减少,经济将向哪一点变动?

（5）假如经济在 D 点运行。随着人们改变通胀预期,短期菲利普斯曲线向左平移还是向右平移?

（6）假设经济在 E 点运行。在长期中,政府支出减少会使经济向哪一点变动?

2.如果失业率是 6％,通胀率是 4％,请问此时的遗憾指数为多少?

3.用总供给—总需求曲线推导短期菲利普斯曲线的形状。

4.用总供给—总需求曲线说明长期菲利普斯曲线的形状。

5.什么是自然率假说?

6.类似石油危机之类的供给冲击发生后,短期菲利普斯曲线如何变化?

7.（1）什么是牺牲率?

（2）如果牺牲率是 5,为了使通胀下降 4 个百分点,会减少 GDP 增长率几个百分点?

（3）如果人们有了理性预期,GDP 的减少量更大还是更小?

8.请借助总需求—总供给模型和菲利普斯曲线分析供给冲击。

(四)辨析题

1.菲利普斯曲线揭示了通胀率和失业率的正相关关系。（　　　）

2.菲利普斯曲线揭示了通胀率和失业率的负相关关系。（　　　）

3.扩张总需求的政府干预能够增加产量,降低失业。（　　　）

4.通胀预期提高,使得菲利普斯曲线向右上方平移,通胀—失业的权衡取舍更加有利。（　　　）

5.最低工资法案的推翻、或者失业津贴的下降,都会使得自然失业率下降。从而,长期菲利普斯曲线右移。（　　　）

6.政府为了尽早摆脱经济危机,采用了宽松的货币政策和财政政策。那么,失业会减少。（　　　）

7.突然的经济紧缩政策能够使短期菲利普斯曲线发生向右平移。（　　　）

8.如果人们有了理性预期,中国人民银行的货币紧缩政策能以较小甚至没有失业增

加为代价就达到降低通胀的目的。（　　）

9.高通胀、低失业的经济状态下的遗憾指数要高于低通胀、高失业的状态。（　　）

10.货币供给增加提高了通货膨胀率,并持久地减少了失业。（　　）

四、文献链接

新古典综合派及其之后的宏观经济学说[①]

1936 年,J. M. 凯恩斯发表《就业、利息、货币通论》,企图解释资本主义长期萧条现象,并提出解决的对策,为国家干预经济生活的政策提供了理论依据。第二次世界大战以后,以 P. 萨缪尔森为代表的经济学家把传统的古典经济学作为研究个量问题的微观经济学,把凯恩斯主义称为考察总量问题的宏观经济学,把两种理论综合成一个理论体系,形成新古典综合派。新古典综合派(Neoclassical Syntheses),又称后凯恩斯主流派(Post-Keynesian Mainstream),其主要代表还有 R. M. 索洛、J. 托宾、A. 奥肯、J. R. 希克斯、J. E. 米德等。新古典综合派用 IS-LM 分析(IS 代表投资与储蓄相等的一条曲线,LM 代表货币供求相等的一条曲线,两曲线的交点代表均衡的就业量,在不同价格下产生的许多交点形成社会总量需求曲线)作为总量需求曲线的基础;在工资下降具有"刚性"的假设条件下,根据"古典"的劳动市场理论得出凯恩斯主义的总量供给曲线;运用菲利普斯曲线说明失业率和通货膨胀的关系;提出新古典经济增长模型,从而论证了国家如何根据不同情况采取不同的财政和货币政策。新古典综合派的理论在第二次世界大战以后居于正统地位,但 20 世纪 70 年代西方出现"滞胀"后受到严重冲击,其统治地位已被严重动摇。

1.新古典综合派的基本理论体系

新古典综合派的整个理论由其基本理论体系、经济增长论和经济周期论等构成。其基本理论体系主要由三部分组成:一是新古典经济理论加上工资刚性假设条件的总供给曲线;二是从 IS-LM 模型到总需求曲线;三是菲利普斯曲线与总供求曲线的结合。经济增长论有哈罗德·多玛模型,经济周期理论首推萨缪尔森的乘数—加速数模型。

2.新古典综合派的宏观经济政策

新古典综合派的宏观经济目标是:充分就业、物价稳定、经济增长和国际收支平衡。经济政策就是为了同时达到这些目标而制定的手段和措施。政府通常将财政政策和货币政策相互配合起来使用,以求同时实现上述几项宏观调控目标。

(1)财政政策

财政政策是政府既定目标,通过财政收入和支出的变动以影响宏观经济活动场水平的经济政策。政府调整总收入和支出的财政政策的主要手段为:改变政府购买水平、改变政府转移支付水平和改变税率。

[①]　本文节选自维基百科,有部分节选于蒋自强、史晋川:《当代西方经济学流派(第 3 版)》,复旦大学 2008 年版,第 1—15 页。

（2）货币政策

中央银行在执行货币政策时主要工具有三：公开市场业务，调整中央银行对商业银行的贴现率，调整法定准备金率。

（3）货币政策和财政政策的配合

新古典综合派认为，凯恩斯提出的政策主张是针对20世纪30年代大萧条的，当时，有效需求不足，失业严重。政府应实行扩张性的货币政策和财政政策，放松银根，减少税收，扩大政府支出，以刺激投资和消费，弥补有效需求的不足。新古典综合派指出，二次大战后的经济状况与30年代大萧条时期迥异。政府干预经济的政策措施也应该多样化，政策组合方法应有所改变。在50年代，汉森等提出补偿性财政货币政策；60年代前期，托宾、海勒等人主张增长性财政货币政策；60年代后期以后进入政策多样化时期。

3.理论困境

二战以后，新古典综合派的理论体系一直居于正统地位，并且在西方经济学界享有威信。这种状况在1965年以后由于通货膨胀的恶化而有所削弱。进入70年代以后，西方世界出现的"滞涨"，即失业与通货膨胀的并存，给予新古典综合派一次严重的打击。

按照新古典综合派的理论，当经济活动处于充分就业状态时，通货膨胀率应该为零。如果经济活动小于充分就业，那么，不但不存在通货膨胀，价格水平反而会下降。只有当经济活动大于充分就业时，才会出现通货膨胀的现象。这就是说，失业（经济活动小于充分就业）和通货膨胀是不可能同时共存的。这一结论显然违背存在于西方的滞涨的事实。

新古典综合派不但无法解释滞涨的存在，而且也提不出解决这一问题的对策。按照它的理论，在失业问题存在的条件下，政府应该增加预算支出和赤字，以便扩大有效需求，从而增加就业数量；而当通货膨胀出现时，政府必须减少预算支出和取得预算盈余，以便降低有效需求，从而消除通货膨胀。这种政策建议在失业问题和通货膨胀同时并存时便会带来自相矛盾的后果。在失业问题和通货膨胀同时并存的条件下，政策的选择处于进退两难的境地。

理论的困难和政策的无能严重地动摇了新古典综合派的统治地位。西方经济学中的其他派别，如奥地利学派、制度学派、供给学派、新剑桥学派、货币学派和理性预期学派等，纷纷对该学派进行抨击和责难。接下来重点介绍货币学派和理性预期学派。

4.货币主义者的责难

以 M.弗里德曼为首的货币学派对新古典综合派的抨击在1965年后由于西方世界通货膨胀日益加剧而引起更大的注意。前者对后者的非难主要是：货币主义者声称，经过改良以后的传统的货币数量公式可以表明货币数量与名义国民收入之间的因果关系，从而后者的波动可以用前者的变化加以解释，不必使用凯恩斯的宏观经济学说。按照货币主义者的说法，市场的自发力量可以使它在大体上处于充分就业的状态。实际通货膨胀率和预期通货膨胀率之间的差额决定该制度的就业数量。

如果实际通货膨胀率大于预期的通货膨胀率，就业量就大于充分就业状态；反之，则小于充分就业状态。由于在长时期中，人们的预期通货膨胀率会逐渐和实际通货膨胀率相等，所以长期的菲利普斯曲线是一条垂直线。因此，人为地通过货币政策来提高或降低实际通货膨胀率虽然可以暂时使就业量大于或小于充分就业的水平,但在长时期中,这种提高或降低就业量的办法必然以不断恶化的通货膨胀或通货收缩为代价。货币主义者认为,根据他们的理论,财政政策在熨平资本主义经济波动上是无效的。

货币政策虽然有效,但由于政策的效果不能及时发生作用,不能使用"微调"的方法。唯一可行的政策是:使货币数量按一定的比例增长,以便适应经济增长的需要。

新古典综合派把上述第一和第三点纳入它自己体系中的需求方面,把货币主义当作为它自己理论体系中的一个特例。关于第二点,新古典综合派也部分地加以赞同。例如,承认长期菲利普斯曲线是垂直线的说法。这样,货币学派也未能在很大的程度上动摇新古典综合派的理论体系。

5.合理预期派的批评

从基本理论的方面来看,在货币主义基础上发展出来的合理预期学派在目前对新古典综合派的打击比较严重。前者对后者的攻击出自两个方面:

合理预期学派宣称:为了寻求最大的利益、合乎理性的人必然会利用一切信息来对未来作出正确的估计,因此,在长时期中,整个社会的人们将会正确地或趋于正确地估计到将来的价格水平。既然就业量大于或小于充分就业量的多少,取决于实际通货膨胀率大于或小于预期通货膨胀率的程度,那么,只有当政府的货币政策能造成预期和实际通货膨胀率之间的差距时,政策才能有效。由于合乎理性的人能够在长时期中正确地或趋于正确地估计到将来的价格水平,即趋于使实际和预期的通货膨胀率相等,所以不仅是财政政策,即使是货币政策在长期中也是无效的。这样,合理预期学派便否定了新古典综合派所提出的经济政策的有效性。

另外,合理预期学派认为,在新古典综合派的理论中,预期被当作是一个外生变量,或者假设预期仅仅是根据过去的情况而形成的。这些做法实际上就等于说:合乎理性的人并不利用一切信息去寻求最大的利益。这显然违背了合乎理性的人这一西方经济学的基本前提。由于宏观经济数量都是个人行为所造成的后果,所以新古典综合派的宏观经济理论是建筑在不合乎理性的人的假设前提之上,从而,它的宏观理论体系是错误的。

受到合理预期学派的抨击,新古典综合派的一部分人物已经在修改他们的理论,把预期纳入它自己的体系之中。关于前者对后者的其他的非难之处,双方仍在继续争论。

6.新古典综合派的传承——新凯恩斯学派(New Keynesians)

新凯恩斯主义的出现,使新古典综合派崇尚的凯恩斯主义从困境中走了出来。新凯恩斯主义产生的客观条件是,原凯恩斯主义的理论缺陷和新古典宏观经济学在解释现实问题时效微力乏。原凯恩斯主义的不足和新古典宏观经济学在理论上的进展,给新凯恩斯主义者以有益的启迪。新凯恩斯主义是原凯恩斯主义受新古典宏观经济学打击后,汲取凯恩斯主义与其对立的学派的斗争中的经验教训而形成,并在与新古典宏观经济学(货币主义和理性预期学说)的斗争中不断发展,是原凯恩斯主义的复兴。

(1)新凯恩斯学派的理论假设

非市场出清假设是新凯恩斯主义最重要的假设,这一假设来自原凯恩斯主义。但是,两者的非市场出清理论存在着重大的差别。新凯恩斯主义的假设条件是:①假定工资和价格有黏性,即工资和价格不是不能调整,而是可以调整的,只是调整十分慢,须耗费相当的时日。②新凯恩斯主义模型增添了原凯恩斯模型所忽略的两个假设：一是经济当事人最大化原则，二是理性预期。新凯恩斯主义经济学的特征是：否认新古典的二分法，认为经济是非瓦尔拉斯均衡，实际不完全性是重要的。

新凯恩斯主义的价格黏性论可以分为两类：一是名义价格黏性论；二是实际价格黏性论。名义价格黏性论包括：①菜单成本论。有关菜单成本论的文献很多，其中代表性理论为：菜单成本和经济周期论；近似理性经济周期模型；实际刚性和货币非中性论等。②交错调整价格论。交错调整理论认为，在不完全竞争市场中，厂商为了实现利润最大化，通常采用交错而不是同步方式调整价格。

另一种价格黏性是实际价格黏性。新凯恩斯主义的实际价格黏性论，除了上面提到的"实际刚性和货币非中性论"外，还有厂商信誉论、需求非对称性论、投入产出表理论、寡头市场和价格黏性论。

新凯恩斯主义的工资黏性问题，也分为名义工资黏性和实际工资黏性。名义工资黏性论的代表性理论有：交错调整工资论和长期劳动合同论等。新凯恩斯主义关于实际工资黏性的理论比较多，其典型理论有：隐含合同论、效率工资论和局内—局外人理论。隐含合同论包括公开信息隐含合同论和非对称信息隐含合同论。效率工资论的主要内容包括以下三方面：效率工资和劳动市场；效率工资的微观基础；效率工资和失业。失业滞后论也包括三方面：纯局内人的工资调整；有局外人压力的工资调整；失业的持久性和工资调整。

萨缪尔森的弟子约瑟夫·斯蒂格利茨凭借信贷配给论获得诺贝尔经济学奖。新凯恩斯主义信贷配给论从信贷市场中信息非对称性出发，论述了利率和贷款抵押的选择效应会导致信贷市场出现信贷配给，信贷市场会失灵，政府干预有积极作用。利率的选择效应和信贷配给利率有两种选择，一是正向选择，二是反向选择。利率的正向选择效应是指，利率的增加能提高银行的收益，它是利率对银行收益的直接影响。利率还对厂商有激励作用，能改变厂商对待风险的态度。银行利用利率的反向选择效应作为检测机制，可以辩识出厂商偏好风险的程度和将贷款给不同厂商的风险性。银行最优利率通常不等于市场出清时的利率，所以，信贷市场出现配给。信贷市场出现配给，是自由信贷市场中银行依据利率的选择效应，为实现利润最大化目标、理性行事的结果，不是国家干预的产物。贷款抵押的选择效应和信贷配给贷款抵押品有正向选择效应和反向选择效应。前者是指，当信贷市场存在超额需求时，银行通过提高贷款抵押品水平来增加还贷款的可靠性，减少坏账的风险，增加银行收入。同时，还抑制了借款者对贷款的需求。后者是指贷款抵押品水平的递增会增加贷款的风险，降低还款的可靠性。银行可以根据这两者确定最佳抵押品水平。新凯恩斯主义的信贷配给论指出，由于信贷市场中利率机制和配给机制同时起作用，信贷市场会出现多重均衡态，市场机制失灵，通过政府干预才能纠正市场失灵。

（2）新凯恩斯主义的政策主张

1）新凯恩斯主义的价格政策

新凯恩斯主义者的价格政策建议的主旨是抑制价格黏性，使价格富有弹性，以修复失灵的市场机制，稳定总产量。新凯恩斯主义者在交错调整价格论和菜单成本论中提出了大体相似的政策建议。这两个政策建议都主张通过政策干预去协调经济人的行为,纠正市场失灵,基本上是正确的,只是缺乏可操作性。

2)新凯恩斯主义的就业政策

新凯恩斯主义的劳动工资理论,在微观经济学基础上阐释了工资黏性和失业问题,并提出若干关于工资就业的政策。这些政策建议主要集中于局内—局外人理论和交错劳动合同论等理论。新凯恩斯主义的就业政策着眼于增加工资弹性,减少失业,其政策思路是合理的,但带有较强的理想色,具体实施起来有一定的难度。由政府出面干预劳动合同,在资本主义国家中缺乏可行性。

3)新凯恩斯主义的货币政策和信贷政策

货币政策新凯恩斯主义者认为,为了实现稳定产出的目标,政府不得不采取的货币政策是:货币量市场的调整与影响价格的实际扰动相适应,与引起价格变动的名义扰动反向行事。然而这两种政策对雇员的影响是不同的,前者意味着产出稳定时,雇员工资不太稳定,而后者意味着产出稳定时,雇员工资比较稳定。新凯恩斯主义的信贷政策建议是:政府从社会福利最大化出发,应该干预信贷市场。利用贷款补贴或提供信贷担保等手段去降低市场利率,使那些有社会效益的项目能够获得贷款。

传统中国与经济周期[①]

随着经济全球化的不断深入,经济危机和经济周期已经不仅仅是经济学家们的专利话语,而越来越成为普通人谈论和关注的时髦问题。受到国内传统政治教科书的影响,许多人认为经济周期作为一种现象,是西方工业革命之后资本主义国家特有的社会弊病;作为一种理论,则言必谈基钦周期、朱格拉周期、康德拉季耶夫周期或者太阳黑子周期。那么问题就来了,经济周期真的是西方才有的事物吗?中国人对经济周期的认识真的都是来自于西方吗?

一、中国古代有没有经济周期?

现代经济周期研究中,通常将反映各行业运行状况的定量指标(如价格、成交量、开工率等)或定性指标(如预期、信心等)指数化,来反映经济或行业的景气变化。然而中国古代的情况极为特殊:首先是相对于西方近代以来的情形,中国古代政府尽管也十分重视经济数据的统计工作,但由于年代太过久远许多内容已经散失,数据本身的数量和质量都无法保证;其次,中国古代总体上以农耕经济为主,货币经济直到唐宋之后才日趋发达,现代工业更是19世纪以后的事物。因而在相当长时期内,中国古代经济总量的波动是以农业产量的变化为证据的。

从传统文献典籍的分析研究结果来看,中国古代的经济周期大致有以下三种类型:第一,气候周期。俗话说,农民"靠天吃饭",农业收成很大程度上受到自然因素影响。自然因素主要是指气候灾害,气候变动直接导致农作物收成变动,同时影响到灾害发生频

① 原文出自《经济学茶座》2016年第3期,第5—10页,作者张亚光,系北京大学经济学院副教授。引入本书时作了删减和修改。

率。农民对作物及耕作方式的选择也会因为气候变动发生变化从而间接带来收成的波动。例如：气候转暖使农作物生长周期缩短，熟制增加，复种指数增大，亩产量提高。相反，气候寒冷会导致农作物生长期延长，影响熟制变化，造成粮食减产。此外，气候温暖湿润时水源充足，也有利于农作物种植面积的扩大。有研究表明，在其他条件不变的情况下年平均气温每降低1℃，粮食亩产量将比常年下降10％；年降水量每降低100毫米，粮食亩产量会下降10％。严寒旱涝等灾害直接影响到中国古代自给自足的小农经济，大规模自然灾害会造成地区性饥荒，若政府处理不当还易由天灾引发人祸，出现灾民大量死亡、社会动乱等现象。气候的周期性变化不仅导致农业产量的相应波动，还与古代王朝更替之间存在某种联系。汉元帝以后，西汉的气候进入了不稳定的低温期，比如汉成帝到王莽是西汉气温最低的时期。低温天气最容易对农业收成造成危害，连年灾荒与王莽篡汉的失败是不无关系的。到了东汉，经历了一段温暖气候期，但从汉桓帝以后气候再度恶化，不仅春夏气温低，而且寒暖失常。这一时期气候恶劣的程度仅次于成帝、王莽时期。在桓帝之后100年，东汉分崩离析，朝代发生更迭。朝代更迭又反过来作用于经济总量的波动，双重作用下造成了具有中国古代特色的气候政治经济周期。

第二，"司马迁周期"。在气候经济周期中，存在一个特殊的小周期。司马迁在《史记·货殖列传》中描述："岁在金，穰；水，毁；木，饥……六岁穰，六岁旱……十二岁一大饥。"这里采用的是岁星纪年法，结合了五行学说。岁星就是木星，绕日一周实际需11.86年。岁星在某个方位差不多是3年，金为西方，水为北方，木为东方，火为南方，十二年算一个周期。岁在金的3年丰收，岁在水的3年歉收，岁在木的三年饥荒，岁在火的3年旱灾。12年里再细分，其中6年会好一点，6年会差一点。很显然，司马迁提到的经济周期是以12年作为一个循环。除此之外，《淮南子》中有"三岁而一饥，六岁而一衰，十二岁而一康（荒）"，《盐铁论》中有"六岁一饥，十二岁一荒"，这些都可作为辅证。中国北方民间部分地区还流传着"牛马年，好种田"的农谚，从生肖排列上来看，"牛"年和"马"年刚好相隔六岁，也暗合了12年的周期。"司马迁周期"与著名的"太阳黑子周期"（11.7年）有着惊人的相似。有学者对中国历史上112次黑子记录进行分析，得出过太阳黑子活动存在10.60±0.43年周期的结论。另外有学者对中国古代记录的极光和地震进行自相关和频谱分析，发现两者均存在11年左右的周期，这与太阳活动的11年周期高度一致，证明了地震等地球物理现象的周期变化与太阳活动的周期变化有关，进而表明太阳活动的11年周期至少是近2000年来一直存在的。还有学者对西安长达1724年的旱涝变化序列进行研究，发现其接近于"十年一大旱"；也有学者依据树木年轮年表重建河南洛阳地区750年间降水变化序列，结果呈现出11年左右的振荡周期。司马迁完成《史记》大约四百年之后，公元3世纪肯索里努斯（Consorinus）的《论生辰》（*De Die Natali*）出现了这样一段话："这和十二年一循环的十二年岁周长短极其相似。其名为迦勒底年，是星历家由观测其他天体运行而得，而不是由观测日、月运行来的。据说在一岁周中，收成丰歉以及疾病流行等天候的循环，都与这种观测相合。"由此可见，"司马迁周期"是建立在科学观测与历史经验结合基础上的，其科学性和普遍性已经得到了东西方文献的印证。

第三，"费正清周期"。费正清在观察中国两千多年的文明历程之后发现：各朝开国初期往往出现盛世局面，人口迅速增加，国库钱粮充足。然而万物盛极则衰。朝廷钱粮丰裕就开始大兴宫室、驿道、水渠和城墙。皇亲国戚、高官大员们的人数越来越多,但缴纳钱粮的人数则越来越少。支出不断增大而收入却相对减少,政府为了弥合财政逆差,只好增收赋税,结果往往使百姓们不堪重负。由于国库空虚,导致水渠、河堤年久失修,粮食歉收时节政府无力赈济灾民,结果饥饿横行,于是各地盗匪蜂起并最终爆发农民起义。军饷得不到保障,边境防守亦开始崩溃。各地军政大员纷纷拥兵自立,于是朝廷垮台。之后各方混战,吐故纳新,又开始新的一轮朝代循环。这是一个典型的制度政治性经济周期。

中国台湾学者侯家驹为"费正清周期"提供了一个更具有经济学色彩的解释:中国传统社会的土地面积接近固定,技术亦为一定,所以在人口逐渐增加之时,劳动的边际报酬递减现象特别明显,以致必然发生马尔萨斯所言的"粮食成算术级数增加,人口成几何级数增加"的人口过剩问题。当人民难以生存时,必然铤而走险,盗贼丛生,动乱屡起。经过一番战乱,人口大为减少,致使人地比例大为降低,使单位土地所供养的人口大减,物质生活远比战时与战前提高,遂天下太平。侯家驹已经意识到了"马尔萨斯陷阱"与"费正清周期"之间的关系,并进一步指出中国古代长期停滞于农业经济循环周期的深层次原因:历代政府追求的是大一统下的专制政体,不容许工商业作为潜在威胁者的成长,随而形成统制经济,使经济结构中农业一枝独秀。由于缺乏工商活力与科技突破,经济长期停滞于静态的农业社会,然而人口却一直增加,土地相对于人口总是不足。长期下去,人民生活必然仅能维系生存的低水平,极端情况下则铤而走险,形成一治一乱的相互循环。从中国古代的经验来看,在既定王朝内部的确存在着比较清晰的财政周期循环,而在外部的朝代循环方面,比较有代表性的唐、宋、明、清四朝都在三百年左右。

二、传统中国如何认识和应对经济周期

中国人可能是这个世界上最容易理解经济周期现象的种群之一。中国古代文明起源于地处北半球中纬度的黄河流域,春夏秋冬四季分明,先民很早就通过观察记录发现了自然界的规律,并将这种规律同人类社会的活动联系起来。农耕生产的进程,从春播、夏长到秋收、冬藏,呈现出时间上的周期巡行,年复一年,归宿点后又回到了出发点。人们通过天文观测,还发现日月星辰有着比四季周期更长的循环运动规律。于是,中国古代的人们都相信万事万物就像农耕生产和星辰变化一样周而复始,循环不息,从而将循环看成是天地万物的法则,认定人事、社会、历史都难以超越这种周而复始的循环规律。

中国传统文化中,有关周期循环的神秘主义理论比比皆是:从《易经》衍生出来的太极、八卦都是圆周的运动,五行生克的起点和终点相叠合,十天干和十二地支都是描述植物从萌生到死亡的循环经历。天干地支的组合共有 60 种,又形成了以 60 年为一个循环的"甲子"周期。另外还有"五德终始说""三统循环说"等政治周期理论。这些都与中国古代特有的地理气候、生产方式、政治结构有着紧密的关联。尽管中国古代直接描绘出清晰经济周期的只有司马迁的《史记·货殖列传》,但上述这些带有浓重神秘主义色彩的周期循环论为中国人理解经济波动的规律性提供了最基本的思想工具。尤其是《易经》各卦内有关繁荣、衰退、萧条、复苏各阶段的形象表述和《道德经》里状态相互对立转化的哲学,深刻地阐释了经济周期现象的本质和运动规律,也使得中国人在数千年风雨的磨砺中早已习惯了各种周期现象,磨砺出了坚强的心理素质。

中国人不仅深刻地理解着经济周期,还用自己的智慧来应对经济周期。《管子》中体现的相机抉择思想和需求管理思想是中国古代应对经济萧条最先进的宏观理论。中国人既然深刻地理解了万事万物无时无刻不在变化的规律,就必然将其运用到政策管理之中。随机应变,以时行也,正是相机抉择的本质含义;《管子》的需求管理思想更是超越了中国古代所有学者和政治家对经济周期问题的认识水平,明确提出了利用奢侈性消费刺激需求和投放货币激活经济的政策建议。只是由于中国古代以农耕为主的经济结构和自然性经济周期的特点,以及受到"黜奢崇俭"意识教条的约束,这些建议并没有太多实践的机会。北宋范仲淹采用类似于凯恩斯主义的举措应对经济萧条的故事是中国古代历史上极少见的个例。因此,中国古代政府面临经济萧条时,所谓的需求管理也大多局限于"休养生息"和"兴修水利"这种较为简单的政策层面。

中国古代应对经济周期更主要的思路在于:既然经济具有明显的自然周期性质,农业产量的波动和粮价问题就成为关键。风调雨顺之时,粮食丰收,粮价一般会下跌;水旱灾荒之时,粮食减产,粮价一般会上涨。这种循环而又频繁出现的物价波动不仅对正常的经济活动带来很大影响,而且严重时会危及王朝的统治。《汉书·食货志上》有段经典论述:"籴甚贵,伤民;甚贱,伤农。民伤则离散,农伤则国贫。"粮价太贵,对以买粮为生的百姓十分不利;粮价太贱,耕种粮食的农民就要吃亏。老百姓吃不起饭就要流离失所,农民无利可图国家就会贫困。如何对待粮价的涨跌,实际上就是如何平抑经济周期的问题。粮食同其他商品相比有着特殊的性质,最大的不同在于生产周期稳定且较长。在完全竞争的自由市场体系内,发生供需矛盾,尤其是由于受到外部冲击粮食减产供不应求时,单纯依靠市场力量往往无法迅速增加产出从而弥补缺口,这样就会带来饥荒和社会动荡。所以中国古代很早就出现了利用国家力量对粮食市场进行干预的做法。建立在"平籴平粜"基础上的"常平仓"制度是古代中国对世界经济理论的一大贡献。中国历代政府运用"常平仓"挽救了无以计数的百姓生命,度过了一个又一个的灾害周期。美国直到1900年后才发现了这个制度的巨大价值,并运用到了本国的农业经济政策中。更值得提及的是,由于现代资本市场的复杂风险,各国政府广泛使用"平准基金"(Buffer Fund or Intervention Fund)对证券市场的逆向操作,熨平非理性的证券的剧烈波动,以达到稳定证券市场的目的。这种逆向操作的思路正是来自于中国古代的"常平仓"制度。

经济周期波动的现象不仅引起了中国古代理论家和官员们的重视,也进入了商人们的视野。前文中提到的"司马迁周期",实际上是《史记》中借计然和白圭两人之口说出的。其中,计然有一位徒弟叫范蠡,是中国古代最负盛名的富翁。白圭更是被后人称为"治生之祖",中国商人皆奉其为祖师。他们遵循"人弃我取,人取我予"的致富法则和"旱则资舟,水则资车"的逆向思维策略,利用他们对经济周期的认识,进行了反周期操作,最终积累了巨额财富。在自然界变幻莫测的伟力面前,人类何其渺小。《道德经》始终希望人们明白,我们所处的这个世界是不安全的,当一件事物走向巅峰的时候,同时也就意味着即将跌落谷底。要想不受到事物变化波动带来的伤害,就要采取柔弱、谦虚、知足、谨慎的处世方法。这样,即使危机到来时,人们也会有回旋的余地,并满怀信心地期待着下一个高峰的到来。在经济周期面前,中国人既是保守的,又是乐观的。就像计然、范蠡和白圭等无数睿智的先辈们一样,无论发生旱灾还是水灾,无论是好的年景还是坏的年景,都不妨碍他们保持内心的安宁并从中觅得致富的良机。

五、参考答案

（一）单项选择

1. D　2. D　3. C　4. D　5. D　6. B　7. D　8. D　9. D　10. A　11. D　12. D
13. D　14. A　15. D　16. C　17. C　18. D　19. B　20. B　21. C　22. C　23. A　24. A
25. D　26. D　27. A　28. A　29. C　30. D　31. D　32. B　33. D　34. B　35. C

（二）问题与论述

1. 答：这种说法是正确的。为熨平经济周期的波动，政府要"逆经济风向行事"，在经济过热时实行紧缩的财政或货币政策，在经济过冷时则使用膨胀的财政或货币政策。不过应该认识到，这种相机抉择的政策选择，由于时滞和不确定性等原因，其结果可能会比较有限甚至是适得其反。

2. 答：

（1）自然失业率上升，会使 U^* 增加，长期菲利普斯曲线右移，相应地，由于 $U = U^* - \alpha(P - P^e)$，使得 SRPC 也是右移。

（2）进口石油价格下降，LRPC 不变，SRPC 左移。

（3）政府支出增加，LRPC 不变，SRPC 上的点沿着曲线左移——物价更高，失业更少。

（4）预期通货膨胀下降，LRPC 不变，SRPC 左移。

3. 答：

（1）经济处于 LRPC 和 SRPC 的交点。图略。

（2）总需求减少，原来 LRPC 和 SRPC 的交点 A，开始沿着 SRPC 向右移动到点 B，失业更高物价下降。如果央行采用了扩张的货币政策，而且预期不变的情况下，B 点回移到 A。

（3）石油危机的供给冲击发生，$SRPC_1$ 曲线发生右移到 $SRPC_2$，经济处于通胀和失业的更糟的组合。如果预期到的通胀是暂时的背离，SRPC 会回移到原来的位置 $SRPC_2$；但如果预期到高通胀时代的到来，经济处于 $SRPC_2$ 上。

4. 答：

（1）缓和。因为工资合约变短，价格预期能迅速对实际物价下降作出调整，SRPC 左移，失业率下降。

（2）严重。因为价格预期不变，SRPC 曲线位置不变。

（3）与第一小题相同。

（三）应用题

1. 答：

（1）X，Y，Z 分别是 5%，10%，15%。

（2）在 E 点。此时失业率恰好等于自然失业率。

（3）在 D 点。实际通胀高于预期通胀，预期会逐步调整赶上实际通胀，所以预期通胀率上升。

（4）向 F 点。

（5）向右平移。因为预期上升,曲线右移。

（6）首先,短期向 F 点变化,但是由于此时实际通胀5%,预期是10%,那么预期通胀率随着时间会作出向下调整。此时菲利普斯曲线左移。长期会从 E 点向 H 点变化。

2.答:10%。

3.答:政府如果采取扩张的财政或者货币政策,如图13-6所示:总需求曲线从 AD_1 向右平移到 AD_2,此时均衡从 A 点变化到 B 点,产出从 Y_1 上升到 Y_2,同时物价水平上升。相应地,在菲利普斯曲线上,A 点沿着菲利普斯曲线到膨胀更高、失业率更低的 B 点。

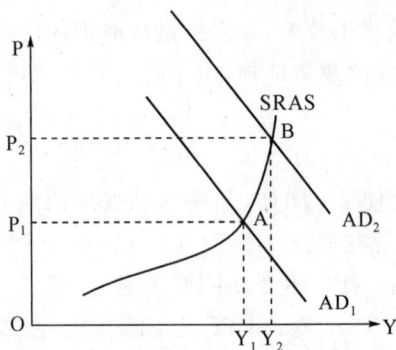

图 13-6　总需求—总供给模型

此时的菲利普斯曲线可以画为如图13-7所示。

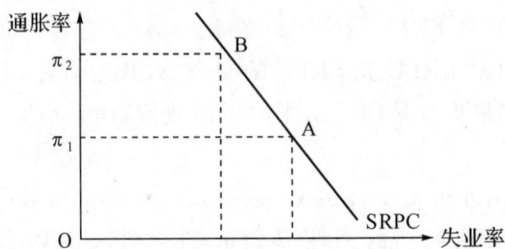

图 13-7　短期菲利普斯曲线

4.答:长期总供给曲线为垂线,扩展总需求,不会引起产出的变化,因此也不会引起自然失业率的变化,那么长期菲利普斯曲线为垂线。

5.答:自然率假说是指无论通胀率如何,长期中失业回到自然失业率。

6.答:供给冲击发生,陷入滞涨,失业率和通胀率双双上升,短期菲利普斯曲线向右上方移动,经济处于更加不利的状态。

7.答:

（1）牺牲率,是指每降低一个百分点膨胀而失去的每年产量的百分点数。一些学者认为牺牲率是 5 左右,但理性预期理论认为,当经济政策改变时,人们就会调整他们的通货膨胀预期。因此,牺牲率是不可靠的。

（2）牺牲率是5,那么为了使通胀下降4%,那么产出将减少20%。

(3)如果有了理性预期,GDP 的减少量小一些。

8.答:供给冲击,首先使得短期总供给曲线发生了左上方移动,物价更高和产出更低,滞涨发生。决策者面临更不利的通货膨胀和失业之间的权衡取舍。决策者在每一个失业率时必须接受更高的通胀率,或者在每一个通胀率时接受更高的失业率。决策者现在能做的选择就棘手了,如果为了对付通胀而减少总需求,就必然面对更高的失业;如果为了减少失业而增加总需求,就得面对更高的通货膨胀。

(四)辨析题

1.答:错。短期负相关,长期是垂线,无关。

2.答:错。短期负相关,长期是垂线,无关。

3.答:错。在短期,扩张总需求能够增加产量降低失业。但是到了长期,产出恢复自然产出率,失业率回到自然失业率。

4.答:错。菲利普斯曲线右移后,通胀—失业的权衡更加不利。

5.答:错。长期菲利普斯曲线左移。

6.答:错。短期内,扩张总需求的政策能够降低失业率,但是长期看,由于人们预期通胀率上升,菲利普斯曲线右移,失业率重新增加,恢复到原来的自然失业率。

7.答:错。突然的经济紧缩方案,使得经济沿着原来的菲利普斯曲线向右下方移动,物价更低,失业更高。

8.答:对。

9.答:错。遗憾指数是通胀率和失业率之和。无法判断两种状态的遗憾指数大小。

10.答:错。长期看,只会提高通胀,失业经过短暂的减少后恢复到自然失业率。

第十四章

宏观经济政策的五个争论问题

一、本章概述

本章讨论了五个有关宏观经济政策的经典争论问题。经济学家一直在争论这些问题，而且这些争论还将持续下去。对于每一个问题，都是从有争议的主张开始，然后提出赞成与反对的观点。由于这些问题涉及世界各国政治争论的中心，因此，一直广为人们所关注。

（一）关于是否应该运用货币政策与财政政策来稳定经济的争论

在之前各章我们了解了通过运用货币政策和财政政策，可以影响总需求，进而影响生产和就业的短期波动。那么政策制定者可以运用货币政策和财政政策来影响短期经济波动，是否就意味着他们应该这样做呢？

对于这一问题，积极的货币政策和财政政策的支持者认为，经济周期的高涨和低落会给社会造成损失，宏观经济政策应该"逆经济风向而动"，稳定总需求，进而稳定生产和就业。当总需求不足时，决策者应该刺激政府支出、减税并扩大货币供给；反之，当总需求过大时，决策者应该削减政府支出、增税并减少货币供给。决策者通过管理总需求，可以抵消经济的内在不稳定性，从而熨平经济波动，并使每一个人从中获益。

而批评者则认为，经济政策只能在理论上稳定经济，在实践运用中却面临一大难以克服的难题——政策的时滞性。无论是货币政策，还是财政政策，都存在长时间的时滞，这就意味着政府需要提前预测经济走向，然而我们尚缺乏准确预测经济趋势的能力，这就导致了经济政策可能无形中加剧了而不是减轻了经济的波动。因此，经济决策者应避免经常用货币政策或财政政策来干预经济。

（二）关于货币政策应该按规则制定还是相机抉择的争论

目前很多国家对如何实行货币政策采用了几乎完全的相机抉择方式，既没有明确规定中央银行的目标评价体系，也没有告诉中央银行如何实现这些目标。

对相机抉择的反对者认为，相机决策存在两个问题：第一个问题是没有明确规定中央银行的权力范围，因此会导致滥用权力的现象，一个典型例子是政治性经济周期问题；第二个问题是存在政策的前后不一致性，这会引起通货膨胀高于合意的水平。避免滥用权力以及政策前后不一致性的一种方式是要中央银行服从于某种政策规则。例如，可以制定规则要求中央银行将每年货币供给的增长率固定在某个具体的数值，也可以制定具体的规则允许中央银行根据这一规则针对不同经济状况来改变货币政策。无论规则的具体形式如何,让中央银行服从某种规则,可以避免上述的滥用权力和政策前后不一致问题。

相机抉择的支持者则认为,政治性周期问题以及政策的前后不一致性问题在实践中并不明显,即相机抉择的弊端其实并不突出。并且相机决择具有一个十分重要的优点——灵活性,这一优点能让中央银行的政策对于变化中的经济环境作出迅速灵活的反应。与此相反,政策规则的设计者不可能考虑所有意外情况,并提前详细说明正确的政策反应,而且不同规则都会面临不同的收益和成本,关于什么是好规则也是一个有争议性的议题。既然规则制定存在问题,并且相机决择的代价并不大,那么货币政策就不应该按照规则制定,而是应该相机抉择。

(三)关于中央银行是否应该把零通货膨胀作为目标的争论

社会面临着通货膨胀与失业之间的权衡取舍。中央银行发行更多的货币时,对短期经济的影响是:更高的通货膨胀率和更低的失业率;当中央银行减少货币发行量时,对短期经济的影响是:更低的通货膨胀率和更高的失业率。那么决策者应该选择怎样的通货膨胀率呢?

零通货膨胀目标的支持者坚持,通货膨胀会带来许多成本,如:皮鞋成本、菜单成本、相对价格变动性提高的成本、税收义务变动的成本、混乱与不方便的成本、财富任意再分配的成本,等等。因此一国应该想办法降低通货膨胀率。并且降低通货膨胀率的代价只是暂时的,长期中随着预期价格的调低,反通货膨胀所引起的衰退终将结束。即降低通货膨胀是一项短期内有代价但长期内有好处的政策。此外,如果中央银行作出了降低通货膨胀的可信承诺,并取得了人们的信任,那么预期将迅速调整,即使是短期内,反通货膨胀的代价也可能是非常小的。

与此相反,反对者认为,通货膨胀的成本并不高,有一点通货膨胀甚至是一件好事,能让真实工资的调整变得相对容易,并且能让真实利率变为负值,从而对总需求提供足够的刺激。要减少通货膨胀的负面影响,有很多很好的方法,如税收指数化和债券指数化,等等。而反通货膨胀的代价却非常高昂,会让社会经历一段高失业、低产量的痛苦阶段,并且这种反通货膨胀的代价的承担是非常不平等的,那些技术和经验最少的工人往往要承担反通货膨胀的大部分的成本。因此,反对者们坚持认为,社会应该容忍温和的通货膨胀。

(四)关于政府是否应该平衡预算的争论

当政府的收入小于政府的支出时,政府面临着预算赤字,就要通过发行债券为支出进行筹资。在长期经济的分析中,我们说明了预算赤字导致公共储蓄下降,长期利率上升,投资减少,一国的长期经济增长放慢;在短期经济中,我们说明了预算赤字可以刺激总需求,引起短期中产量增长,失业下降。那么预算赤字是否是一个问题呢?政府是否应该实行平衡预算呢?

平衡预算的支持者们认为,政府债务最直接的影响是把负担加在了子孙后代纳税人身上,此外,负的公共储蓄还会引起利率上升和投资下降,因此会让子孙后代生活在一个低收入和高税收的经济中。仅当战争或经济活动暂时下降等特殊情况下,允许财政赤字的存在才是合理的。

而平衡预算的反对者们则认为，政府债务所导致的年轻一代的税收负担从比例上看并不大，而且这种负担还可以通过父母的储蓄和遗产的作用来加以消除。此外，预算赤字只是各种各样的财政政策和在各代人之间进行收入再分配政策中很小的一个部分，孤立地看待预算赤字的影响会引起误解。只要政府债务的增长慢于国民收入的增长，赤字财政政策就可以永远维持下去。

（五）关于是否应该为了鼓励储蓄而修改税法的争论

储蓄为一国新增物质资本提供了必不可少的资金来源，是一国长期经济增长的关键决定要素。然而，现有的税法通过对储蓄征收重税、通过对某些形式的资本收入的双重征税、通过征收遗产税、通过减少那些积累了财富的人所享有的政府补助等形式而抑制了储蓄。

因此，修改税法的支持者认为，税法应该通过各种方法为储蓄提供激励，或者至少减轻家庭现在面临的储蓄障碍，例如，扩大家庭利用储蓄账户的税收优惠的能力，重新考虑政府征税的整个基础，改征消费税而不是所得税，等等。

反对者也认可储蓄对长期经济增长的重要作用，但是反对者们并不支持通过税收方式来鼓励储蓄。他们的反对主要基于以下两点理由：第一，税收政策还必须考虑税收负担分配的公平性问题，减少对储蓄征税，将会导致富人的税收负担转移到穷人身上，这种做法有失公平性。第二，高收益率对储蓄的影响有两种相互冲突的效应，即替代效应和收入效应。如果替代效应和收入效应接近于相互抵消，那么较低的资本收入所得税将不一定能够起到鼓励储蓄的作用。因此想要鼓励储蓄，应该从其他办法着手，例如可以通过减少预算赤字或提高对富人的税收来增加公共储蓄，这种方法与修改税法相比，有更直接和更平等的效果。

二、本章重要名词

逆经济风向行事	时滞性	按规则制定	相机抉择	政治性经济周期
政策的前后不一致性	平衡预算	替代效应	收入效应	

三、复习题

（一）单项选择

1. 规则策略是指（　　）。

A. 中央银行在设定货币供给目标 M_1 和 M_2 时的原则

B. 中央银行遵循明确和公开宣布的政策指导原则

C. 美联储关于保证联邦基金利率目标秘密性的政策

D. 以上全部

2. 相机决策原则指的是（　　）。

A. 遵循货币主义者的增长规则的货币政策

B. 央行应该调整货币政策以适应政策目标，诸如价格稳定和高就业

C. 遵循明确和公开宣布的政策指导原则

D. 不管经济处于何种状况,保持明确的货币政策目标

3. 当经济正处于衰退时,政府可以( )。

A. 减少支出和恒定税收,以刺激总需求

B. 增长政府购买或减少税收,以维持总需求

C. 减少政府购买或增长税收,以减少总需求

D. 改变支出和税收,而不是改变总需求或总供给

4. 对美国经济而言,在时间选择的正确性方面,以下( )政策更为困难。

A. 财政 B. 货币 C. 环境 D. 以上都是

5. 对美国经济而言,由于它们能迅速地改变政策以应对变化的经济条件,以下选项中,( )是正确的。

A. 中央银行在稳定经济方面比政府发挥的作用更大

B. 在稳定经济方面,政府发挥的作用比中央银行大

C. 财政部在稳定国内经济方面发挥了较大作用

D. 与中央银行和财政部相比,税务机构在稳定经济方面能发挥更大的作用

6. 中央银行在某年年初指出,经济衰退即将开始。为了使经济衰退持续尽可能短,影响尽可能小,中央银行将会实施( )。

A. 增加政府支出和减少税收的财政政策

B. 减少政府支出和增加税收的财政政策

C. 降低利率的货币政策

D. 增加利率的货币政策

7. 保持中央银行独立性的主要理由是避免( )。

A. 通货膨胀 B. 不正常的低利率 C. 高税收 D. 以上都是

8. 失业保险的建立和政府其他转移项目为失业者提供了资金,这对经济稳定的贡献是( )。

A. 没有贡献,事实上它使经济的稳定性减弱

B. 它可能使那些失业的工人有更高的收入,因此比他们以往支出更多

C. 它限制了政府对其他更有效稳定经济的项目的支付

D. 很难确定这些对经济稳定性的影响

9. 陈述( )最能表达经济学家对政府稳定政策的看法。

A. 所有的经济学家都赞成这些政府稳定经济的政策

B. 很少有经济学家赞成这些政府稳定经济的政策

C. 一些经济学家认为政府政策在稳定经济中起到了关键作用,而一些经济学家则不这样认为

D. 大多数经济学家认为政府政策在稳定经济中很有效,只有少部分不这样认为

10. 如果年轻时消费和年老时消费都是正常物品,利率上升时,以下选项中,( )是正确的。

A. 总会增加储蓄量

B. 总会减少储蓄量

C.如果替代效应大于收入效应,就会增加储蓄量

D.如果收入效应大于替代效应,就会增加储蓄量

11.实际利率与储蓄之间的关系为(   )。

A.实际利率上升,储蓄上升

B.实际利率上升,储蓄下降

C.实际利率上升,储蓄可能上升也可能下降,要视情况而定

D.实际利率的变化与储蓄无关

12.货币政策的时滞主要受(   )的影响。

A.货币当局对经济发展的预见力   B.货币当局制定政策的效率

C.宏观经济和金融条件   D.货币当局对政策的调整力度

13.当政府利用国家财力有意识地调节社会总供求时,所采取的是(   )。

A.自动稳定的财政政策   B.相机抉择的财政政策

C.扩张性财政政策   D.微观财政政策

14.如果相机抉择的货币政策前后不一致,以下选项中,(   )是正确的。

A.长期菲利普斯曲线右移   B.长期菲利普斯曲线左移

C.短期菲利普斯曲线上移   D.短期菲利普斯曲线下移

15.利息率上升带来的收入效应指的是(   )。

A.改善个人情况,所以现在的消费减少,将来的消费增加

B.改善个人情况,所以现在的消费增加,将来的消费增加

C.改善个人情况,所以现在的消费增加,将来的消费减少

D.恶化个人情况,所以现在的消费减少,将来的消费减少

16.利息率上升的替代效应指的是(   )。

A.因现时消费的相对价格上升,从而推迟消费变得更为诱人

B.因现时消费的相对价格上升,从而推迟消费变得不那么诱人

C.因现时消费的相对价格下降,从而推迟消费变得不那么诱人

D.因现时消费的相对价格下降,从而推迟消费变得更为诱人

17.以下选项中,(   )是不正确的。

A.预算赤字把现在支出的负担加在了下一代纳税人的身上

B.预算赤字减少了国民储蓄

C.预算赤字应该得到遏制,因为它只是在各代纳税人之间转移财富的一种方法

D.预算赤字减少了资本投资和未来的生产,从而减少了未来的收入

18.支持零通货膨胀目标的经济学家认为(   )。

(1)即使通货膨胀水平很低,也会给经济带来皮鞋成本和菜单成本这类成本;

(2)如果通货膨胀政策是可信的,那么降低通货膨胀的成本几乎可以完全消除;

(3)通货膨胀减少了人们的收入,零通货膨胀可以消除这个问题;

(4)通过税收指数化和发行通货膨胀指数化债券可以消除通货膨胀的成本;

(5)把通货膨胀降为零的成本是暂时的,而零通货膨胀的利益是持久的。

A.(1)、(2)和(3)   B.(2)、(4)和(5)

C. (1)、(3)和(5)　　　　　　　　　　　D. (1)、(2)和(5)

19. 以下选项中,(　　)不是支持货币政策应该按规则行事的经济学家的观点。

A. 政策规则限制了决策者的不完善性　　B. 政策规则限制了决策者滥用权利

C. 政策规则消除了前后不一致问题　　　D. 政策规则有明确的评价标准

20. 以下选项中,(　　)不是反对平衡预算的经济学家的观点。

A. 与人的一生相比,人均国债实际上非常少

B. 如果现在一代更多地储蓄并给下一代留遗产,预算赤字的影响可以在某种程度上抵消

C. 只要预算赤字的增长不如国民名义收入快,它就不会成为日益增加的负担

D. 预算赤字提高了未来的增长,因为它把财富从这一代转向下一代

21. 以下税法变动中,(　　)不能起到鼓励更多储蓄的作用。

A. 降低储蓄收益税　　　　　　　　　　B. 取消对股票资本收入的双重征税

C. 用消费税代替所得税　　　　　　　　D. 增加福利和医疗这类政府津贴

22. 反对政府预算赤字的人认为,预算赤字通过允许这一代人享受政府支出的好处而子孙后代必须为之支付,将财富从这一代转向了下一代。你认为下面选项中,(　　)能使预算赤字在代际之间进行财富再转移的影响相对较小。

A. 政府通过为穷人购买苹果和橘子而增加对社会计划的支出,但拒绝增税,而增加预算赤字

B. 政府增加桥梁、道路和建筑物的支出,但拒绝增税,而增加预算赤字

C. 政府增加对老年人的社会保障支付,但拒绝增税,而增加预算赤字

D. 以上三项的效果类似

(二)问题与论述

1. 当工资、物价水平和预期对经济状况的变动反应很快时,你会支持积极稳定的政策吗? 如果反应很慢,你仍会支持积极稳定的政策吗?

2. 如果一种结构性改变减少了对大学行政管理人员的需求,使他们的均衡工资减少了3%:

(1)如果支付给大学行政管理员的实际的真实工资保持不变,这会出现什么结果?

(2)如果要降低3%的实际工资,通货膨胀率是0%还是4%时会更容易? 为什么?

3. 如果用消费税取代所得税,并精心选择税率使普通人的税收负担不变,高收入群体和低收入群体中谁会受益? 谁的状况会变差?

4. 从正反两方面来讨论下列问题:

(1)货币与财政决策者应该努力稳定经济吗?

(2)货币政策应该按规则还是相机选择?

(3)中央银行应该把零通货膨胀作为目标吗?

(4)政府应该平衡其预算吗?

(5)应该为了鼓励储蓄而修改税法吗?

5. 增加储蓄的税收激励引起了什么不利影响?

6. 假设政府减税并增加支出,这使预期赤字提高到GDP的12%。如果名义GDP每年增加7%,这种预算赤字能永远维持下去吗? 并解释之。如果这种预算赤字规模保

持 20 年,未来你的税收和你的孩子的税收会发生什么变动? 今天你能做些什么事来抵消这种未来的影响?

7. 如果社会选择多储蓄,它面临的基本权衡取舍是什么?

8. 假设政府降低储蓄收入的税率:

(1)谁最直接地从这种减税中获益?

(2)随着时间推移,资本存量会发生什么变动? 每个工人可得到的资本会发生什么变动? 生产率会发生什么变动? 工资会发生什么变动?

(3)根据你对(2)的答案,长期中谁从这种减税中获益?

9. 一些资本收入双重征税。并解释之。

10. 一些经济学家说,政府可以永远有预算赤字。如何有这种可能性呢?

11. 假定失业与通货膨胀之间的取舍关系由下面的式子决定:

$$u = u^n - \alpha(\pi - \pi^e)$$

式中,u 为失业率,u^n 为自然失业率,π 为通货膨胀率,π^e 为预期的通货膨胀率。此外,假定民主党总是遵循高货币增长的政策,而共和党总是遵循低货币增长的政策。你预测在以下条件下通货膨胀与失业之间"政治性周期"的形式是什么?

(1)根据一枚硬币的随机抛掷,每 4 年两党中的一党执政。(提示:在大选之前预期的通货膨胀将如何?)

(2)两党轮流执政。

(三)计算题

1. 设总供给曲线为 $Y = \alpha(P - P^e) + Y^*$,其中 $\alpha = 20000$,$Y^* = 4000$,比如,当价格水平 $P = 1.01$,预期价格 $P^e = 1.00$ 时,产量 Y 就为 4200,即高于自然产量率水平 $Y^* = 4000$。总需求曲线为:$Y = 1101 + 1.288G + 3.221M/P$,

(1)假设某一时期经济已处于产量为潜在水平状况,并在近期内预期政策不会变化。货币供给 M 为 600,政府支出 G 为 750,价格水平为多少?

(提示:如果不发生突然变动,实际价格和预期价格水平相同。)

(2)现假设,中央银行宣布,将把货币供给从 600 增加到 620,新的产量和价格水平将是多少?

(3)现假设,中央银行宣布,将把货币供给增加到 620,但实际上却增加到 670,新的产量和价格水平将是多少?

2. 在一个封闭经济中,政府增加税收 1000 亿元人民币,如果边际消费倾向是 0.3,以下各项会发生什么变化? 它们是增加了,还是减少了? 增加或减少多少呢? (提示:不考虑乘数效应。)

(1)公共储蓄;

(2)私人储蓄;

(3)国民储蓄;

(4)投资;

(5)在以上分析的基础上,回答政府增税将增加还是降低该封闭经济的长期经济增长速度。

3.考虑下列式子描述的一种经济体的情况：$Y=C+I+G$，$Y=5000$，$G=1000$，$T=1000$，$C=250+0.75(Y-T)$，$I=1000-50r$。

（1）在这种经济中，计算私人储蓄、公共储蓄和国民储蓄；

（2）找出均衡利率；

（3）现假设 G 增加到 1250，若总收入 Y 保持不变，计算私人储蓄、公共储蓄，以及国民储蓄；

（4）找出新的均衡利率；

（5）在以上分析的基础上，回答政府增大政府购买支出将增加还是降低该封闭经济的长期经济增长速度。

4.假设一国的自然产量率为 Y^*，总供求图如图 14-1 所示。

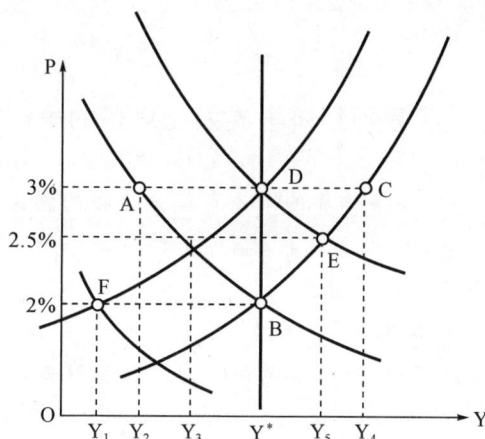

图 14-1　总需求—总供给模型

（1）假设中央银行多次宣布，它要实现 2% 的通货膨胀率，而且的确也实现了这一目标。此时该国能实现多大的产量？

（2）假设中央银行多次宣布，它要实现 2% 的通货膨胀率，但是它却引起了 3% 的通货膨胀。此时该国能实现多大的产量？

（3）一旦人们形成了 3% 的通货膨胀预期，而中央银行实际上把 2% 的通货膨胀作为目标，短期内会出现什么情况？

（4）如果通过了一条要求中央银行把 2% 的通货膨胀率作为目标的法律，情况会有所不同吗？

(四)辨析题

1.如果中央银行在经济周期中实施紧缩性或扩张性货币政策过晚，也同样能达到稳定经济的目标。（　　）

2.富有者比贫困者的边际消费倾向低。（　　）

3.减免利息税可刺激储蓄。（　　）

4.货币政策效应存在着太多的不确定性，因此我们最好不要使用货币政策。（　　）

5.抵制通货膨胀应该成为联邦储备银行的唯一目标。（　　）

6.宣布货币增长的目标范围将限制货币政策的灵活性,因而也限制其有用性。(　　)

7.政府永远都不会有债务为负的情况。(　　)

8.相机抉择政策受时间不一致的困扰,因为决策者有采取与其政策宣言不同的政策的激励。(　　)

9.如果税收利息增加的替代效应小于收入效应,利息收入的税收的减少将增加储蓄。(　　)

10.货币政策规则反对者认为,规则使中央银行难以对异常的危机作出反应。(　　)

四、文献链接

为什么我看到经济学界如此之多的争论?[①]

在所有的学术争论当中,经济学界的争论可能是最多的。经济学说史上,似乎没有哪个经济学家是没有过争论的。及至当代,经济学界在每一个事件上都有争议,甚至是针对同一个现象得出完全相反的判断。一个戏谑的说法是,10位经济学家就至少会有11种看法。俗话讲,"真理越辩越明"。不过,在现实中,我们似乎经常会发现相反的事实,在争辩的过程中,往往越辩越混、越争越乱。为什么会有如此"悖论"呢? 梳理起来,原因主要有几种。

一、假设与逻辑是否清晰严谨

和其他所有的学科一样,经济学所面对的世界太过复杂,于是,便需要通过经济学理论的构建,为人们提供一种认识世界的简便方式。理论就如地图,为我们提供了认识世界的一种图谱。这也就导致任何一种理论在进行分析的时候,都不可避免地要进行抽象,引入假设,然后在假设的基础上进行逻辑演绎推理,才能得到有用的分析。应该说,在理论争论的过程中,所有的争论无非来自于两大块,假设是否合理和逻辑推理是否有漏洞。经济学中的各类经济学说其实都有假设存在,只不过,有的理论假设前提很清楚,有的理论前提假设被掩盖起来。有的理论逻辑推演层层推进、环环相扣,而有的理论逻辑漏洞频出。而假设是否合理、是否简化得当,是否清晰明了地交代,逻辑演绎是否符合推理原则、是否有漏洞,就成了经济学争论的重要原因。以经济学说史上最为经典的"计划经济体制大论战"为例,其实,论战双方的争论来自于假设的合理性。以兰格为代表的计划学派理论,如果要成立,至少有两个基本前提假设:一是所有人的偏好信息都可以搜集并准确报告;二是存在一个以社会福利最大化为目标的政府。然而,这样的假设在理论构建的时候并没有清楚地交代,和现实世界太遥远,所以米塞斯、哈耶克对此进行了大量的批驳。再比如,历史学派的李斯特曾经提出了幼稚产业保护理论,许多经济学者经

---

① 原文出自《经济学茶座》2016年第3期,第29—33页,作者刘瑞明,西北大学经管学院教授。引入本书时作了删减和修改。

常会以此来说明应该通过政府设置关税壁垒来保护幼稚产业。如果这个理论要成立，也至少需要几个前提：一是在产业刚起步的时候政府的介入确实能够起到保护幼稚产业的作用；二是政府能够准确地知道"幼稚产业"的判断标准，并且在幼稚产业强大以后政府的干预可以适时退出；三是这样的运作过程没有其他干扰。

　　总结经济学说史可以发现，凡是引发巨大争论的，一定是那些不明确指出假设前提、假设前提简化失当、逻辑推理存在漏洞的学说。从一定意义上讲，从这几个方面，我们也可以判断出一个经济学家的水平。

二、经济学家的面子、门户与利益

　　尽管经济学的最终目的是国民福利的增进，但是，具体到每一个经济学家身上，本身也面临着每一个人的具体约束条件和利益问题，而这个利益一般体现在两个方面：

　　第一个就是经济学家的声誉和面子问题。任何一个人都想证明自己是对的，这是人之常情。但是，任何一种理论，随着时间的推演都有可能被修正。尤其是，随着时代变迁，一些原有的假设被新的更为合理的假设所替代、修正，甚至推翻原有的理论。按理来说，对于理论的修正是非常正常的，后人对于前人成果的修正是对于前人的发展，也是对于前人表达敬意的最好方式。也正是这样一种理性的批评和质疑，才使得经济学能够不断发展和完善。但是，现实中，也不排除有一些情形，一旦承认自己理论的不足，很可能会影响到经济学家个人学术地位和权威，所以，为了证明自己理论的正确性，一部分经济学家可能并不太愿意承认不足，反而有可能会维护自己的理论。在这种情况下，经济学家的面子问题可能使得经济学本身的争议越来越大，而不是越来越小。如果大家能够为了科学的真知原则来争论，可能对于科学的发展是有好处的。但是，如果夹杂了个体私利，甚至单纯是为维护某一个经济学家的提法、某一个学说的正确性而争论，那这样的情况下有可能会使得争论不断。尤其是，当争论者本人影响力非常大、非常权威的时候，这种面子之争和门户之争的危害可能更大。当然，这种情况和经济学本身的发展程度有关，经济学越是发展成熟，逻辑体系越完善，对于科学的认同感越强，这类情况就越少，反之，经济学越是不成熟，这类情况就越多。

　　另外一个方面，就是经济学家的个人利益问题，这可能在经济转型时期表现得尤其明显。理论上讲，经济学家作任何理论分析都应该保持独立性，如此才能得出客观的结论。当经济学家能够保持独立性的时候，争议更多地来自于认知方面的差异，此类争论在所难免，只要本着实事求是的原则，为了探求真理，总会"越辩越明"。但是，当经济学家作为一个"经济人"，也参与到一些具体利益当中的时候，很可能会为了私利而不能保证经济学家的客观中立。例如，在苏联的转型过程中，有的经济学家就因为在其中牟利、提供了有违学术原则的建议而受到诟病。在国内外的各类反垄断案中，也可以看到一些经济学家成了利益相关者，这难免也会影响到经济学家的独立性判断。一旦经济学家的个体利益参与进来，再加上经济现象本身的复杂性，这类问题就带有很强的隐蔽性，很难判别。事实上，从事经济学研究和传播本身也是一个利益获取过程，尤其是传播的过程中，就会引发一些人的寻租行为。例如，市场上出现一些"伪经济学家"，并没有受过经济学的基本训练，凭借危言耸听、哗众取宠、扭曲理论的方式吸引眼球、获得曝光度和知名度来谋取收益，而当大众很难判断其专业素养和水平的时候，往往会被这些所谓的"经济学家"误导。由这类"伪经济学家"引发的争论为数不少，由于没有想着探求真知，也没有想着考究其中的假设前提的合理性、逻辑推理的严密性，引发的争论迟迟不能达成共识，使得争论旷日持久、危害颇深。

三、传播中的简化效应和放大效应

经济学理论是非常复杂的，为了保证逻辑的严密性、论证的严谨性，经济学家经常需要在著作中详细陈述假设前提、推理论证过程和大量的事实佐证。一个不可避免的后果就是，一部部经典厚如砖头，甚至晦涩难懂。如果不是有着非常专业的训练，很难真正理解作者的思想。然而，经济学理论作为解释世界、改进人类福利的学问，其政策导向非常明显，这又决定了经济理论不能只是停留在书斋，必须要为大众所接受。

经济学说史上，随便一位大家，其著作就足以等身，数百年来累积下来的著作更是难计其数，今日人们如果要看其著作，穷尽一生也不可能读完，更何况，今天的经济学和现实世界不断发展，新问题、新现象不断涌现，所以，今天的经济学理论传播，必然面临着简约的问题。然而，如何在保证理论的准确性的基础上浅显易懂地传播，就成了一大难题，这就要求经济学家对某一事物必须是真懂，能够讲透，还能够为大众接受，真正做到深入浅出，这也成了考验经济学家水平的重要标准。然而，深入浅出看似简单，背后凝练的却是一个经济学家数十年的专业修为，非功力老到非常者不可达。所以，能够做到深入浅出的经济学家为数不多。但是，仅仅靠少数功力深厚的经济学家来传播经济学的思想和道理又远远不能满足现实需要，所以，在传播的过程中，就不可避免地有了很多偏颇和错漏。这种偏颇和错漏一旦传播，往往会概念化、意识形态化，很难纠正，从而导致一些争论持续存在。

在现实中，经济学争论之所以显得更多，可能来自于另外两个因素。一个是，经济现象、经济利益关乎每一个人，一方面，人们重视经济利益，从而让经济学成了"显学"，另一方面，经济现象贴近每一个人，所以，每个人都能够对此发表看法，鱼龙混杂。另一个则是，人们总是对于那些争议的内容感兴趣，无限放大，而往往忽略共识。尤其是，在现代媒体如此发达、传播如此迅速的情形下，更可能发生此类现象。一些媒体为了吸引注意力，往往会断章取义，标榜极端，追求轰动效应，把一个争论的细枝末节放到最显著位置吸引眼球，把共识忽略，毁掉了其中的真知灼见。

熟悉经济学说史的人不难发现，其实经济学是所有社会科学中共识最多的学科之一，哪怕是那些被认为处于争论两端的经济学家，在许多基本问题上都持有共同的理念和看法。最典型的，哈耶克和凯恩斯之间对于经济的看法并非如后世很多人所误解的那样完全对立，如果仔细去辨别二者的种种著作，在很多基本经济问题上二者有共同的看法，但是，因为争论的放大效应，二者往往被标榜为两种极端，甚至一些传播者把哈耶克等同于无政府主义，把凯恩斯等同于计划经济倡导者。再比如，国内往往被认为是两个极端的林毅夫老师和张维迎老师，其实仔细阅读他们的著作，他们绝大部分关于市场经济的基本原则和观点是类同的，即使在竞争论和产权论的分歧方面，从现代契约理论来看，也是从不同的角度来论证罢了，并非大众所理解的是完全相对立的。否则，如媒体所宣扬的那样，理论争论终会误导民众和政府，导致改革迟滞。无论是哪一个学派，其实在理论倡导和政策实现方面都受到了不同程度的扭曲，一定程度上讲，这都非经济学家所愿,甚至走到了他们倡导的对立面。

而从政策的推行力来看,经济学界必须讲究争论的策略和方式。例如,"莫干山会议"被认为是推动经济政策改革颇为成功的一次会议,为什么"莫干山会议"可以开得很成功?一个很重要的因素是,"莫干山会议"是一个闭门会议,集中于学界内部,大家都遵循了学界争论的寻求科学认知、实事求是的原则,内部开会的时候"吵翻了天",但是大家都是遵循规则在"吵",在寻求最为妥当的解决方案,最终"求同存异",把共识凝聚起来,形成文件详细论证改革方案,从而能够顺利促进改革,书写一段历史佳话。试想一下,如果"莫干山会议"放在今天,邀请一众媒体参加,会还没有开完,新闻媒体就来一个"莫干山会议,经济学者就改革方向出现重大争议"的报道,民众生疑,政府生虑,改革势必就不可能推行得如此快速吧。

四、未完之结语

经济学界的争论颇多。理论上讲,真理越辩越明。但是,这个判断是有前提条件的:第一,经济学认识世界的一个重要方式依然是瞎子摸象,导致各人所认知的世界是不同的,甚至是完全相反的,这也不可避免地导致了各个经济学流派的争论。争论在所难免,但是需要理论假设明确、逻辑严谨,遵循学术争论的原则。否则,争论只会持续,而不可能有共识和推进。第二,大家需要在共同的认知基准上,意图推进这种认识才可能越辩越明,如果带有意识形态和经济学家个人面子色彩、门户之见和利益之偏,则很有可能越辩越混。第三,如果争论场合、争论策略不当,则这些学术争论被媒体放大和扭曲后,往往会带来政策上的改革滞后,人民福利没有增进,造成争论双方都不想看到的后果。

如果经济学的最终目的是改善世界,增进人们福利,那么经济学界就应该思考我们争论的原则是什么?经济学的争论应该限制在什么范围内?当我们争论的时候如何避免大众、媒体和政府的误解?如何才能将共识传播以更好地实现政策的推行和人民福利的改善?

学好经济史和经济学说史是做好经济学研究的基础[①]

我是1951年考入北京大学经济系的,学制四年。在这四年学习期间,除了有理论经济学课程(政治经济学、《资本论》、国民经济计划等)、应用经济学课程(会计学、统计学、财政学、工业经济学、企业管理学、农业经济学等)、外语课程(俄语或英语)以外,还有经济史和经济学说史课程。经济史课程和经济学说史课程分量都很重,而且都是著名教授授课。例如,经济学说史是一学年(大学三年级)的课程,三年级上学期由陈岱孙教授讲授,从希腊、罗马、中世纪欧洲的经济思想讲到重商主义、古典政治经济学、重农学派;三年级下学期由陈岱孙教授和徐毓枬教授合讲,陈岱孙教授讲授新古典学派,徐毓枬教授讲授凯恩斯经济学。当时,同学们都感到考试有压力,但毕业后同学们回校团聚时都异口同声地说:"经济学说史一课为我们打下了扎实的经济学基础。"

---

① 原文出自《光明日报》2017年6月13日第11版,作者为北京大学光华管理学院名誉院长、资深教授厉以宁,引入本书作了删减和修改。

经济史也是重点课程。当时分为两门课，一门是中国近代经济史，由陈振汉教授、熊正文副教授主讲；另一门是西方经济史，由周炳琳教授主讲。经济史一课是从鸦片战争前清朝的闭关政策讲起，直到清朝被推翻后民国初期民族资本的兴起。西方经济史一课主要讲述西欧封建社会向资本主义社会过渡问题。

后来，北京大学经济学的教学内容又有所增加，这时我已经毕业留校了，但能有机会继续旁听我在大学期间没有听过的新课。关于经济学说史方向的新课有：罗志如教授、胡代光教授和范家骧教授共同讲授的当代西方经济学说，他们把凯恩斯以后的西方经济学说补上了。新开设的课程还有赵靖教授开设的中国古代经济思想史。这些课都使我受益匪浅。

我自 1955 年大学毕业后留校工作，先担任资料员，后来又转入教师系列，历任助教、讲师、副教授、教授。我讲课的范围很广，包括西方经济史、比较经济史、西方经济学、西方经济学说史等。我也讲授过政治经济学（包括资本主义部分和社会主义部分）、《资本论》解读。从教学实践中，我深深感到，得益于经济史和经济学说史课程的地方很多。我至今仍担任"管理制度和管理哲学"和"比较经济史"两门研究生课程。至于为大学生开设的"欧洲经济史"和"西方宏观经济学说史"两门课程，我都转给留校博士生和博士后讲授了。他们在我的帮助下，已能独立授课，并受到学生欢迎，我感到很高兴，很欣慰。

一、当前的经济学教学存在着对经济史和经济学说史的重要性认识不足的倾向

然而，令我感到不解的是，既然对经济学的学习者来说，经济史和经济学说史如此重要，为什么国内这么多的大学经济系或专门的财经学院却不为大学生、研究生开设经济史课程和经济学说史课程呢？如果是由于要讲授的课程太多，所以就不开设经济史和经济学说史课程，那么为什么不把经济史和经济学说史先列为选修课呢？如果是因为能够讲授经济史和经济学说史的教师人数不足，那么为什么不挑选一些有基础的教师到某些已开设经济史和经济学说史的大学去进修、培训呢？只要学校领导重视，问题总是可以解决的。我想，主要原因在于对经济史课程和经济学说史课程的重要性认识不足。

让我们从西方经济史的学习谈起。

学习欧洲经济史，对我们很有启发的是工业化如何开始的问题。要知道，近代工业或现代工业不同于古代或中世纪的工业。比如说，古代的希腊、罗马和西亚，古代的中国，以及中世纪的意大利各城邦，都有规模较大的造船业、采矿业和毛纺织业。但在当时，设备不是主要的投资对象，工业的发展同自然科学的进步并没有紧密的联系，有些地区虽然也利用了水力、风力和畜力，但这与工业化过程中使用蒸汽机、后来使用电力作为动力不一样。只有从这个角度看，工业化才是人类社会的一场真正的革命。

工业化是通过一系列巨额投资来实现的。最重要的是：谁是投资主体？他们为什么愿意投资？他们能够获得投资回报吗？他们投资所获得的财产能得到保障吗？这些都属于制度变革问题。因此，从西方国家工业化的进程看，工业化实际上就是一场制度改革的过程，产权迟早都应受到法律的保护，公有经济如此，非公有经济同样如此。

西方国家工业化的历史还清楚地说明资本是怎样积累起来的。有些西方国家在工业化开始以前就建立了商船队和舰队，向非洲、亚洲、拉丁美洲进行海外贸易，并以武力掠夺土地和财富，但他们劫掠到的财富虽多，却并未用在国内的工业，而是继续用在商业和金融业中,以便继续扩大殖民化,掠夺当地的财富。他们掠夺到的海外财富,也有一部分是流入本国的,但主要用于建筑豪宅,购置庄园,或投资于商业、金融业。这些富有的商人当时是瞧不起那些从事工业特别是制造业的业主、作坊主的,他们不愿同这些小作坊主和技工为伍,认为这样会贬低自己的地位。在英国和法国,最初从事制造业的全都是小作坊主、熟练技工和有眼光的小商人。他们的资本来自何处?一靠自己的积蓄;二靠亲戚朋友的帮助和投资参股;三靠民间借贷,尽管利息不低,但创业者还能承受;四靠利润的再投资。过了一段时间,由于工业品供给增多,市场不断扩大,富裕的大商人才投资于大中型工业企业,更晚一些,金融业才有选择地介入制造业。

西方国家工业化初期技术人才不足的问题,又是如何缓解的呢?说得更明确些,最早的那些用于工业生产的机器设备,是谁设计和制造出来的?从英国、法国、荷兰等国工业化进展的历史来看,第一代工程师来自散布于国内城乡的工匠,如磨盘匠、钟表匠、风车匠等,还有一些是肯动脑子、爱钻研问题的人。"爱动脑子"是他们共同的特征。

但是,为了生产出机器设备,仅仅有这些"爱动脑子"的人是不够的,需要有更多的技工加入这支队伍。这些国家一般采取了下述三种方式:一是招收学徒,包括工厂招收学徒和有技能的师傅招收学徒(称个人学徒),两类学徒并存,常在一个工地上干活;二是定期轮训,以提高技工和学徒的本领;三是设立职业技术学校,有公立的,也有私立的,以加快技工的培养。此外,不少国家还严禁技工外流到外国去工作,害怕他们把技术诀窍带到外国去。通过海关严查,一旦查到有技工偷偷外移,就课以重税,或坐牢。

工业化开始后,需要有体力劳动者,主要是农民。他们纷纷离乡背井,进入城镇寻找工作。他们的配偶(有时还有子女)都一起进城了。但妇女在城里找工作是十分困难的,因为妇女的职业机会不多。这样,农民进城以后单靠男性打工赚钱,收入微薄,无法养家,渐渐连住房也租不起,孩子也上不了学,全家只能住在棚户里。妇女就业问题是如何缓解的呢?据经济史资料,多亏有了缝纫机。有了缝纫机,情况发生了变化。有些投资者办起了服装厂,招收女工生产服装,包括童装和时装,或制造花边。缝纫机生产多了,价格下跌,有些家庭也可以购置缝纫机,家庭妇女可以在家里为服装厂工作,进行服装等产品的加工,按件取得报酬。这样一来,农民进城后的全家收入增加了,他们和家里人也就安心地生活在城镇之中。在西方最早开始走上工业化道路的国家,农村外出务工的第一代、第二代农民,在城镇中的生活是十分艰苦的,住棚户区、工资水平低、孩子受教育机会少、生病也无法及时就医。但随着工会运动的兴起和工会为工人(包括农村来的务工者)的利益而力争,再加上社会对工人阶级状况的关注,工人的生活逐渐改善。加之农村人口减少后,农业人均收入也提高了。渐渐地,农村不再像工业化前期那样有那么多劳动力供应城市。农民外出的主要出路是美国、加拿大,或者是西方列强所控制的亚非国家。而填补西方工业国家的劳动力,则改为东欧、亚洲、非洲、拉丁美洲的移民。这种情况从19世纪后期就开始了,并延续了很长时间。

上述有关西欧国家工业化前期的状况,对于正确理解当代西方经济学的思想具有重要的参考价值。

二、学习经济史,明白我们为什么选择马克思主义

下面,让我们对中国经济史的研究作一些讨论。中国经济史研究的热点问题很多,这里举一个问题进行探讨,中国的封建社会为什么延续了这么长久?

从经济史的角度来看,一种社会制度是可以分为不同的体制的。西欧的封建社会是一种典型的模式、一种传统体制。那里实行的是农奴制度,社会上大体分为两大阶级、两大阵营。贵族是统治阶级,以血统高贵为标志,世代相传。农奴是被统治阶级,是贱民,没有人身自由,世世代代为农奴。庄园是贵族领主的采邑,基本上是自给的,农奴服劳役,耕种土地,上交地租给贵族领主。

但由于商业和手工业的发展,在西欧封建制度下逐渐形成中世纪城市。城市力量逐渐壮大,终于形成同贵族领主对抗的格局。城市最后击败了贵族领主,赢得了自治权。城市居民也逐渐分化,富裕的商人和作坊主成为资产者,贫穷的小手工业者和受雇的帮工和学徒成为无产者。城市和乡村(庄园)之间又经历了长期斗争,最终,王权兴起了,城市投靠了王权,王权和城市的联合击败了割据一方的贵族,形成了新的民族国家,西欧民族国家由封建社会过渡到资本主义社会。

中国的历史与西欧有很大差异。至少从东汉以后,历经魏晋南北朝,直到隋朝和唐朝前期,中国的封建社会可以称为传统体制,因为在这一时期,社会上重血缘、重门第、重出身,豪门及其子弟掌权,庶民都被排斥于高官行列之外。虽然从隋朝起开始实行科举制度,但改变不了大姓、豪门、权贵的势力。安史之乱(755—763 年)是中国历史上的一个转折点。安史之乱后,历经中晚唐五代,大约二百年左右,是中国封建社会体制发生转变的过渡期。华北和中原一带的大户名门先后遭叛军的洗劫,后来又因各地藩镇自立政权,他们为充实府第,向驻地富人豪族索钱索粮,大户人家纷纷逃难,不再成为能控制地方政局的势力。到公元 960 年,终于建立了宋朝。中国封建社会从宋朝起,开始从过去的传统体制逐渐转变为新的体制,也可以称为"改良的封建体制"。

从宋朝起,科举制度走向规范化,科举成为进入仕途的通道。只要用功读书,即使家世贫寒,也有做官的机会。同时,从宋朝起,土地可以买卖,商人可以买田,成为地主,而不像过去那样只有贵族和官员才能成为地主。

重科举而轻门第,土地可以自由买卖,这是宋朝以后中国封建社会由传统体制过渡到改良体制的两大标志。然而,皇权可以更替,科举制度则延续下来,土地可以买卖,官僚家庭的败家子可以把祖上留下的田产卖光,但这并不影响皇帝依然是皇帝。不管怎样,这种改良的封建体制从宋朝起又延续了大约一千年之久。

转变为改良的封建体制后,中国没有像西欧国家那样涌现出旨在建立资本主义制度的体制外异己力量(市民),中国出现的只不过是封建制度内的异己力量,如起义的农民军领袖、割据一方的军阀和皇室内部的夺位之战。即使这些封建制度内的异己力量中,有些暂时得胜,甚至建立了新皇朝,但依旧是封建王朝。这就是中国封建社会为什么延续这样长久的主要原因。

把这个问题弄清楚了,我们就有可能了解中国为什么很难像西欧国家或美国那样发生资产阶级革命。一是中国封建社会的城市与西欧中世纪城市不同,中国封建社会的城市一直是皇权牢牢控制的政治中心,而不像西欧中世纪城市那样成为自治城市,成为资产者、作坊主和帮工们的据点。正是他们最终投靠王权,打垮了割据一方的贵族领主,从而走上资本主义道路。二是中国即使在康乾盛世,在有机会从西方国家引进科学技术和资产阶级政治思想时,仍始终是唯我独尊,盲目自大。鸦片战争之后,中国又受到西方列强的压迫,割地赔款,丧权辱国,于是逐渐沦于半殖民地的地位。

资产阶级民主政治体制在中国是行不通的。清朝末期,中国的有志者一直在寻找出路,寻找可以拯救国家和民族的理论,但都没有成功。十月革命一声炮响给中国送来了马克思主义,为中国革命指明了方向。中国共产党带领人民经过长期艰苦奋斗,中华人民共和国终于诞生,这是历史的必然。

三、学习经济学说史,知晓西方经济学的局限性所在

让我们再转到经济学说史的方向来说明经济研究者懂得经济学说史的意义。

经济学大体上分为三大部分,一是宏观经济学部分,二是微观经济学部分,三是制度经济学部分。宏观经济学和微观经济学都采取数量分析方法,考察经济中有关变量之间的关系。二者的区别在于:宏观经济学以整个国民经济活动作为研究对象,采取总量分析方法;微观经济学以个别经济单位(企业、家庭、个人)和个别市场的经济活动作为研究对象,采取个量分析方法。除宏观经济学和微观经济学外,还存在采取非数量分析方法,以所谓"质"的问题作为对象的制度经济学,它强调制度、伦理、文化因素在经济生活中的作用,分析经济活动过程中的权力分配和利益集团的冲突,探讨经济行为的评价标准和选择原则等。但制度经济学在西方经济学说中一直处于非主流的地位。

西方经济学说虽然可以上溯到重商主义和官房经济学派,但无论是重商主义还是官房经济学派在经济学方面并没有提出系统的理论,它们主要是考察16、17世纪前后西方国家的国际贸易政策、财政政策和财富积累的方法,对以后的市场经济发展很少涉及。

经济学说史界的专家们一般都认为近现代经济学的形成是同工业化的启动连接在一起的,古典政治经济学的大师亚当·斯密无疑是古典学派的奠基人。这时的经济学还没有宏观经济学、微观经济学或制度经济学之分,亚当·斯密对这三个领域都有研究。他的追随者同他一样,既研究微观经济活动,也研究宏观经济活动,还研究制度、伦理、文化方向的问题。

古典政治经济学提出了劳动价值论、分工理论、市场理论等等。亚当·斯密和他的追随者们是均衡论者。他们从工业化开始以后的实践中懂得,绝对均衡是做不到的,而且难以保持下去,只能做到相对均衡,关键是要发挥市场的调节作用,供给和需求是相互依存、相互依赖的。因此,根据他们的理论,政府的任务主要是制定规则,维护市场秩序,清除经济增长中的障碍。他们还认为,对落后企业的淘汰不可避免,但谁来淘汰落后企业? 不是政府,而是市场。

李嘉图是古典学派最后一位有影响的领军人物,劳动价值论仍是他所坚持的。但从19世纪中期以后,西方经济学中舍弃了劳动价值论,代之以形形色色的价值理论,包括生产要素共同创造"价值"的说法,或者用"价格"代替"价值"。到了19世纪与20世纪相交的年份,以马歇尔为代表成立了新古典学派。新古典学派除了摒弃了劳动价值论以外,仍坚持市场调节,反对政府对经济的干预。凯恩斯这时也是新古典学派的一员,他当时发表的著作都是同新古典学派一致的。

新古典学派的经济学说一直在西方经济学界居于主流地位。1929年美国爆发了空前严重的经济危机,失业浪潮也从美国传递到西欧和世界上许多国家,新古典学派提不

出任何有效的政策。凯恩斯这时依旧保持新古典学派的观点,但他自1933年以后开始变化。1936年他的代表作《就业、利息和货币通论》出版了,这本著作表明凯恩斯已从新古典学派的相对均衡理论家转为他自己的非均衡理论的鼓吹者。凯恩斯从需求角度着手分析,认为在资本主义条件下,需求不足难以避免,所以必须有政府的宏观经济调控,即利用财政政策和货币政策来维持社会经济的稳定。也就是说,在需求不足时,失业率高,这时可以采取刺激需求的宽松的财政或货币政策;在需求过大时,物价上涨,这时可以采取抑制需求的紧缩的财政或货币政策。第二次世界大战结束后,西方经济学中凯恩斯的非均衡理论成为主流经济学说,被许多国家所采纳。

凯恩斯经济学是以需求调节作为稳定经济的手段的。他认为,这是适应近期的政策。凯恩斯把供给研究视为中期理论,不包括在短期理论之内,所以他不考虑经济增长和结构问题。经济增长和结构调整都留给他的追随者继续研究。

凯恩斯需求调节政策的推行虽然能取得一定效果,但却给资本主义带来不少新的矛盾和难题,于是从20世纪50年代后期起,兴起了以美国芝加哥大学为中心的货币学派,弗里德曼和他的一批学生成为货币学派的主要代表人物。货币学派遵循西方经济自由主义传统,认为充分发挥市场调节作用,就可以使资本主义经济稳定。理由是:只要长时期内保持货币的中性,就可以通过货币数量的增减,既维持经济增长,又避免通货膨胀。关于失业问题,货币学派认为:经济中存在着自然失业率,失业率和通货膨胀率之间不存在此长彼消的关系,所以凯恩斯的需求调节主张是无根据的,也是无效的。

凯恩斯同货币学派之间的争论最近几十年内一直未停止过,只是有时激烈,有时和缓而已。

四、对古典经济学"理性人"假说的反思

接着,让我们对西方古典经济学提出的"理性人"假说进行如下的反思。

从18世纪70年代起,以亚当·斯密为代表的西方古典经济学家都认为,在经济活动中每一个人都是"经济人",也就是"理性人",都追求最低成本和最大收益。他们认为,市场是"看不见的手",暗中引导人们各得其所,结果使每一个交易者在市场秩序的安排下,既能增加个人利益,又能增加公共利益。这就是流传至今的"斯密教条"。因此,在西方经济学界,不少人始终维护"理性人假设",认为这样就能使经济繁荣、社会稳定。

市场竞争中不可避免地会发生矛盾,甚至发生冲突。但古典经济学以及后来的新古典经济学都把冲突当作例外,是短期现象,因为交易者谁都不希望市场秩序被破坏,否则谁都没有好处。这样的想法被认为是"理性人"遵守的原则,没有人愿意违背它。

然而,随着工业化的推进和市场不断扩大,企业与企业之间的矛盾会越来越多,企业和劳工之间的冲突也会越来越频繁,市场的不和谐出现了,而且经济的忽冷忽热成为惯例,从而,"理性人"假说失灵了。这种情况导致了市场的失灵,使交易者陷入困惑之中。

于是从20世纪50年代起,不少交易者转而倾向于"次优选择"。"次优选择"是指:既然最优是不现实的,不如退而求其次,交易者们相继不再继续坚持"最低成本""最大利润"的理念,而倾向于"次优选择"。"经济人"或"理性人"假设让位于"社会人"或"现实人"的假设,"次优选择"成为一种自保措施。

在消费领域内,信息越来越多,谁能掌握如此数量的信息?时间不允许,财力也不允

许,从而对"较小遗憾"的追求替代了对"最大满足"的追求。在投资领域内更是如此。投资领域内,谁能掌握那么多信息?谁能在搜集到全部信息后再作出决策?不确定性太多了。投资者不应当停留在"理性人"的框架内,而必然会倾向于成为一个"现实人"。这就是:在同市场竞争对手较量时,要留有余地,不要搞得太紧张。"理性人"的观念可能起源于18—19世纪,至多可以延长到20世纪前半期。"现实人"的观念从20世纪后半期起就已渐渐处于上风,21世纪肯定是"现实人"的世界而不是"理性人"的世界。

由此可以肯定地说,无论是在消费领域内还是在投资领域内,"理性人"让位于"现实人"是必然的,而且这越来越被事实所证明。那么,"现实人"最关心的是什么?不是"理性人"所坚持的"独赢",而是同"次优选择"并存的"众赢""共赢"。具体地说,"现实人"的信条就是和解:与其同对手硬拼到底,不如各自后退一步。硬拼的结果可能是两败俱伤,是"双输"。而和解的结果,是合作,是双赢。和解的结果可能是多样化的:既可能是零和博弈,也可能是非零和博弈,一切因事而异,因地而异,因大形势而异。换言之,和解是斗争双方都能接受的结果。

由"现实人"(而不是古典学派所推崇的"经济人"或"理性人")坚持的和解,主要有以下四种做法:

第一种做法:在发生市场纠纷或矛盾时,强势的一方给弱势的一方保留一个生存、生产经营、活动的领域,彼此相互信任,共同遵守谈判的成果。第二种做法:强势一方把弱势一方作为合作伙伴,帮助后者改进技术和融资,帮助后者培训技工和管理人员,以便生产新产品。这样,弱势一方不仅能生存下去,而且视强势一方为合伙者,它们之间的市场纠纷也就消失了。第三种做法:强势一方扩展为一个集团公司,帮助弱势一方成为集团公司的成员。这样,弱势一方不仅能生存下来,继续发展,如果再出现纠纷,还可以在集团公司内部协商解决。第四种做法:如果双方势均力敌,那么可以通过协商,订立协定,划清业务边界,彼此和平共处,互不违约,直到形势变化。综上所述,双赢的核心是双方作为"现实人",都接受和解,双方都能满意,从而都有前景。

这表明,市场竞争中的纠纷和矛盾,是可以化解的。"经济人"或"理性人"越来越让步于"社会人"或"现实人",这就是市场的趋势。

五、经济学是一门历史的科学

对我们来说,学习西方经济学近三百年来的演变历史,不仅有利于我们能较深入地了解西方经济学说是怎样一步步变化的,而且还有利于我们对于建设社会主义经济学说体系的认识。首先是必须建立于中国的社会主义建设实践的基础上,同时也需要了解西方国家以及发展中国家经济发展的概况,以及这些国家所遇到的和力求解释的新课题。马克思当初写作《资本论》时,阅读了多少种包括重商主义、官房学派、古典政治经济学和庸俗经济学家的著作,从而不仅坚持了古典学派的劳动价值论,并予以更加清晰的解释,而且还创造了剩余价值论。马克思在创造剩余价值论的过程中还写下了《剩余价值学说史》这样一部著作。可见,对经济学说史的评介是马克思主义经济学的重要参考资料。

马克思主义经济学产生于实践,由实践赋予活力和新的内容,并由实践来检验。换言之,中国是社会主义国家,中国社会主义革命和建设实践中出现的新情况、新问题、新政策,都要求有新的解释和新的论述,这要求我们把马克思主义经济学推向前进。这是历史赋予我们的不可推卸的责任。

一个明显的例证是中国人民在农村所进行的家庭联产承包制试验，以及在此基础上推进的土地确权、土地流转、新型合作制、家庭农场制和农业产业化、农业现代化的试验。中国在土地集体所有的基础上进行的一系列改革，使农村面貌一新。这就是马克思经济学说的发展，也是中国为发展中国家农业发展道路提供的经验，难道不值得继续探讨吗？

另一个明显的例证是中国发展方式的转变。长期以来，中国实行的是传统发展方式，即数量型和速度型的发展方式，追求的是高速增长，甚至超高速增长，并认为这就是中国国情。其实，这是不利于中国的发展的：效率低下、资源过度消耗、环境生态破坏、结构失调、某些行业产能过剩，而短板行业则一直未能补上。为此，我们必须深入认识中国的国情，认识供给侧结构性改革的迫切性，着手从数量型和速度型的发展方式转变为效益型和质量型的发展方式，将高速增长转变为中高速增长，实行结构调整，创新驱动，补齐短板，调动企业作为经济主体的动力和活力。要知道，发展方式的转变是重中之重，这就是马克思主义经济学的发展、中国特色社会主义经济学的发展。

第三个明显的例证是中国正在悄悄地进行着一场人力资本革命。这是发生在我们身边的大事，我们必须清醒地看到这些变化。人力资本革命大体上在三个领域内有较突出的表现：一是外出农民工中有不少人回乡创业。他们已外出务工多年，结识了一些朋友，学会了某些技艺，积累了一定的资金，懂得了市场运作，于是纷纷返回家乡。这样，既与亲人团聚，又可以投身于养殖业、种植业或手工业，或者办起了小微企业，并通过职教方式充实自己的知识，精通自己的技艺。二是不少年轻人，包括大学生、研究生、年轻教师和研究人员等，都投身于创意、创新、创业的大潮中，他们正在不断学习，不断参加新产品或产品新功能的研究，同时，还有一些民营企业家在关心这些年轻人的创意、创新，支持他们的研究成果，使自己受益。三是一些大学毕业生，自愿到农村去，同家庭农场主、合作组织的领导人订合同，加入农业技术推广、普及工作，并为农业产业化、农业现代化作贡献。有人说，中国的人口红利已经耗尽了，中国的改革红利已经枯竭了。这些人实际上不了解中国。事实表明，中国特色的社会主义经济正在不停地发展，并为新的人口红利、新的改革红利的登场创造条件。

我以为，历史是需要不断总结的，社会主义经济学不会止步于今天。社会主义经济学的研究者牢记着"经济学是历史的科学"，一定会让社会主义经济学继续发展壮大。

五、参考答案

（一）单项选择

1.B　2.B　3.B　4.A　5.A　6.C　7.A　8.B　9.C　10.C　11.C　12.C　13.B　14.C　15.B　16.A　17.C　18.D　19.D　20.D　21.D　22.B

（二）问题与论述

1.答：如果工资，物价水平和预期调整缓慢，经济需要更多时间才能回到自然产量率与自然失业率。在这种情况下，扩张性政策能及时减缓经济的衰退程度，而不是把经济推向通胀性繁荣。

2.答：

(1)当实际的真实工资超过均衡的实际工资时,会存在劳动力过剩,这代表资源的浪费。

当工资降低时,这会鼓励一些行政管理员转向大学的教学岗位或私人部门。

(2)为维持零通货膨胀条件下的劳动市场均衡,行政管理人员需要接受名义工资下降3%。

在4%通货膨胀条件下,他们只需要接受名义工资增长1%。

第二种情形更可行,因为很多人会有"货币幻觉",只关注名义变量,而不是实际变量。

3.答:高收入群体会将他们收入的更大比例用于储蓄,因此会从这种变动中受益,低收入群体几乎会把他们所有的收入都用于消费,他们的境况恶化。

4.答：

(1)赞成:衰退无益论——为什么要放任衰退的发生呢?经济本身不稳定,政府可以解决这个问题。

反对:时滞问题——不管是货币政策(利率改变物品和劳务总需求需要时间),还是财政政策(政府改变支出和税收需要漫长的政治程序),都无法回避政策的时滞性问题。在这个过程当中,经济可能已经变化,反倒会更加恶化。

(2)赞成规则:相机选择可能用货币政策来影响大选的结果——政治性经济周期。所引起的通货膨胀会高于合意的水平。相机选择可能带来无能、滥用职权和时间的不一致。

赞成相机选择:相机选择会有很大的灵活性。关于规则并没有达成共识。

(3)赞成:通货膨胀没有好处。由于预期的调整,长期中通货膨胀与失业之间并没有权衡取舍。降低通货膨胀的暂时的成本和长期的好处相比并不大,而且降低通货膨胀的代价没有想象当中的大。并且提供了与其他数字相比较的自然的基点。

反对:降低通货膨胀是需要代价的。反通货膨胀的衰退会在经济当中造成长久性的伤害。温和的通货膨胀实际上是有好处的,因为它的代价很小。比如:感冒了就要去做大手术?理性人都不会这样,吃点药就行了。

(4)赞成:今天的债,明天的人来还,这会加大下一代人的税收负担,此外预算赤字会造成国民储蓄的减少。平衡的预算意味着更大的国民储蓄、投资和经济增长。

反对:债务的问题被夸大了。只要保证一定的比率——比如每年增加的债务小于或者等于国民经济增长的速度,那么政府就不会瘫痪。况且,一些债务是来自于教育、收入再分配等支出。更有甚者——父母可以给子女遗产,这样他们就可以承受更大的债务。

(5)赞成:高储蓄率有很大的好处——可以增加投资,提高生产能力。但是美国的税制对储蓄课以重税,包括遗产也是。而如果改税法从所得税为消费税之后就好了,所得税意味着赚到钱就收税,消费税意味着花钱才收税。

反对:税收的目的不仅仅是增加税收,还要保证税收平均的负担,目前的税收主要针对富人,他们并不需要减税。高收益率能否增加税收不一定——因为替代效率和收入效益的存在,他们可能相互抵消。替代效益增加税收,收入效益,增加当今的消费,减少税收。另外,减少税收必须满足增加的私人储蓄大于公共储蓄的减少才合意。

5.答:提高储蓄的税收激励增加了那些承受能力最弱的人的税收负担。因为高收入家庭收入中储蓄的比例高于低收入家庭是一个不可否认的事实,因此任何一个有利于进行储蓄的人的税收变动也会有利于高收入的人。减少那些可以利用税收优惠账户的富人的税收负担,会迫使政府增加穷人的税收负担。

6.答:只要这种预算赤字的增长慢于名义 GDP 的增长,这种预算赤字就能永远维持下去。因为名义 GDP 每年增长 7%,政府支付债务利息的能力也每年增长 7%,只要政府债务的增长慢于国民收入,这种预算赤字就能维持下去。如果这种预算赤字规模保持 20 年,未来我的税收和我的孩子的税收会增加。今天我可以通过储蓄并留下较多遗产来抵消这种未来的影响。

7.答:消费和储蓄模式在一国经济中扮演着十分重要的角色。一国的储蓄率是其长期经济繁荣的关键决定因素。如果社会选择多储蓄,将有更多的资源用于新工厂和设备的投资,而较大量的工厂和设备存量又会提高劳动生产率、工资和收入。但是多储蓄意味着社会必须减少消费,因此社会面临的基本权衡取舍是多储蓄和少消费。

8.答:

(1)政府降低储蓄收入的税率将使富人从这种减税中获益。因为高收入家庭中储蓄的比例高于低收入家庭,任何有利于进行储蓄的人的税收变动也倾向于有利于高收入的人。通过减少那些可以利用这些账户的富人的税收负担,这些做法会迫使政府增加穷人的税收负担,会引起一个更不平等的社会。

(2)政府降低储蓄收入的税率会使储蓄变得更有吸引力,人们将把收入中更多的部分用于储蓄。当储蓄率较高时,更多的资源用于新工厂和设备的投资。较大量的工厂和设备存量又提高了劳动生产率、工资和收入。因此,随着时间推移,资本存量会增加,每个工人可得到的资本会增加,生产率会提高,工资也会上升。

(3)长期中,整个社会都将从这种减税中获益。

9.答:假设一个人用他的一些储蓄购买了一个公司的股票。当公司从其资本投资中赚得利润时,它首先要以公司所得税的形式支付这种利润的税收。如果公司以利息的形式把剩下的利润支付给股东,股东还要以个人所得税的形式为这种收入纳税。这种双重纳税大大减少了股东的收益,从而减少了对储蓄的激励。

10.答:如果我们根据国民收入的规模来评价政府的债务负担,只要政府支付政府债务利息的能力一直增长,并且政府债务的增长慢于国民收入,就没有什么能阻止政府债务一直增长。

11.答:为选举利益而操纵经济被称为政治性经济周期,经济政策中的机会主义产生于决策者目标与公众福利的冲突。政治家把宏观经济政策用于他们的竞选目的。如果公民是根据大选时存在的经济状况投票,那么,政治家就有动机在选举年实施使经济表现更好的政策。一个总统会在当选后为降低通货膨胀而很快引起衰退,然后在下一个大选接近时为了降低失业而刺激经济;这就确保了在选举日通货膨胀和失业都很低。

民主党总是遵循高货币增长的政策,以减少失业,并愿意以较高的通货膨胀率为代价;共和党总是遵循低货币增长的政策,执政后马上采取紧缩性政策,并愿意忍受衰退以降低通货膨胀。因此,如果民主党执政,人们的通货膨胀预期会较高;而如果共和党执政,那么人们的通货膨胀预期会降低。

(1)如果随机选取某党进行执政,那么各党执政的概率均为 0.5,人们无法预期具体哪个党执政,因此经济波动不稳定。

(2)如果两党轮流执政,那么人们的预期会随着两党的交替而交替,从而形成经济的规律性波动。

(三)计算题

1.解:

(1)根据题目,近期内预期政策不会发生改变,经济处于潜在产量水平,因此 $4000 = 1101 + 1.288 \times 750 + 3.221 \times 600/P$,

可得:$P = 1$。

(2)货币供给从 600 增加到 620 是中央银行宣布的,因此 $P = P^e$,产量仍为 $Y = Y^* = 4000$,此时价格为:$4000 = 1101 + 1.288 \times 750 + 3.221 \times 620/P$,

可得:$P = 1.033$。

(3)中央银行宣布,将把货币供给增加到 620,但实际上却增加到 670,此时预期价格 $P^e = 1.033$,总供给方程为:

$Y = 20000 \times (P - 1.033) + 4000 = 20000P - 16660$

总需求方程为:$Y = 1101 + 1.288 \times 750 + 3.221 \times 670/P$

令总需求=总供给,可得:$P = 1.04,Y = 4142$。

2.解:

(1)根据公共储蓄=$T - G$,可知在 G 不变,T 增加 1000 亿元人民币的情况下,公共储蓄也将增加 1000 亿元人民币。

(2)税收增加 1000 亿元,意味着可支配收入减少 1000 亿元。由于边际消费倾向是0.3,消费减少 $1000 \times 0.3 = 300$(亿元),因此私人储蓄减少 $1000 - 300 = 700$(亿元)。

(3)国民储蓄=公共储蓄+私人储蓄,由于公共储蓄增加了 1000 亿元,私人储蓄减少了 700 亿元,因此国民储蓄增加了 300 亿元。

(4)根据储蓄=投资可知,投资也增加了 300 亿元。

(5)由于储蓄和投资都增加了,因此该封闭经济的长期经济增长速度将加快。

3.解:

(1)私人储蓄=$Y - T - C = 5000 - 1000 - [250 + 0.75(5000 - 1000)] = 750$

公共储蓄=$T - G = 1000 - 1000 = 0$

国民储蓄=私人储蓄+公共储蓄=750。

(2)根据 $Y = C + I + G$,可得:$5000 = 250 + 0.75(5000 - 1000) + 1000 - 50r + 1000$

可得:$r = 5\%$。

(3)当 Y 不变时,私人储蓄也保持不变。即:

私人储蓄=750

公共储蓄=$T - G = 1000 - 1250 = -250$

国民储蓄=私人储蓄+公共储蓄=500。

(4)借贷市场再一次出清的均衡利率 $S=I$

$500=1000-50r$

$r=10\%$

(5)由于国民储蓄和投资都减少了,因此该国的长期经济增长速度将放慢。

4.答:

(1)当预期通货膨胀与实际通货膨胀相等时,产量等于自然产量率 Y^*。如 B 点所示。

(2)当预期是 2%时,短期总供给曲线为应通过 B 点。若实际通货膨胀为 3%,则经济达到 C 点,此时产量水平为 Y_4。

(3)一旦人们形成了 3%的通货膨胀预期,短期总供给曲线应通过 D 点。若中央银行的确实现了 2%的通货膨胀的目标,那么经济应达到 F 点,此时产量水平为 Y_1。

(4)如果通过了一条要求中央银行把 2%的通货膨胀率作为目标的法律,人们对物价的预期将固定在 2%,短期总供给曲线为通过 B 的这条曲线。如果中央银行确实实现了 2%的通货膨胀的目标,那么经济应达到 B 点,此时产量水平为 Y^*。与(3)中的情况相比,失业问题变得没有那么严重。

(四)辨析题

1.答:错。时机很重要,因为有政策时滞性。

2.答:对。

3.答:错。根据微观经济学知识,要分为替代效应和收入效应,是否最终增加储蓄不一定。

4.答:错。不绝对。

5.答:错。有学者认为有一点膨胀是好事。

6.答:错。提供了预期,有好处。

7.答:错。预算是否盈余要视经济需要而定。

8.答:对。

9.答:错。当收入效应起重要作用时,减免利息税将减少储蓄。

10.答:对。

参考文献

[1] 大卫·哈克斯.曼昆经济学原理学习指南[M].梁小民,译.北京:机械工业出版社,2005.

[2] 丁述军.绿色 GDP 核算:障碍与对策[J].上海经济研究,2009(9).

[3] 樊纲.最理想的状态是贸易逆差和资本顺差[N].第一财经日报,2006-12-08.

[4] 冯亮.美国失业率"被降低"的真相[N].第一财经日报,2009-12-24.

[5] 高鸿业.西方经济学·宏观部分(21 世纪经济学系列教材)[M].4 版.北京:中国人民大学出版社,2007.

[6] 郇公弟.贸易逆差顺差国爆发"红黑"大论战[N].广州日报,2010-04-02.

[7] 蒋自强,史晋川.当代西方经济学流派[M].3 版.上海:复旦大学出版社,2008.

[8] 郎咸平.中国货币政策——资金宽松和紧张并存[DB/OL].http://business.sohu.com/2003/12/21/88/article217218850.shtml.

[9] 劳伦斯·马丁.斯蒂格利茨经济学学习指导[M].2 版.张军,等,译.北京:中国人民大学出版社,2002.

[10] 李长安.大学生就业难[N].上海证券报,2010-01-15.

[11] 李稻葵.经济总供给冲击的新问题[J].新财富,2008(8).

[12] 李江,洪青.金融学案例教程(高等院校经济管理类规划教材)[M].杭州:浙江大学出版社,2010.

[13] 梁家明.金融危机颠覆"有效市场假说"[N].中国证券报,2010-07-10.

[14] 罗熹.金融危机前后的美联储[J].红旗文稿,2010(5).

[15] 曼昆.经济学原理[M].梁小民,梁砾,译.5 版.北京:北京大学出版社,2009.

[16] Robert B. Reich.美联储要求微软开发预算平衡游戏[N].白杰,编译.21 世纪经济报道,2009-04-16.

[17] 萨缪尔森,诺德豪斯.经济学[M].萧琛,译.17 版.北京:人民邮电出版社,2004.

[18] 萨缪尔森,诺德豪斯.萨缪尔森经济学学习指南[M].萧琛,樊妮,译.北京:人民邮电出版社,2004.

[19] 史晋川:"吃狗屎"的国民生产总值?[J].经济学家茶座,2005(3).

[20] 斯蒂格利茨,沃尔什.经济学[M].黄险峰,张帆,译.3 版.北京:中国人民大学出版社,2005.

[21] 唐靖.巨无霸指数称人民币被低估 58%[N].国际金融报,2006-06-01.

[22] 肖耿. 容忍结构性通胀[N]. 南方周末,2010-05-06.

[23] 谢太峰. 人民币汇率不存在"严重低估"[N]. 人民日报(海外版),2010-06-17.

[24] 徐伟. 当欧洲一体化遭遇"猪群国家"[N]. 中国经济时报,2010-04-07.

[25] 许佳. 我居民储蓄意愿达历史最高钱还是应省着花[N]. 城市快报,2009-06-13.

[26] 姚洋. 中国高速经济增长的来源[N]. 南方周末,2008-10-23.

[27] 袁刚明. 货币政策两难寻找松紧平衡点[J]. 证券市场周刊,2010(2).

[28] 曾佑忠,何怡,孙慧丽. 应用"生活物价指数"代替 CPI[N]. 法制晚报,2010-03-11.

[29] 张明. 津巴布韦通货膨胀[J]. 中国企业家,2008(8).

[30] 章田,雅龙. 在津巴布韦的一无所有的百万富翁[N]. 中国新闻网,2006-05-08.

[31] 周其仁. 邓小平做对了什么?[N]. 经济观察报,2008-08-06.

[32] 朱建安. 宏观经济学精要[M]. 杭州:浙江大学出版社,2010.

图书在版编目（CIP）数据

新编宏观经济学精要 / 朱建安,谭岚主编. —杭州：
浙江大学出版社,2017.8
ISBN 978-7-308-17301-8

Ⅰ.①新… Ⅱ.①朱… ②谭… Ⅲ.①宏观经济学
Ⅳ.①F015

中国版本图书馆 CIP 数据核字（2017）第 201696 号

新编宏观经济学精要

朱建安　谭　岚　主编

责任编辑	余健波	
责任校对	高士吟	
封面设计	周　灵	
出版发行	浙江大学出版社	
	（杭州市天目山路 148 号　邮政编码 310007）	
	（网址：http://www.zjupress.com）	
排　　版	杭州好友排版工作室	
印　　刷	浙江省良渚印刷厂	
开　　本	787mm×1092mm　1/16	
印　　张	16.25	
字　　数	400 千	
版印次	2017 年 8 月第 1 版　2017 年 8 月第 1 次印刷	
书　　号	ISBN 978-7-308-17301-8	
定　　价	38.00 元	